新·全球文明史译丛

主编 王献华

发明欧洲

[英]杰拉德·德朗提 著

陈子瑜 译

ZHEJIANG UNIVERSITY PRESS

浙江大学出版社

序言

　　20世纪，人类历史上最具毁灭性的百年，如今即将画下句点，同时这也是适当的时刻，让我们反思史上最历久不衰的主题之一：欧洲理念*。早就该对这个理念进行批判了。当许多以宽广的历史视点，讨论民族主义、种族主义与法西斯主义的书籍问世时，并没有一本是从系统与批判的角度研究欧洲理念与当代政体中政治认同的关系的。欧洲理念是当代政治文化的主要面向之一，却还尚待探讨，这一点令人惊讶。大多数关于欧洲理念的讨论往往过于草率，毫不重视更广阔的历史脉络，以及随之而来的政治意识。有若干研究把东方理念（the idea of the Orient）视为欧洲建构的产物，然而欧洲理念作为一种创造物却从未被审视过。民族的神秘性质，最终臣服在众多知识分子的批判下，但要打破作为同一化与普遍性计划的欧洲迷思，仍然还缺少见诸文字的批判。

　　我现有的学术成果，都来自过去五年间关于民族认同与政治文化的研究与教学。欧洲认同最显著的特色之一，在于其创造过程中的动力，这不同于19世纪时被国家认同取代的地区认同。正是这点强烈地触动了我。作为与民族相仿的事物，欧洲理念萌芽于自身困厄之际，但因为冲突与分歧而更加获得肯认，而非因为共识与和平。宏观认同，就像欧洲理念、民族理念或宗教的世界观，更常见分歧而非统一，经常是通过强迫和暴力而同

---

　　*　理念（idea），从希腊文ideo而来，指一种理想的、永恒的、精神性的普遍典范。——译者注

质化的产物。我们可以好好地反思，我们是否需要这样的"认同"。

假若欧洲认同已成为近期风靡欧洲的政治议题，却尚未有任何一本专著着手处理的话，这会是有点让人惊讶的问题。随着冷战与维系它的共识的瓦解，我们对于欧洲过去与现在的观点已经历一次重大修正。柏林不再是欧洲分裂的象征，而是统一的德国首都。波斯尼亚战争是另一个严重伤害欧洲认同前景与可能性的重要因素。在写作本书的过程中，欧洲正置身于波斯尼亚问题之中（1993—1994年）。一本关于冷战后欧洲理念的书，将无可避免地与之前的书非常不同。许多由冷战所提供的幻象，今日都已消融于不确定的氛围里，这正是现今的特征。

排外民族主义、新种族主义与"欧洲堡垒"*恶灵的兴起都暗示着过往的再现，且不见得有好转的迹象。要予以质疑的是欧洲认同的理念，这一作为总体性且伴随着民族一文化主义的计划。我希望指出的是，我们需要的是一种基于自治与责任的集体认同需求，而非希冀一个超国家的虚妄怪物。因而一个非常基本的问题是，欧洲认同能否成为一个集体认同，既有能力去挑战民族主义与种族主义的凝聚力，同时也不会被定型成消费主义或官方文化的匿名机制。对于新欧洲合法性原则的寻求，必然要与创造一个能形塑集体认同的空间绑在一起。难以愈合的分裂正是欧洲认同所需要的条件，这或许是相当有可能的答案。

我想强调本书是写给社会学家与政治学家，而非历史学家的。尽管本书有着浓浓的历史味，但我想这是无可避免的，它仍试图提供一个有理论根据的历史社会学的欧洲理论。本书主要是帮助读者在宽广的历史视角下，对欧洲认同问题进行批判性分析。为了完成这个任务，我已大量地吸收了历史、社会与政治等既多且广的研究，并且绝不会断言在一本扼要与

＊ 欧洲堡垒（Fortress Europe），二战时期的军事防卫计划，现指欧盟国家极右派反对外来移民之主张。——译者注

诠释性的著作中，所有进行讨论的议题都具有原创性，也绝不会声称对于第一手数据，我能跟专业研究者有着相同程度的熟稔。为了阐明带有批判意图且具备理论根据的论述，我运用了当代的历史编纂学。尽管如此，我也相当盼望本书能够在理论观点与广阔背景上对专业史家有所帮助。本书是以批判性的方式，介入当代对于欧洲意义的论争所写成的。这是本企图挑衅与批判的著作，同时也希望蕴藏充足的理论与大量的信息。协助形成新的批判性讨论的条件，这样一本小书最多也只能做到如此。

在我所了解的范围内，并未有这方面的系统性与批判性的研究（也就是将欧洲理念视为一个深植于欧洲史、被再次运用的总体力量）见诸文字。有关欧洲理念的主要研究，倾向于聚焦在欧洲整体的主题，它一般被看作是欧洲联盟的欧洲。这些研究典型地容易具有非批判性，甚至是赞颂的特色，而且经常被当成是祭文传于世（Del Corral，1959；Couloubaritsis，1993）。其中的佼佼者，有黑（Hay，1957）与费雪（Fischer，1957）极富数据性的经典论文，但他们对于在散播中的概念做出知识上的鉴别，全无贡献。这方面的相关著作几乎都出版于20世纪50与60年代，其中包括了巴勒克拉夫（Barraclough，1955，1963）、贝洛夫（Beloff，1957）、卡博德（Chabod，1961）、柯立欧（Curio，1958）、都侯赛尔（Duroselle，1965）、佛士德（Foerster，1967）、戈尔维策（Gollwitzer，1964）、海瑟（Heather，1992）、德·胡日蒙（de Rougement，1966）与瓦妍（Voyenne，1964）等人的著作，在此我仅列举其中较著名的。然而，即使是这些作品，也都深受与当代无关、容易陷入无批判性的困扰。对于反思欧洲理念却不予批判的这项特性，同样也出现于龚畔尼翁与希巴哈（Compagnon and Seebacher，1993）的重要著作中。多梅那克（Domenach，1990）相当强调把欧洲当作是一种"文化挑战"。同样还有许多领域的书籍与文章，表面上是与欧洲相关，但实际上却甚少谈及与处理相关议题，例如现代性、民主、民族主义等。欧洲也已被认为是一种哲学理想（Patocka，1983；Heller and Feher，1988；Heller，1991）。还有许多书籍是关于处理欧洲历史边界的问题的（Halecki，1950；Toynbee，1954；McNeil，1974；Webb，1952）。欧洲理念理所当然是历史学家所钟爱的主题，他们一般以一种未经反思的方式运用它，把它当成寻常民族国家群体史中的花瓶。这就是经常被提及的"欧洲的制造"（Bowle，1952；Burns，1947；Dawson，1932；Hazard，1990；Wolff，1968）。欧洲在这些著作中不变地作为某种整体精神的自我定位，它显露于历史中，从不需要解释。某些由此观点出发且值得注意的著作，包括巴特列特（Bartlett，1993）、史库兹（Scüzs，1988）与希顿一华生（Seton-Watson，1989）的作品。有些学者以严格的地理概念视之，比如堪曼（Cahnman，1952）、刘易斯（Louis，1954）与帕克（Parker，1960）。欧洲理念经常出现于东方理念的研究脉络（Said，1979）或欧洲与伊斯兰的背景下（Barker et al，1985；Daniel，1960，1966；Djait，1985；Kabbani，1988；Lewis，1993a）。韦伯式"西方独特性"的主题也形塑了一个比较史学的重要基础，这与我的主题是相关联的（Anderson，1974a，1974b；Baechler，1988；Chirot，1985；McNeil，1963；Mann，1986，1993；Meyer，1989）。尽管欧洲这个主题正迅速地成为社会学的研究焦点（Bloomfield，1993；Haller，1990；Hamm，1992），但对欧洲理念的社会学研究仍相对较少（Morin，1987；Münch，1993；Weidenfeld，1985；Rootes and Davis，1994）。关于作为集体认同基础的欧洲理念，则几乎没什么研究成果（Garcia，1993；Nelson et al，1992；Smith，1992；Balibar，1991a）。"中欧"（Mitteleuropa）论战已从不同角度提出了欧洲认同的问题（Hobsbawm，1991c；Kundera，1984；Schöpflin and Wood，1989）。大多数关于欧洲联盟的欧洲之批判，一般来说都是将欧洲认同视为理所当然，并且都将讨论集中在政治制度上（Galtung，1973）。欧洲中心论已是少数几个有用的批判研究主题（Amin，1989；Lambropoulos，1993；Hall，1992）。玻诺的《黑色雅典娜》（*Black Athena*，1987）是一本对于欧洲认同的历史基础有着重大意义的著作。

其他对此问题的反思，往往沦为一种印象主义（Barzini，1984；Enzenberger，1989；Kramer，1980，1988；Nooteboom，1993；Phillips，1987）。某些对欧洲理念实用的重新评价，可见于《欧洲理念史》（*History of European Ideas*，1980），《过去与现在》（*Past and Present*，1992），《历史工作坊期刊》（*History Workshop Journal*，1992）等刊物的一些特刊中。

我的研究途径来自诸多理论传统，包括有着长时段（longue durée）概念的年鉴学派比较史学，德国历史社会学——特别是马克斯·韦伯对于"西方理性主义"的批判，以及英国马克思主义史家，我尤其是指艾瑞克·霍布斯鲍姆（1983），他所演绎的"被创造的传统"的知名概念，正是激发本书标题的灵感来源。还有一本一定要提的书，其核心议题，没有一本论及欧洲理念的书能够忽略，那就是西奥多·阿多诺（Theodor Adorno）与马克斯·霍克海默（Max Horkheimer）的《启蒙的辩证法》（*Dialectic of Enlightenment*，1979）。作为对整体文明的控诉，这本"法兰克福学派"杰作的批判理论，提出了在一场浩劫*之后，欧洲认同的真正可能。最后，米歇尔·福柯（Michel Foucault）与尤尔根·哈贝马斯（Jürgen Habermas）的著作则是我理论途径的核心。

---

* 指纳粹屠杀。——译者注

我希望，至少能在我的诠释框架里，成功地将现有各种不同学派的欧洲理念予以系统化，且或许有朝一日，对欧洲主义话语的批判，能够成为现代性批判理论的一部分。

杰拉德·德朗提

于汉诺威

谢辞

身为书的作者，其普遍又爱解释的天性，就是会不可免俗地担起感谢许多友人与同事的义务，关于本书的完成，他们在我各个写作阶段中对书稿所提供的建议与批评，是相当重要的。Gudrun von Alten 见证本书从开始到结束。我也感谢 Patrick O' Mahony 鼓舞我写作本书。Peter Bennet、James Deutsch、Walter Lorenz、Christine McCall、J.P.O' Carroll、Patrick O' Mahony 与 Luisa Passerini 等人都校阅过许多版本的草稿。Isabelle Denhez、Phil O' Flynn、John Maguire、Senia Paseta、Tracey Skillington 与 Piet Strydom 则细读了每个独立章节的稿件。而我理所当然地要为本书之见解与其中所有的缺失负责。我也受惠甚多于我的编辑 Jo Campling、Mark Hamilton 的技术协助，以及许多图书馆员和来自德国、爱尔兰和意大利的研讨会参与者的帮助。我还要感谢 Annabelle Buckley 与 Anne Rafique 在编排上的帮忙。我尤其感激爱尔兰科克大学欧洲社会研究中心对于完成本书的支持。

目录

导论：欧洲的矛盾

　　本书是关于在每个年代中，"欧洲"这个理念是如何在自我认同的镜像中再次创造的。我明白地将"欧洲"视为文化建构，并论证不能将它视为不证自明的整体：它既是现实，但同样也是理念。我也将论及"欧洲"是个有争议的概念，它是在困厄中演变成具有自我意识的理念。作为一种繁复文明的核心与系统化隐喻，欧洲理念所呈现的，是我们那带有矛盾与冲突的文化斗争。

　　近来讨论得最多的问题，莫过于"欧洲统一"，但只有少数意见确实涉及"欧洲"一词的意义，及其在当代政治认同问题中的关联。关于欧洲的话语是矛盾的，因为它不仅是关于整体及其所蕴含的内容的，还包括了其所排除的内容，以及对基于排他的标准下的差异建构。它体现了理念与理想的巨大综合。以统一为例，对许多欧洲人而言，只有在统一无法实现的情况下，或者确实是作为一种加强社会排他性或增强核心对于边陲之权力的战略时，它才是值得珍惜的。位于欧洲理念核心的是一种基本矛盾，这种矛盾是关于当代政体中集体认同的规范性标准的。这种矛盾相当明显地表现在两种无法调解的集体认同模式所造成的紧张上：一方面，是排他性的与形式上的政体概念；另一方面，是基于更多的参与及团结的概念。我于本书中提出的关怀，即是要破除欧洲的神秘性质，以便评估在何种范围内，欧洲理念可以通过民族认同以及"欧洲要塞"计划这种沙文主义的狭隘规范性标准，在事实上成为不受妨碍的集体认同基础。多元文化社会是否能发展出并非基于族群－文化主义的集体认同，这个问题和那些涉及经济与政治整合的事项同等重要。本书旨在讨论欧洲理念作为集体认同基础的局限与可能性。我所假设的答案是：欧洲理念唯有在关注新的公民身份概念时，才能成为规范性的集体认同基础。

我的主旨是，"欧洲"作为一种理念，永远都处于创造与再造的进程中，由许多新的集体认同的压力所决定。我希望解构的，是柏拉图式的那种永恒不变的欧洲理想，此一理想的内涵总是与追求自由、民主与自治的价值连接在一起。就像卡尔·雅斯贝斯（Karl Jaspers，1947）曾说过的，"欧洲精神"或——如同其他20世纪早期的作者，例如T. S. 艾略特、胡塞尔（Edmund Husserl）与瓦莱里（Paul Valéry）所相信的——一个实质性的具有欧洲传统的整体，是当代欧洲观点的基本普遍假定。然而当T. S. 艾略特（Eliot，1978，p. 160）在1947年写下"新的整体只能从旧的根基里茁壮：基督信仰，以及欧洲人共同继承的经典语言"时，并不是所有人都同意。这段话显示的是今日广泛流行的共识，即欧洲的文化基础乃是深植于拉丁基督教世界、人文主义的价值与自由民主中（Kundera，1984）。我期许能够揭示出，这些信仰其实是毫无根据的，或顶多只是充满迷思的，假若欧洲理念是作为规范性的概念，便有必要让它接受批判性反思的检验。既然理念本身就是历史产物，那么将欧洲史视为一个不断进展的伟大整体化理念之化身，便是不可能的。贯穿古今的欧洲史理念不会是连贯一致的，而且欧洲的历史疆界也变动过许多次。然而在伟大的历史巨流中，还是有些东西可区辨出来，它们不是历史的整体，而是困厄：欧洲理念作为冲突的产物，更甚于作为共识的产物。

带着对"欧洲统一"概念的尊重，我将论证，事实上，在欧洲文化中，批判与内省的传统甚少求助于整体的观念来作为规范性的立场，反法西斯的抵抗则是例外。欧洲理念已经更加与国家传统和精英文化，而非市民社会的政治联结在一起。因此，如果欧洲理念是作为规范性的理念以及当代政体中理性集体认同的基础，那重要的就是将之从国家传统中解离出来。没有了社会场域，欧洲理念将会落于民族主义者与官僚之手。我并非接着就诉诸某种抽象的文化本质，一种"精神自治"（Finkielkraut，1985）或雅恩·帕托什卡（Jan Patocka，1983，p. 23）承续自胡塞尔的足迹，将之称为带有柏拉图式的形而上学根基的，对周身被具体化的欧洲规划所环绕的灵魂的关怀。我也无法判断捷克前总统哈维尔于1994年，在斯特拉斯堡的欧洲议会中发表演说的观点是否适当，即欧洲需要"一个灵魂或道德的场域"，该场域也许能阐明一种身份并再造卡里斯玛（Charisma）。尽管大致上同意哈维尔对于非技术统治的欧洲认同之请愿，我仍期望能和那些将集体认同的规范性基础视为存在于文化内涵，或把现代性计划视为启蒙时代伟大许诺之展现的人，一同讨论由戈尔巴乔夫（Gorbachev，1987，pp. 197–198）所构想的主张："'从大西洋到乌拉尔山'的欧洲，是一个由共同遗产所统一的文化历史整体，该遗产承袭自文艺复兴与启蒙时代，以及19世纪与20世纪的伟大哲学与历史教诲。"

宣称欧洲是"创造物"，在于突出它于历史过程中被建立的各种途径；在于更加强调欧洲是历史产物，而不是主体，实际上我们所指称的欧洲，从历史观点来说乃是被制造出来的、具备各种千变万化的形式与能动性的实在。大部分的欧洲只是一种怀旧的欧洲，而且是在扭曲的现代性图像中被创造出来的。再者，欧洲史不仅与其理念整体有关，更与其分歧与边界的内外有关。既然欧洲理念并不是浮动于社会与历史的真实世界之上的神秘实体，我便试着展现，它是如何嵌入各种权力的具体结构，以及这些结构中的地缘政治复合体的。

因此，定义欧洲便有着满满的问题，因为欧洲是变幻不定的理念，而非某种不证自明的东西。仅仅将欧洲视为一个区域是错误的，因为简单来说，在不同的背景下它对不同的人意味着不同的事物。欧洲不再像民族那般是自然的存在。它更像是我们的政治词语，由历史建构而成，同时也构成真实的历史。在它被定义和编纂出来之前，欧洲认同并不存在。不管怎样它都是种可疑的观念，被赋予了明显无法解决的民族文化间的冲突，以及相互对立的集体认同。要统一各种迷思的集合，便应以怀疑论的角度视之，除非它们明确地适应了这些多样性。在当前背景下我所要强调的是，欧洲理念过去是伴随精神上的战略目的而建构的，此一理念所指定的"现实"也是被战略性地运用的。"话语"这个社会学概念能帮我们解释这点：欧洲不能被化约成一种观念、一个身份或一种现实，因其本身是一股结构化的力量。所谓的现实，指的是话语里的各种观念与各种身份是被形塑的，而历史的真实则是被建构的。

在理清欧洲理念的背景时，我打算证明此一理念乃是一项历史工程和一种普遍性的理念，它永远处于来自欧洲社会内部力量所带来的分裂威胁之中；它本质上是容纳各种价值的一个文化框架里的整体性主题，与仅只是作为政治规范或地缘政治区域之名相对立。可以把它视为文明复合体的象征与核心组织的隐喻。但欧洲不只是一个区域或政体，更是一种理念与认同。在接下来的章节里，我将勾勒出往昔欧洲理念被建构为涉及认同构成与新地缘政治现实的文化框架的历史过程。我的目标在于透过追溯这个进程，证明欧洲首先是一个文化理念，接着才是具有自我意识的政治认同。我的批判关键在于提出，在这个转型与随之而来的文化转变中，欧洲理念仍紧紧地与民族－文化联系在一起，而后者已经具有集体认同所产生的物化效应（reifying effect）。该进程的演变也明显地使欧洲理念无法成为有凝聚力的集体身份，反倒是欧洲认同结构中的民族认同成形了。大多数针对欧洲理念的讨论，都没能区别出欧洲理念与作为一种意识形式的欧洲认同的差别。欧洲理念早在人们开始认同它，并将自己视为欧洲人之前便存在着。我们更需要了解的是，欧洲是如何确实地被建立成知识的实在———一种文化理念——以及随后是如何与权力相适应的。

既然欧洲理念在分别作为理念、身份与现实时存在区别这点在我的论述里占有重要地位，澄清一些更进一步的基本概念便有其必要。足球比赛的比喻或许有助于将其概念化：欧洲就是足球，球员们是各种认同方案，球场在本例中则是地缘政治的实际运作场域。这种模拟同时也强调了我的论点，即欧洲理念绝不是被场上任一球员完全控制的；它占据着由各种集体认同所竞相争夺的文化—象征空间。简单来说，欧洲理念就是颗政治足球。然而将这比喻更进一步地延伸的话，那它并非没有裁判的存在，因为现实社会的再生产，同样也涉及规范性范畴，亦即是它可以联结到拥有批判性自我反思力量的道德范畴。

尽管我主要将欧洲作为一种理念，但澄清有关"发明欧洲"的三种分析层次也是相当重要的。因为欧洲理念在认同—建构的过程中是规制性的理念。欧洲理念是社会的文化模型，是集体认同的中心。卡斯托里亚迪斯（Castoriadis，1987）曾论及关于社会建构中"想象"的功能为何。"各种社会想象的意涵"都是社会的一部分，在当前脉络中，"核心想象"尤其如此。争论重点在于方式，社会借着它参照文化模型，于时空中想象它自身。这和安德森（Anderson，1984）用"想象的共同体"去描述民族典范有异曲同工之妙。然而欧洲理念应该被视为比民族典范更高的抽象层级。我赞同涂尔干（Durkheim）的想法，也就是说，这个理念可被视为包含在各种异质文化形式里的集体或社会呈现（Moscovici，1981，1984）。社会呈现不仅是现实的再生产，它也是规范性的，并作为规制性的理念服务于集体认同形式。

然而，当文化理念成为政治—认同建构过程中的一部分时，它们就转变为意识形态了。我所谓的意识形态，是指一套整全与综合性的思想系统，一组关于未来的方案，以及一种用于群众动员的政治教条。"当一项关于现实的特定定义与具体的权力利益搭上线时，或许便可称它为意识形态。"（Berger and Luckmann，1984，p. 141）一旦认同呈现了主流意识形态的特性，且个人不再能选择他／她的认同时，它便是病态的。当这种情况发生，认同就是生活的谎言（life-lies）：认同作为意识的客观构成而稳定存在着。也就是说，认同变成了复制主流意识形态的工具。民族认同、性别歧视、宗派主义与种族歧视，都是这类权威认同的倒退形式的例证：认同变得具体且锚定在国家、性别、宗教与肤色之中。当认同被建构为对抗他者的范畴时，它亦能呈现出病态的形式（Fabian，1983；Gilman，1985）。与其说认同起源于共享的生活世界*，由其中的归属感与团结的意义所规定，不如说它更聚焦在与他者的对立上：共享经验的框架、共同目标以及集体范围不仅规定了"我们"，还否定了他者。认同是透过在"我们"与"他们"的二元类型学构成中强加了差异而达成的。"我们"的纯粹与稳定首先在命名中得到确保，接着是通过妖魔化"他们"，直至最后在清除"他们"的过程中得到保障。这经常是一个共同体实际在做的事情：把差异性强加于"我们是跟他们不同的"主张里。定义团体特色并非根据成员有何共通点，而是根据是什么使他们跟其他团体不同。借此我并非试图暗示差异是某种不好的东西。各种认同总是彼此相关，重点不在于"他者"的展现这件事，而是实际的差异在本质上是建构的。因而这是其中一个有关差异或区别的议题：通过认可或否定差异（团结或者排除）达成的自我认同。当"他者"是像这样被认可时，差异就是正面的；但当"他者"表现为有威胁性的外来者时，差异就是负面的。"自

---

　　*　生活世界（lifeworld），在胡塞尔的理论中，生活世界指的是以自然态度所面对的直观的、伸手可及的日常世界。——译者注

我"与"他者"的二分法在欧洲认同的制造中已相当关键（Keen，1986；Hall，1992；Harle，1990；Larrain，1994；Neumann and Welsh，1991；Neumann，1992；Said，1979；Young，1990）。

认同的概念，必须更进一步地在各种认同的形成是可能的这个层面上加以区分。辨别个人认同与集体认同是相当重要的。自集体的欧洲认同从16世纪存在（至少是部分的精英文化）于某种形式以来，欧洲认同作为各种个人认同的一部分，尽管自启蒙时期以降有逐步进展，却一直要到19世纪晚期才出现。在这个阶段中，欧洲理念在个体的个人生命史中得到反映，一如其在各种运动中得到反映一般。

在19世纪的许多案例中，所谓的"欧洲人"的存在，事实上都是由帝国主义理念再次建构且稍加伪装形成的（Nederveen Pieterse，1991）。有人甚至会尽可能地试着借由社会帝国主义与强硬外交政策的民族主义途径论证今日的欧洲认同的实验与19世纪晚期案例的增强自我意识的尝试之间有相似之处。这两者的结果是相同的：由于在官方文化中变得具体了，政治话语的先决条件便从批判与审查中撤守了。一切反潮流的、亚文化的，以及地区性的和社会性的运动，都因对形上共同体（meta-community）的诉求而遭到疏远："对部分公众来说，由形形色色的行政机构所代表的抽象符号，也许会成为一种陈规，取代关于他们自己或其他人'社会需要'的细致思考。"（Edelman，1964，p. 62）欧洲理念在过去主要是从"上层"，而并非是从"下层"的具体生活与政治斗争形式中演绎出来的。它已成为知识分子与政治阶级的主要意识形态。就这点而言，它曾试图作为精英们的反革命意识形态，这些团体有着成为社会代表的诉求。在他们的语言中，欧洲理念早已系统化了。一般而言，知识分子在形塑与系统化集体认同的行动里，扮演着领头羊的角色（Giesen，1993）。

今日，欧洲话语前所未见地接受了更强大的意识形态角色。在这转型之中，欧洲变成文化霸权话语的一部分。在被提升至一种共识后，欧洲理念，通过自身的共鸣，作为霸权来运作与生产被诱导的共识——这种共识不太像是对权力的顺从，而更多的是默认与无助。权力系统可借由这种共识得以运作。我在这里所说的"霸权"，就像葛兰西所说，指的是多样的方式，在其中，意识被组织进强烈要求一致性的结构里。在各种理念的斗争中，单一的思考体系成为霸权。霸权的规则就是由不会质疑自身前提的一致性所支配的。一个被体验为是一种目的的世界产生了：它是某种被赋予的、理所当然的、无可改变且自明的世界。作为一种霸权，欧洲处于自我封闭的状态，它是个连贯的主题，也是思考体系。它并不是某种可以简单地为人选择或是拒绝的东西，因为它与自己所建构的选择场域和认识论框架是彼此接合的。有关欧洲的思考、阅读和写作是权力的智识形态，借此，欧洲得以作为战略现实和知识主体而被建构。因此欧洲是以如下的姿态存在着，即为了建构表象场域而设定条件的潜在含义。作为一种历史哲学，欧洲理念成了一种将追求权力的战略正当化的形而上规范。它是具备差异与抽象特色的当代社会复杂性之替代物（Luhmann，1982；Zijderveld，1972）。关于欧洲的批判理论的一项任务，就在于证明文化与政治的差异，以及社会阶层的异质性是处于主流意识形态之下的。社会学家的任务就是要去探究基于理念而建构各种实在的过程，要去除符号名（symbolic names）权力的神秘性；要解开复合的互联网络，各种身份借助这种网络与权力关系有所联结。同样也必须认可的是，主流意识形态，也就是霸权，绝不是一块单一无缝的巨石（monolith），而是充满着紧张与矛盾的，因为哪旦有共识，哪里就有冲突。主流理念绝不会由单一的统治精英阶层控制，它可以被用于颠覆权力。所以，欧洲理念不仅仅是一个霸权理念；它应被视为一种总体性的理念，于即将掌握霸权之时崩解。

欧洲的概念远比一种理念或身份来得丰富，它也是地缘政治的实在。

欧洲作为一个地缘政治整体的中心特色之一，在于核心渗透进边缘，以便产生控制与依附的权力体系之过程。它过去是靠着殖民主义与征服来统一欧洲，而非和平与团结。每个被设计出来的欧洲模型，总是会出现反模型。欧洲已有迈向分裂现象的趋势；它并非与生俱来就与和平及统一连接在一起。每种想要统一欧洲大陆的企图，都出现于严重分裂的一段时间之后，这是欧洲历史的事实。这预设了一种欧洲历史区域的理论。而在此处，这种预设便已足够论述欧洲并不是自然的地缘—政治框架，而是有着核心与许多边陲的框架，而这些边陲之地都与东方边境紧密关联。在相当大的程度上，大部分欧洲"整体"的形成都是与东方边境相关的，而这只有借着暴力的同质化才有可能形成。与西部边境是扩张的边境不同，东部是防卫的边境，并在欧洲认同的形成中扮演着核心角色。

此处有另一种关于欧洲话语的观点，与当下的语境有关。欧洲理念分享了反启蒙主义的民族理念或民族认同等特征。尽管欧洲理念艰难地唤起了民族共同体理念所能唤起的非理性敬畏与神化，它最终仍是奠基于反启蒙主义者关于共同体的诠释之上：它是一处与回溯性地制造历史以及地缘规范密切相关的幻想家园，隐含着关于一致的起源与命运之叙述。就欧洲理念的情况来说，差别在于由对高等文化之迷思所孕育并增强的文明神秘性。欧洲可被视为一种杂乱无章的战略，通过相关语境里转变中的能指（signifiers）而得到阐述。换言之，必须分析的是关于欧洲理念的参考标准，而非其文化内容。这是因为，在我们能谈论国家地位或民族主义的传统的意义上，并不存在实在的欧洲主义传统。如今，这样一个"被创造的传统"，很明显正处于创造过程中，并伴随着新官方文化的大量象征物与标语的扩散。我们不能忘记的是，民族国家也不像人们经常描绘的那样，是统一与自治的整体，而是具有跟欧洲相同、为人所习惯认知的特色，也就是分裂。

　　盖尔纳（Gellner，1983）认为，在工业化进程中，民族主义伴随着一种文化上保持一致的沟通模式而作用于社会，而当前的欧洲理念可以说是正在扮演这个角色。新的欧洲主义政治学确确实实是一种媒体产物，它展现于各种生活形式（食物、广告、旅游、卫星电视）与技术统治论的意识形态中，而非展现于诉诸情感的民族主义里。因为老实说，欧洲理念与对民族的忠诚情感无关。从历史中举个例子，意大利在经历解放与统一运动（Risorgimento）后，当它于1861年统一时（大部分的意大利人都没受过教育），其中一位运动推手马西莫·达泽格里奥（Massimo d'Azeglio）说了一段经典名言："我们已制造了意大利，现在我们要来制造意大利人了。"（Hobsbawm，1991b，p. 44）这种情况与今日并无太多差异：欧洲已经被联合起来，但那些难以捉摸的公民，即欧洲人，仍有待创造。

　　欧洲理念经常被看作是世界主义的整体理想，以及沙文主义民族国家的另一种选择，这是错误的。与此相反，我的论点在于，它必须被放在世界观的全球背景下看得；而民族国家，远非是其敌人，而实际上是其可能实现的条件。欧洲理念事实上并没有削弱民族的意识形态，而是增强了它。如同卡尔·曼海姆（Karl Mannheim，1979）所言，许多具有乌托邦驱力的文化理念，并非总是超越于社会，它们与社会之间只存在表面的冲突，它们转变成了意识形态。

　　当我们凝视着一大堆以欧洲为标题的书籍、专论与政治宣言时，的确难以否认欧洲理念中有个神秘元素。它借由巨型共同体的创造，把生活世界和政治斗争的语言，投射到由各国构成的宏观领域里。其结果并不是真正的国际主义，而是一个用于剥削稀有资源及追求无限的经济增长的社会技术框架。我们发现，欧洲理念正变成宏观政治与经济工程战略的驱力，特别是作为与新自由主义政治计划紧密连接的目标，来替代早前传统的社会民主计划。它是整体性的主题，将宏观经济和全球框架与生活世界的文化再生产联系起来，并且加强了前者的操纵能力。当前欧洲最重要的任务，即是阐明一个有能力为"后民族的"（post-national）欧洲认同提供方向的新欧洲理念。与其作为"无序的资本主义"（Lash and Urry，1987）的主旋律，欧洲理念更应该成为新文化多元主义政治的基础，如果能成功的话。

在此，我想澄清一个隐含在我论述中的理论前提。当代政治文化演变的社会学理论，必须具备一种关于为集体认同的根本转变和这些转变的规制理念奠定基础的结构的想象。基本上，我所说的结构，指的是国家、经济、文化与社会。当我们审视欧洲理念的历史时，关于它的过去，一直是如何从前三者的角度来加以阐明的。欧洲主义一般来说是指涉某种政治整体的概念，无论是神圣同盟、基督教国家联盟、欧洲协调机制*还是欧洲联盟（European Union）。在当代，这种以国家为中心的模式，曾经是与追求经济利益紧密结合的。它也与军国主义相联系，而欧洲在此意义上则被作为安全议题。欧洲也能被理解为文化产物：无论是科学—技术文化、布尔乔亚上流文化，或是如今试图去创造的欧洲官方文化。欧洲主义过去很少与"市民社会"或"公共领域"意义上的社会政治有所关联，而这些场域是被理解为跟国家有所区隔的，但假如欧洲主义要具备任何意义的话，这就是它应建立模型的基础，而不是把集体认同当成建立宏观制度的工具。已与欧洲理念连接起来的各种话语——基督教世界、文明、西方、帝国主义、种族主义、法西斯主义、现代性——都是奠基于几乎与实际生活经验没什么关系的事物。官方与标准化版本的欧洲文化，对那些静默的少数而言是毫不相干的。丝毫不意外的是，它所缺少的卡里斯玛与魅力，这由民族主义者与种族主义者的意识形态所填补了。所以确切来说，认同

---

* 欧洲协调机制（Concert of Europe），拿破仑兵败后由奥地利主导成立的国际外交系统。——译者注

形成的空间会产生于何处，这是未来的一个关键问题。然而可以确定的是，在国家领域及其意识形态附属物的领域里并没有发现它。与此相关，我认为将对欧洲认同的可能性提出严重挑战的，是一项既定事实，也就是近期以来，后民族认同日益聚焦于集体性的中间目标，而非关于统一体的整体想象。无论是民族的整体还是欧洲的整体，后民族的欧洲人并不将自己视为这种整体的承担者，而是视为公民，其认同是由其利益所塑造的。假若如此，那么欧洲认同就只能在它所牵涉到的、难以处理的分歧与民主多元主义的基础上进行形塑，除非它在词义上自相矛盾。

有个关于欧洲理念的重要理论问题，即它与欧洲文化所声称的普遍有效性之关系。换句话说，什么是欧洲理念的规范性地位？一本论及欧洲理念的书可不能回避这个棘手的哲学议题。老实说，起初，当我十分着迷于福柯（Foucault，1980a，1980b）的话语理论与萨义德（Said）的文化建构概念时，我希望能避免他们著作里头某些众所皆知的理论陷阱。我的研究途径亦来自于韦伯（Max Weber）的社会学，他试图提出一个"西方理性主义理论"（Schluchter，1981）。与其说我试图用文化相对主义避开普遍性议题，不如说我将尝试呈现一个有用的、不会让自己易于接受欧洲中心论谬误的普遍性假设之概念。我已论证，欧洲理念本质上是与一种具体的认同形式相对立的文化价值。作为文化价值，就其本身而言并不是规范性的主张。各种价值并非等同于各种规范。从我们能预期它们将具有约束力的意义来说，规范更近似于伦理原则，并且可声称是普遍性的（Habermas，1984，p. 89）。而相反，价值都是独一无二的，它们不可以承载那些与我们附加在规范上的相同的普遍有效性主张。欧洲理念由此所呈现的问题，并不是普遍伦理原则是否存在，而是它们是否体现于欧洲文化中。

将欧洲理念与政治上的认同建构计划等同起来，最终导致了扭曲的欧洲理念。这是因为欧洲理念自从在早期现代欧洲变成一项制度化的话语后，便充当起了为世俗政治与国家疆域的合法性进行辩护的角色。如今，合法性假设了一种规范立场，借此权力变成合法的权威。在篡夺基督教世界的地位的过程中，欧洲理念成功取得了文明的规范标准的光环，然而这最终是一种对伦理的基本条件的具体化。普世教会的概念，因此由支持世俗的进步意识形态和历史哲学的、名为"欧洲"的继承人所承袭下来。作为一种文明的地缘政治名字，欧洲也象征着它的文化价值领域。正如我将要在接下来的章节里论证的，由于欧洲理念作为地缘政治之名和文化框架这两种功能所造成的张力，这一点，曾经是可能的。作为介于东方与西方之间、基督教与伊斯兰教之间历久不衰的冲突之结果，欧洲在创建具有一套共同价值、有能力统一欧洲文明的地缘政治框架方面是失败的。自从公元8世纪的穆斯林扩张以来，欧洲大部分地区都处于非欧洲人的统治之下。君士坦丁堡于公元1453年失陷后，几乎四分之一的欧洲疆域是由穆斯林统治；苏联红军于公元1945年取得进展后，有三分之一的欧洲领土是属于俄罗斯人，传统上他们并不被认为是欧洲人。欧洲，作为一个持续不断身处于外部危险，特别是来自东边的威胁之下的文明，发展出容易将自身的意识结构归因于普遍性领域的文化民族精神。随着西方边界在公元1492年之后被打开，以及之后西方迈向世界霸主之路，欧洲理念日益被指涉为一种普遍性的文化，欧洲现代性也被认为是具有普遍性的典范。除了中国这个例外，其他向这点挑战的文化要么是以失败告终，要么便是遭到同化。

就像恩斯特·特尔慈（Ernst Troeltsch）所说的，把普遍性的意识结构跟任一独特文化合并是个错误。这是作为民族—文化计划的欧洲中心论之本质。普遍性的意识结构在西欧文化（其明白地超越了作为地缘政治区域的欧洲）中，是否相较于非欧洲文化都已更加制度化，这不是问题所在。哈贝马斯（Jürgen Habermas，1984，p. 180）早就中肯地讨论过这点：

普遍主义的立场，无须否认多元主义，也不用否认它无法与"文明化的人性"的历史观点相兼容的事实，然而它将这种多样性的生活模式看作是受限于文化内容的，并且主张每种文化都必须分享对于世界的当代理解的某种形式上的属性，如果这种文化有一丝一毫能够达成某种程度的"意识觉醒"或"升华"的话。因此就这点而论，普遍主义的假定指涉的是当代生活形式中一小部分必要的结构的属性。

重要的是，这些最低限度的条件被从欧洲理念中隔开了。把欧洲理念本身假设为普遍的规范标准，将会使其与某种"文化暴力"相联结（Galtung，1990）。我的意思是，暴力包含在一种声称拥有单一的普遍价值文化的世界观里。第四章将会详述与这个议题相关的论点，也就是欧洲文化过去从未适当地世俗化，以及因此普遍性理念便作为文化上的绝对事物、一种"本质主义"而继续存在于地域性的欧洲与世俗民族国家的欧洲里。乞灵于欧洲，经常会与身为历史主体，并且是作为一种与西方规范的普遍性相呼应的信念的、有着特权的"我们"之幻象有所牵连。欧洲变成一面诠释世界的镜子，而欧洲现代性被视为历史的顶点与文明的典范。其现存最常见的形式，是高度矛盾的"反种族主义"，其诉诸某种据传是不证自明的抽象权利，选择性地将其作为西方必胜主义的托词，而且拒不承认在"人类普遍主义与人类'文化'普遍主义之间的严重悖论"（Castoriadis，1992）。

接着，我想提出的论点是：欧洲理念被从对普世性伦理具有有效性的主张中区隔出来，而后者则伪装为本质主义的民族—文化主义，这点相当重要。欧洲理念，表面上是地缘政治的概念，但其实是文化模型、文化建构，而且就这点来说，是无法主张普遍有效性的。它属于草率的文化再生产的范畴。然而它可以联结到社会的道德场域，尽管其本身并不是道德概念。再者，争夺欧洲理念所体现的合法性，只能造成一种扭曲的效果、一个具体化的道德空间。欧洲理念因此无可避免地成为分隔的基础，以及一种建构差异的战略。欧洲理念的政治化，事实上就达成了一种关于欧洲的定义：它并非是依据其人民有何共通之处，而是依据是什么把他们跟非欧洲世界分隔开来，以及是什么在他们自身中制造区别的，后者更是经常发生。这就是欧洲的定义，无可回避地来自于政治绑架的因素，这应该是要避免的。

此刻必须进一步说明普遍性这个概念。普遍性并不意味着一致性和其必然隐含着的不宽容，而是能够指涉多元与差异。如同我已提过的，只要不是关于否定他者的问题，差异本身并非不好。比起对于他者的排斥，普遍性更能包含他者的概念。正是基于这个重要原因，我所谓的"自主计划"，应自主流社会的陈述中解离出来，后者至今仍相当盛行，而且更坚定地与规范性的基础理念联结起来。在这方面，奠基于参与和团结的公民身份模型是相当重要的。我将论述，欧洲的后民族公民身份概念，是一个比"欧洲统一"更为重要的理念，这种身份或许能为欧洲认同提供更加规范的基础之参考。

因此，欧洲理念并非没有矛盾。它是双面的：一方面，是盛行已久的排外主义欧洲理念；但在另一方面，它又确实呈现出为了普遍主义的自主计划，而占据着规范性空间的样貌。借由摧毁欧洲文化作为整体的迷思，我希望能展开一个批判性观点，即不再诉诸返祖神话与文化沙文主义的公民身份理论。所以需要澄清的是与欧洲理念暗结珠胎的道德普遍主义。欧洲历史上与欧洲理念有所联结的案例已够多了，例如强大的市民社会传统与反专制主义。然而必须承认的是，即便是这些启蒙传统都不是欧洲专属的，它超越了各个文化传统的特殊性。

本书的结构与论述，在于表达有关欧洲文化普遍主义诉求的批判。它注定以激进干预的精神，呈现在欧洲认同的辩论中，以及将"可能还是作为文化理念更好"的欧洲认同加以人为塑造的企图之中。横贯于本书的主题，是要摧毁"欧洲中心论的谬误"、与普遍有效规范暗中联结的欧洲理念，以及统一的迷思。问题之关键在于，作为一种使集体的认同建构形式固结起来的文化理念的欧洲，与其在欧洲的地缘政治框架内进行的结构化之间的关系。同样关键的，还有文化认同与政治认同的关联：借由历史进程，欧洲被建构为文化理念，并转型成政治认同。我所关注的主题，乃是这样的认同在建立足以挑战民族认同的集体认同时，所遭遇的失败。

现在我能陈述一种核心假设了。这是一种发明欧洲的理论，它试图解释欧洲理念是如何被添附进集体认同形成的过程中的，而该理念增强了核心对边陲的支配。根据定义，我所说的"欧洲认同"，其本质上是聚焦于欧洲理念的集体认同，但它同样也可以是个人认同的基础。我将在接下来的章节中，试图以下列三种分析层次，勾勒出欧洲话语的历史建构：欧洲作为理念、认同以及实在。其中的变项是语言、宗教、历史意识、国籍、边界、物质与美学文化，以及法律／公民身份。将它们联系起来的各种结构，分别是经济、国家、文化与社会。从规范的批判观点来看，我将为重建的与再次想象的欧洲理念辩护，它应被安置于社会的层面上，以便我们能够谈论以国家为中心的欧洲的"社会欧洲"，并将其连接到作为集体认同之规范基础的公民身份上。我也将非常扼要地，把欧洲理念跟五种可视为其"具体呈现"的话语联系起来：基督教世界的话语、启蒙主义的文明话语、20世纪前后的文化话语、公元1945年后的冷战话语，以及当代欧洲要塞话语与社会的或公民的欧洲话语之间的冲突。

在第一章，我将追溯欧洲理念在古典时代*的起源与萌芽，以及中世纪里从地缘概念（起初是与希腊时期的西方概念结合在一起）变成文化理

---

* 即古希腊罗马文化。——译者注

念的逐步转型过程开始，尽管如此，它仍是从属于基督教世界的。随着欧洲理念的巩固（我定调在公元5世纪晚期），我在第二章里要探求的，是将这个新的文化模型连接到萌芽中的欧洲认同之形式，以及迅速发展的地缘政治之实在。我的目标在于精确地评估，在何种阶段，欧洲认同转为聚焦于与基督教世界对立的欧洲理念。第三章处理西欧对欧洲理念的划定与占有。其核心论述是，欧洲与东方之间的区别，在欧洲之内也被反映为一种内部的区别；而东方边界（在君士坦丁堡于公元1453年失守后而封闭起来）在将欧洲理念形塑为"西方"时，是决定性的因素。直到公元1492年后，西方边界的开启与接下来西班牙的再次征服和殖民美洲，更广阔的与霸权相关的"西方"概念才提供了欧洲认同的基础。第四章关注的是西方体系民族国家的巩固，以及作为欧洲协调机制（Concert of Europe）的低劣的规范标准的欧洲理念是如何形成政治概念的。本章的核心关怀与第五章相同，在于试图解释，当民族概念越发聚焦在独特的民族文化概念时，欧洲理念是以怎样的方式自普遍性文明的概念中产生，并在与东方对立以及征服自然的过程中建构出来的。在第五章我将论及，欧洲认同与激进的文明优越性迷思，以及敌对世界观体系中的差异建构是紧密联系的。第六章将继续探讨欧洲理念的崩毁：作为挑战者的中欧（Mitteleuropa）理念的兴起、总体战的环境氛围与法西斯主义的崛起，这些都在争夺欧洲理念。第七章则考虑欧洲理念作为战后重建之一部分的再造，以及在欧洲联盟中作为假模型（pseudo-norm）的制度化。在这背景下的关键问题，是广阔的冷战情景。第八章则着眼于冷战共识的瓦解对于欧洲理念的意义。它的基本论点是，以"欧洲要塞"计划作为具体呈现的欧洲理念，已成为新的寻求建立国家之民族主义的一部分，而远不只是民族国家的继承者，事实上，这就是欧洲的功能。

最后，作为结论，我将论述，把民族－文化的欧洲理念从规范性的讨论，例如从公民身份的议题中区隔出来，是相当重要的。政治与法律概念的制造，不应借由未经反省的文化认同来完成。当这些陈旧的文化理念，通过政治认同的计划转化成制度的实践时，现实的多样态本质，一定会让这些理念在应用上呈现分裂。唯一的解决之道，或许是以奠基于自治和参与的欧洲理念，来取代大部分未经反省、以否认和排斥为基础之自我认同的欧洲理念。唯有凭借着对于后民族欧洲公民身份的许诺，欧洲理念才能摆脱它的文化矛盾。既然集体性的欧洲认同，无法建立在不会导致重大分裂与冲突的语言、宗教或国籍上，那么公民身份或许是可能的选项。鉴于冷战的欧洲理念已经过时，如今对于不排除异己的欧洲主义的新定义，有着前所未见的更大需求。这种基于公民身份的集体认同，或许是对欧洲理念进行重新评价的出发点。因而我认为，欧洲主义的政治，应该被视为是未完成的计划，在这之中，既可能有倒退，也可能存在着社会学习的潜力。

第一章　欧洲理念的起源

追溯欧洲理念在古典希腊罗马时代的起源与萌芽

理论观点

在本章中，我将聚焦于一种上自古典时代下至中世纪、遍及西方社会的概念性划界的起源与发展。借此，一种特定的权力话语得以拥有相对于其他话语的特权。这种话语的联结点在于东－西二元主义，以及一种与之呼应的并非事实的"我们／他们"之对立。我期望能展现这个观点：西方认同中最悠久的形式之一是扎根于历史神话起源的中心论假设，它用于巩固对立世界观的结构。因而欧洲中心论的起源，并非存在于作为文化模型的欧洲理念里，而是存在于用来增强中心权力的话语结构之中。所以，当欧洲理念作为文化理念而浮现时，它便与权力结构及其认同计划产生了联系。一种关于欧洲自治的话语结构所需的文化空间尚未成形。在近现代之前，欧洲理念是透过其他话语而阐明的，其中最著名的就是基督教世界话语。因此，换句话说，作为民族－文化与政治的计划，"欧洲认同"是先于欧洲理念的结构本身而存在的。但既然它从未聚焦于欧洲理念本身，我们当然就不能把它叫作"欧洲认同"。当深植于基督教世界里的欧洲理念刚萌芽时，事实上它便已与西方之概念有所接壤，这点是先于欧洲理念而出现的。正是这个较后期的有关西欧或西方的概念，把希腊文化、基督教世界与欧洲理念串联在了一起。

对古代文明来说，直到伊斯兰教于公元7世纪兴起时，欧洲理念相对而言并不太重要，且无法指涉欧洲大陆。很长一段时间，欧洲作为一个概念，意味着包含小亚细亚，以及部分北亚在内的宽广希腊世界，而非大部分都是未知且仅部分地区有人居住的西方大陆。我们经常忘了西方文化与文明的起源是来自东方。古代世界是东方文化的，而非西方的。作为地理整体，欧洲曾是地中海文明分裂下的产物。遍及整个中世纪，欧洲理念都是与西方基督教理念相连接的，并且主导了对抗伊斯兰教这个后起之秀的斗争。在基督教世界所遭遇的严峻考验中，欧洲的边界是由穆斯林的进展所决定的，而基督教变成了中世纪欧洲的疆域认同。欧洲理念赋予中世纪基督教世界一种疆域的整体意义，尽管它并不是一种特殊的认同。

从历史上非常早期的阶段开始，欧洲在发展一种将拉丁基督教世界与希腊基督教世界整合进单一文明的地缘政治框架之能力上，是失败的。地缘政治的分裂反映在两种文化框架的显现上，在这些框架中，欧洲理念往往与拉丁基督教世界是可互换的。这点就是我想强调的，它先于欧洲理念本身，变成了自治的文化框架与认同基础。再者，长期的紧张仍存在于作为地理概念的欧洲理念与基督教世界（也就是拉丁基督教的疆域）的概念之间。

欧洲理念在当代阶段，从未把自己从根植于基督教世界里的东—西敌对关系中解放出来。既然这是我的核心论点之一，那么就应该以相当程度的篇幅专门来分析这一理念的早期历史。我希望这将得到揭开欧洲（作为一个植根于古典文化的历史区域）的统一理念之神秘面纱的额外收获，这理念就像艾略特（T.S. Eliot，1962，p. 130）所表达的那样："我们全体，就我们还承袭着欧洲文明而言，都仍是罗马帝国的公民。"

欧洲与古代人

欧洲理念对古代人而言，其实没什么意义。远在成为地理的表达方式之前，欧洲理念更加属于神话的领域，而非科学或政治的领域（Hay，1957，p. 5）。就像许多原型民族的（protonational）形象那样，欧洲曾是一个女性的名字。就这点而言，它有着神话般的力量。希腊神话里，假扮成白牛的宙斯，诱拐了腓尼基人的公主欧罗巴，将她带往西方的克里特岛，从而离开了她的家乡，即现今的黎巴嫩，不久之后她便在那儿嫁给克里特王。欧洲因此成为来自东方的舶来品，但这点并未对希腊人造成困扰，就像他们对超出希腊范围，但希腊却归属的西方疆域与异于希腊世界的东方和南方大陆之间的差距并没有太大感觉一样。的确，在许多神话里，欧罗巴是亚细亚与利比亚（非洲之名）的同父异母姊妹，然而对荷马来说，欧罗巴是不死鸟之女（Buehler，1968）。这便假设了欧洲在过去并不是一个高度分化的概念。毕竟，欧洲并不是希腊人的发现，而是腓尼基人，而且甚至可能有着闪族的根源（Sattler，1971，p. 19）。所谓欧洲起源于希腊的观念，无疑是晚近的创造，根据玻诺教授著名的论文（1987），它还可以追溯至反革命的知识分子——尤其是公元1815年至1830年间，当古希腊罗马的文化研究作为保守派的学科被建立起来时——意图去捏造一个根基于无法容忍有丝毫东方成分、纯粹古希腊的欧洲文化传统时。

这里所显示的是，欧洲与亚洲，作为独立的区域，对希腊人来说是没什么意义的，因为对他们而言，一切非希腊的事物就只是"未开化的"。希腊经常被认为是单独存在的整体，与欧洲及亚洲有所区分。这似乎就是亚里士多德的观点，他将人种一分为三：希腊人、欧洲人与亚洲人，然而他坚持后两者都是"野蛮人"。在他的《政治学》（*The Politics*，1962， pp. 136 and 269）关于亲属关系本质的思考中，他主张野蛮人比希腊人更具奴性，而亚洲人又更胜于欧洲人。就像众所皆知的，传说中希腊城邦所拥有的民主，就是立基在奴隶制度上的。考虑到大部分的奴隶都是亚洲籍，亚里士多德对亚洲人所表达的轻蔑，并将之视为野蛮人，以及他认为非希腊人跟奴隶无甚差别，也就不令人意外了（Puzzo，1964，p. 580）。

古代的作家们甚少使用"欧洲"一词。根据黑（Hay，1957，p. 2）关于欧洲理念早期史的权威性著作，"欧洲"一词，起初可能是指涉希腊的大陆区域，且只有在后期才把爱琴海诸岛含纳进来。希腊思想中的主要对立论，就是希腊人相对于野蛮人的二元论（Gollwitzer，1964，p. 20）。在柏拉图的《共和国》（*The Republic*）里，希腊人与野蛮人之间有着明确的区隔，而我们仅有很少的证据显示他重视欧洲。埃斯库罗斯（Aeschylus）在其剧作《波斯人》（*The Persians*）中建构了希腊人与波斯人的对立：波斯人是亚洲的，希腊人是文明的。就希腊看来，亚洲概念要比欧洲更紧密地与明确的地域范围联系起来，后者对北希腊而言仍是相当模糊的区域。对于希罗多德（Herodotus）来说，公元前5世纪时希腊人与波斯人之间的积怨，已等同于实质的文明冲突。这种积怨有可能为欧亚在其后数个世纪里的冲突，提供了参考用的词语。然而，希罗多德自己对于欧洲与亚洲并没有清楚的区分，只是简单地把北方荒野称为黑海赛西亚（Scythia）。当希腊与波斯被作为文化政治术语时，欧洲与亚洲仅仅是地理名词。但是，伊索克拉底*在公元前4世纪时，建构出了包含希腊的欧洲认同，以及包含波斯的亚洲认同（Hay，1957，p. 3）。公元2世纪时，托勒密（Ptolemy）使用萨尔马提亚（Sarmatia）一词，并用顿河区分出亚洲萨尔马提亚与欧洲萨尔马提亚（Halecki，1950，p. 85）。这证明了一项长期以来的划分方法，而这项方法一直是欧洲的地理定义之一。大约在此

---

　　* 伊索克拉底（Isocrates），古希腊修辞学者，为雅典十大演说家之一。——译者注

时，较早期的把世界划分为亚洲与欧洲，或波斯与希腊的二分法，让位给另一种三分法：欧洲、亚洲与非洲。以前，非洲或许被认为是亚洲的一部分（Fuhrmann，1981，p. 7）。根据希波克拉底（Hippocrates）的说法，亚速海*就是亚洲与欧洲的界线（Toynbee，1954，pp. 708-729）。希腊人已知的主要边界则是尼罗河，它把亚洲从非洲中区分开来。这两座大陆的区分，看起来比单一的欧亚对立更具意义（Hay，1957，p. 2）。汤因比（Toynbee，1954，p. 711）已论证了一种可能，即欧洲与亚洲起初都是航海术语，爱琴海水手们用它们来区分两处限制了航行的主要陆地。总体而言，我们也许能下个结论，希腊人并不总把自己当作欧洲人。希腊被视为是文化与文明之域，在其范围以外则是野蛮。然而，欧亚的对立，并没有比政治二元论的事实及其所建构的民族优越论来得有意义。

欧洲理念是伴随着古典希腊文明的衰退而出现的。在波斯战争后，作为内部冲突和发生于公元前338年雅典和斯巴达间旷日持久的伯罗奔尼撒战争之结果，希腊诸城邦处于严重衰落的状况，这为日后马其顿王国取得支配地位提供了基础。在亚历山大大帝的统治下，经历了马其顿兼并希腊与公元前331年大败波斯等事件，希腊文明的中心移向小亚细亚。欧洲理念在亚历山大大帝时代，开始承担起原型政治（proto-political）的形式，通过赋予马其顿所征服的领土不同的地理实体身份，从而将这些领土神秘化。这或许是因为亚历山大大帝之后的希腊文化，已不再专属于希腊人所有。与种族相比，更意指一种语言的希腊，更适宜于一种普遍性的野心。甚至即使希腊文化与语言已传遍整个区域，希腊政治霸权也已让位于像"西方"和"东方"这样的新的政治强权。对立于"野蛮人"欧洲的希腊理念的优越性减弱了，而广阔的欧洲概念出现了，它日益指涉小亚细亚，并且把希腊也包括在内。但亚洲在此概念中仍是他者的中心。亚洲在亚历

* 亚速海（Sea of Azov），位于俄罗斯和乌克兰南部的内海。——译者注

山大东征后，实际上是被推向了比波斯更靠东的地方（Baldry，1965，pp. 120-121，132）。亚历山大统一的疆域中，最终落入了拜占庭统治，只有在这之后的数世纪里，它不再被认为是"欧洲"文化必不可少的成分，观察到这点是相当有趣的。

对古代人来说，欧洲理念是处于西方概念之下的。西方概念首先指的是东地中海世界，而不等同于欧洲理念，它作为文化理念时并不具备什么意义。这就是希腊的西方。希腊人甚至很有可能强烈地意识到，世界更是以光与热到暗与冷对立的北－南轴线，甚于西－东对立而建构出来的。广泛来说，当西方概念指涉广阔的希腊世界时，欧洲理念完全就是地理性质的。在欧洲概念的用法出现前就已存在了关于西方的理念，事实上，它就像是早期关于欧洲的理念，在今日我们会称呼其为关于东方的理念。例如，西方的发源地特洛伊，就是在达达尼尔海峡之东。古代的西方界线，就是已知世界的边界，从西地中海以迄波斯。稍后，当文明核心朝西转移时，东方与西方因而也就从获得的含义中得到了截然不同的意义。但西方概念在古代有另一个更重要的意义：人们相信它是天堂之所在，其位于未知的西方海域某处。这就是从属于西方神话的欧洲。

公元前197年，罗马击败马其顿之后，希腊文明从东地中海转移到了西岸。就像在他们之前的希腊人那样，罗马人从未有强烈的欧洲认同，可能是因为一部分的罗马帝国拓展到了欧洲以外的疆域，且不包括大部分的北方大陆。帝国的心脏区域位于东地中海盆地。罗马帝国是属于东方的，一如它是属于希腊世界的一样，它仅仅有着不甚重要的"西方"意义。它含纳了相当不同的人种：凯尔特人、日耳曼人、罗马人、伊比利亚人、柏柏尔人、伊利里亚人、利比亚人等。中国人一度相信安条克*就是罗马帝国的首都，而非其第三大城市（Dudley，1975，p. 243）。就像东方一

---

* 安条克（Antioch），塞琉古王国首都。——译者注

样，罗马世界是个基于城市与书写文化（written culture）的海洋文明。从泰晤士河到幼发拉底河，伟大的陆路与航道网络最大程度地将各地区连接起来。罗马文明与东方的邂逅，并不总会发展成当它们兼并北阿尔卑斯山脉的欧洲地区时所发生的那样的文化冲突。然而，很明显的，罗马时代的欧洲指涉的是除了斯堪的纳维亚半岛之外，包括约莫今日欧洲大陆大部分的地理区域。不列颠诸岛与伊比利亚半岛则经常被排除于欧洲之外。比德（Bede）在《基督教会史》中曾提到，不列颠是区隔于欧洲之外的。欧洲还不是高度政治化的概念。欧洲还不是"西方化的"；就此而论，东方也不是"东方化的"。

　　所以，对大多数的古代人而言，欧洲并不包括那些我们今日提起它便会联想到的东西。它在地缘政治术语的意义上顶多只是个地区，而非大陆：对罗马帝国来说，欧洲并未建构出文化模型。既然大陆的许多地方都由"野蛮人"定居，那它当然不是指文化的整体。欧洲作为西方的当代概念，与古代的欧洲理念之间没有多少历史一致性。当我们回顾之前的历史时，我们可以发现，相对而言，并没有那么多的诉求是为了欧洲本身而提出的。然而，从罗马—希腊世界的文化要比未经征服之世界来得优越的意义上而言，我们可以察觉到，朝向西方文化霸权发展的文明之间的竞争之开始。

　　对罗马人来说，欧洲理念并不像它在中世纪时所被宣称的那么强而有力。罗马的民族优越论并非聚焦于欧洲理念，而是作为世界中心的罗马神话。甚至在公元初期时，身为基督徒就是身为罗马人，而非欧洲人。与欧洲理念相对的欧洲身份的概念此时尚未出现。然而当维吉尔*的埃涅阿斯象征着东方与西方的统一时，它最终还是代表着西方的优越。维吉尔的伟大史诗《埃涅阿斯纪》（Aeneid），如诗一般地表达了罗马民族起源的神

---

*　维吉尔（Virgil），古罗马诗人。——译者注

话，罗马人或许可以追溯他们的起源至位于小亚细亚的特洛伊之陷落。这种西方的天命是承续东方文明责任的想法，即为罗马起源神话的核心。日后，这点变成西方对东方态度的主要正当性。埃涅阿斯神话在中世纪仍持续存在，并进入了欧洲起源神话的形成之中：据推测，那些流亡的特洛伊人在西方已建立一系列的城市，且许多西方的王国都声称它们的谱系是源自于特洛伊的流亡者（Tazbir，1986，p. 6；Tanner，1993）。举例而言，都铎王朝与哈布斯堡王朝，证明这两者合法性的历史神话都明确表示特洛伊人是他们的祖先，东方的奥斯曼人同样也诉诸特洛伊作为他们的起源神话。

再一次强调，就古代而言，我们不能过度夸大东西之间的差异。对古代人来说，南北区别比起东西对立重要得多。不能忘记的是，在航海的世纪里，阿尔卑斯山脉与地中海相比，所代表的是一个大得多的地理的，以及因此是文化的分水岭；而地中海长期以来一直是世界文明的中心，直到它变成罗马的一个湖为止。这片海团结了各种族群与文明，而不是制造分裂。整个古代世界的贸易网络在地中海内纵横交错，并将加的斯*、迦太基、亚历山大与君士坦丁堡连接进整体的贸易区块。对罗马人而言，多瑙河与莱茵河比起顿河，是更具备战略意义的边疆（Hay，1957，p. 5）。对古代与中世纪早期的人们来说，埃塞俄比亚是更具有实在意义的地理图像，人们相信它包含了与天堂有关系的尼罗河源头（Baudet，1976，p. 15）。

因而，古代的欧洲理念并不是指西方大陆，而是表达有着模糊定义的西方，即黑暗之域、日落之地。但即使是这种作为西方的欧洲理念，都尚未成为重要且整体的理念。在古代，当"欧洲"二字确实存在时，"欧洲人"这词语却甚少有人使用。因此，叙利亚与伊朗的当地人仍将当代的

---

* 加的斯（Cadiz），位于西班牙安达卢西亚。——译者注

欧洲人称为法兰克人（Franks），因为他们没有其他词语能指涉这些在公元12世纪从西方来到此处，参与十字军的法兰克人。同样在希腊，欧洲人也被认知为是法兰克人；在北非的部分地区，欧洲人则仍旧被叫作罗马人（Davis，1988，p. 3）。这便说明了欧洲的概念顶多只是个地理理念，而且也尚未是重要的文化理念，更不是一种政治认同。欧洲认同的理念仍未铸造。一般来说，民族－文化主义聚焦于其他相关方面：希腊文化、罗马与公元4世纪后的基督教会。

罗马帝国于公元286年由皇帝戴克里先（Dioclectian）一分为二，这件事对未来东西之间相互敌对状态的形成是相当重要的。以西西里居间的地中海两片水域，变成了西方与东方的核心地带。但这个早期的分裂并未反映出稍后东方的与欧洲的文明。罗马的东半部纳入了埃及，西半部则包含了"非洲"，这部分对罗马人来说是北非的西部。希腊与爱琴海，以及大部分的南巴尔干山脉则归于帝国的东半部，意大利半岛仍作为帝国内部的自然分界线（Herrin，1987，pp. 22，23）。随后是君士坦丁短暂的统一期间，他于公元330年迁都至君士坦丁堡，而罗马帝国最终在公元395年分裂为东罗马帝国与西罗马帝国。但这并不意味着最后发生的分歧是从一开始就注定的。作为东西之间的桥梁而建立的君士坦丁堡，可以说是新罗马，或第二个罗马，而它的市民也称自己为罗马人。为了保护帝国免受波斯的攻击，它是作为政治上的权宜之计而建的。帝国西半部很快就失陷于来自东边与北边的蛮族之手。因而接下来发生的，就是西方再次向东转，更进一步地往小亚细亚前进。起初，由于穆斯林在巴勒斯坦、叙利亚跟埃及等地的胜利，罗马与君士坦丁堡之间的联系仍相当紧密。但这并没有维持多久，罗马的军备已有很长一段时间是形同虚设，且实际上帝国西半部的首都，也已于公元402年迁移至拉文纳*。公元410年，罗马被哥特人洗劫一

* 拉文纳（Ravenna），当时位于意大利靠亚得里亚海岸边的港口。——译者注

空，接着公元6世纪时，帝国东半部的皇帝查士丁尼又带来一场洗劫，但他收复西半部的企图失败了。

在君士坦丁堡建立后的数世纪间，当它变得越来越东方，在语言上相较拉丁文而更倾向于使用希腊文时，它取得了自己的身份。随后，当帝国的概念变成指涉东部的拜占庭，即东方的时候（Fischer，1957，p. 44），欧洲概念便用于称呼帝国的西半部。所以，东方与西方演变成指涉罗马帝国的两个部分。含有欧洲在内的西方一词，日益被用于称呼前罗马帝国的西半部，这也使得谈论对欧洲而言的东方成为可能。因而，随着拜占庭声称承袭帝国之传统，西半部的身份便逐渐地奠基于拉丁基督教世界之中。欧洲与西方成了基督教世界的同义词（Wallach，1972）。

在这些影响深远的发展中，欧洲与东方因冲突而带来的分歧，慢慢地越来越明显。有件事是早已明了的：在那重大且伴随着西方的罗马帝国衰退的转型里，东方这个概念不仅开始广泛传播，而且其涵盖范围亦慢慢向西延伸。东方不再仅仅是波斯，它还逐渐被用来称呼小亚细亚。随着这种转变的问世，欧洲理念开始作为文化理念而成形。

十字架与新月

自公元7世纪起，欧洲理念便逐渐被阐释为用来对抗占据数百年优势的伊斯兰教。穆罕默德于公元632年逝世后，其信徒便从阿拉伯、遭征服的波斯萨珊王朝地区，以及兼并的新月沃土（伊拉克、叙利亚与巴勒斯坦等地）向外四散。公元7、8世纪时，阿拉伯人几乎打下整个北非，包括于公元642年失陷的亚历山大和公元698年失陷的迦太基。穆斯林势力横跨安纳托利亚、波斯与美索不达米亚，最终到达印度。阿拉伯帝国的倭马亚王朝（Umayyad Caliphate）于公元661年定都大马士革，开始将目光移向西方。随着西班牙的西哥特王国于公元711年灭亡，阿拉伯将势力推进至欧洲。从公元711年开始，直到基督徒再次征服西班牙为止，欧洲基督教世界在西部的实际边界，即是比利牛斯山脉。非洲与欧洲所接壤的领土区，有着长达数百年的文化重叠，这使得拿破仑评论道："非洲是从比利牛斯山开始的。"（Sertina，1992，p. 2）穆斯林征服西班牙时，几乎将其势力延伸至法兰西，一直到公元732年的图尔之役，由阿卜杜勒·拉赫曼（Abdul Rahman）所率领的阿拉伯人遭法兰克人击败为止。值得注意的是，最先提及欧洲人的例子之一，就是由法兰克人查理·马特（Charles Martel）率领并击退了穆斯林的军队（Hay，1957，p. 25）。这场战役对欧洲的未来具有相当重大的意义。在穆斯林尚未遭挫败之前，不难想象欧洲的基督教可能会被彻底摧毁。无论是真是假，这场战役的象征意义，相对于它可能造成的军事影响而言，有着更巨大的重要性。西方人对抗性的认同得以萌芽，可说是这场战役打下的基础。最重要的是，它预示了欧洲作为一种原型文化理念的到来。在十字架与新月的符号下，基督教与伊斯兰教的冲突，在欧洲中心论的世界观里是相当重要的。

当倭马亚王朝于公元750年遭推翻后，阿拔斯王朝（Abbasid cali-phate）接着出现，持续存在直到公元13世纪中期被蒙古人摧毁为止，阿拉伯政权因其所征服的非阿拉伯地区之故，转型成为伊斯兰教的政治系统，其中心已从大马士革移至巴格达，后者是结合了整个中东的广阔贸易网络的新的神经中枢。随着这个伊斯兰世界体系的兴起与巩固，西方只能被迫采取防御形态。公元778年时，查理大帝就没能在西班牙击败摩尔人。威胁不再是来自北边从公元5世纪开始便不断攻击罗马帝国的蛮族部落，而是来自伊斯兰教国家。许多蛮族部落中最重要的法兰克人，都已改宗基督教，变成基督教世界的支柱。基督教世界的轮廓逐渐变成了欧洲的轮廓。以至于这两种理念开始呈现同样的文化模式。因此对欧洲基督教的西方来说，东方注定变成新的敌对形象，这点直到今日，对前者仍是相当有效的，而且那著名的仇外颂文《罗兰之歌》（*Song of Roland*，作于约公元1100年）就是最好的例证。

随着伊斯兰帝国的扩张，公元674—678年，处于巨大压力之下的希腊罗马文明疆界一度内缩至比利牛斯山与博斯普鲁斯海峡之间，而公元718年时亦同。出现于公元7世纪时的穆斯林文明，其发展要比残存于西罗马帝国灭亡后的希腊罗马文明更加迅速。事实上，穆斯林文明所吸收的希腊文化，要比后罗马时期的西方还多。欧洲与东方的联系在穆斯林崛起时被打破了，而据信，这两个敌对世界间的主要联系纽带，就是犹太人（Lewis，1993b，p. 25）。但我们不能因此就产生一种印象，即这是两个相互排斥的文明在彼此对抗。许多古典文化在罗马世界崩解后，在西方都不复存在了，反倒是阿拉伯人予以确实的保存和传播。穆斯林治下的两座西班牙城市，科尔多瓦（Cordoba）与托莱多（Toledo），在将伊斯兰文化传递至欧洲这方面具有重要地位，特别是在收复失地运动（Reconquest）之后。西西里长期以来都是两个文明间的十字路口，许多思想也是由此进入到两个世界。直到公元16世纪为止，阿拉伯文化都对欧洲文明有着重大影响，此后它便过了其顶点，那时，欧洲开始接手世界的领导权。

大约在公元650年至750年间，西方因为穆斯林这百余年来的猛烈攻击而成形了。论及欧洲认同的形成，这个阶段才是真正的转折点，而非罗马帝国于公元5世纪崩溃之后所谓的黑暗时代的开端。在罗马帝国迁都至君士坦丁堡，借此摆脱野蛮人与之后波斯人的威胁后，它面对的就是伊斯兰教。图尔战役与君士坦丁堡围城之战，标志着穆斯林将疆界拓展进了西方。拜占庭帝国同样也达到了扩张极限，但却无力阻止伊斯兰教势力对自己领土的进犯。拜占庭人仅能够维持固有状态；他们只能成功地让伊斯兰教势力撤退，但无法将之击败。公元700年后，拜占庭帝国萎缩到只剩君士坦丁堡、小亚细亚的一部分、希腊，以及南意大利的一部分。已经没什么能改变这一事实了，即基督教世界遭到穆斯林势力东起小亚细亚，南到地中海南部沿岸，西自伊比利亚半岛的三面围攻。克里特岛与西西里岛分别于公元825年和公元827年失陷，这使得西方基督教世界受到更进一步的限缩。借由所攻占的这些岛屿的战略价值，公元9世纪时伊斯兰教势力处于拥有确实优势以及能实际控制地中海的地位。公元826年，罗马城陷落，连教皇都被迫朝贡。公元12世纪时，基督教从马格里布*的土地上消失。基督教的传播不仅中断了，还被迫采取守势；且欧洲内部的拉丁西方与希腊东方间的关系也遭破坏。再者，后来波斯与拜占庭的冲突，耗尽了双方的力量，替穆斯林崛起于欧洲边缘铺好了一条康庄大道。

紧接在伊斯兰教兴起之后，新的欧洲理念通过指涉大陆西北方而开始萌芽。随着地中海大部分区域都失陷于伊斯兰教之手，西方开始接纳西北方的蛮族土地。西方或多或少地遗忘了地中海，并任由拜占庭人在东部前线掌握主动权。公元863年，拜占庭人在一场重要战役中击败了阿拉伯人，并且持续采取将其拒之门外的攻势策略，一直到塞尔柱王朝于11世纪中叶兴起（Obolensky，1971，p.71）。

基督教世界与欧洲

在这阶段，即众所皆知的黑暗时代，依惯例定义在介于西罗马帝国最后一任皇帝于拉文纳被废黜的公元476年，以及加洛林王朝成立的公元9世纪之间，罗马不再是欧洲的中央。由戴克里先与君士坦丁等皇帝所执行的改革仅能使罗马帝国的东半部，也就是拜占庭帝国得以存续。随着公元5世纪时日耳曼部族的大规模人口迁徙，以及随后数百年间英格兰盎格

---

*　马格里布（Maghreb），非洲西北部，阿拉伯语意为日落之地。——译者注

鲁—撒克逊王国势力的巩固，欧洲文明的中心转移至西北，波罗的海取代了地中海的重要性。当日耳曼部落从北方侵蚀帝国时，波斯人则从东边进击。西欧特别容易遭受来自四面八方的攻击。公元9世纪时，维京人南下施压，马扎尔人自东方推进，而穆斯林则从南方北上。欧洲理念正是在这种背景下开始传播的（Leyser，1992，pp. 40，41）。欧洲理念的历史独特性与自主性，是从其对立面中开始显露的。伊斯兰教以及与其一同入侵的野蛮人和波斯人，赋予了基督教世界一种欧洲认同感，并将其作为对抗非基督教世界的堡垒。这是一种受困心态，是自挫败中诞生的认同，而非胜利。但随着北方部族渐渐接受基督教，从法兰克人到维京人，这些野蛮人对基督教世界的威胁就此结束了，而一种类似欧洲秩序这样的事物则得到了巩固。以西北为欧洲文明中心的发展进程，由于查理大帝的崛起而得到增强，他将自己定位为"欧洲之父"（Fischer，1957，p. 115）。欧洲已将地中海遗弃而投向了波罗的海。在这撤退的过程中欧洲获得了一种新的认同。

基督教为西方专制王权提供了有力的合法性神话，这点随着伊斯兰教的入侵而日益坚固。对于文化凝聚力的需求变得更为必要了，因为当查理曼的帝国于公元10世纪分裂后，在西方封建主义系统里并没有出现中央的政治权威。具有讲究服从的伦理观并掌握阶层权力的基督教，比起贸易与商业的城市世俗世界，要更适合封建主义的农耕定居世界。作为地理词语的欧洲概念，逐步应用于西方基督教世界。欧洲变得与基督教共同体的概念相一致了，尤其是在西北方。随着伊斯兰教的兴起，东西之间的古代纽带，呈现出持续敌对的特征，在这个对于当代欧洲认同结构有着重大且影响深远的转变里，长期由阿尔卑斯山所分隔的欧洲北方与南方融合了，进而塑造出了中世纪的基督教世界。新的边界出现了，从波罗的海一路延伸至黑海。从那时起，东西之间更大的分歧便呈现为道德—宗教的分歧，即西方意味着文明与善，而东方则是野蛮与恶。出于一种否认其自身起源于东方的精神优越感，欧洲认同得以建构。没有了由伊斯兰教所提供的敌对图景，基督教西方或许无法成就统一了欧洲社会里各种不同元素的、单一且高度发达的文化。

这种西方与基督教优越性的观念，呈现在某些早期的欧洲理念中。这种理念出现在基督教早期，表现为欧洲人、亚洲人与非洲人分别是挪亚的三个儿子的后裔：希腊人、非犹太人（Gentiles）与基督徒的始祖雅弗（Japheth）；犹太人与阿拉伯人的始祖闪（Shem）；黑人的祖先含（Ham）。在基督教神话故事里，欧洲人之父雅弗被赋予比闪，亦即是亚洲人（主要是指犹太人），以及含，也就是非洲人，更优越的地位。这个理念直到当代一直都以一种概念工具的姿态存活，这种工具为欧洲中心论的历史哲学提供服务，以便将世上的人群分成各种种族（Mudimbe，1988，p. 46）。随着罗马的衰落，基督教世界（oecumene）的概念，即文明化的世界出现了，欧洲被视为是等同于基督信仰及其普世志向的世界。千余年以来，诌媚罗马的人成功维持了文明与野蛮的二元对立，一如基督徒与异教徒间的对立。基督教因而与文化优越性和文明联系在一起，而非基督徒则被视为不文明的与野蛮的。

公元8世纪起，基督教便被相当有效地"欧洲化"了。源自于亚洲的异教（基督教），变成了罗马的帝国意识形态，最终在德意志王国的支持下，演变为关于中古基督教世界的普世性与合法性的神话。基督教世界一词从公元9世纪起开始使用（Phillips，1988，p. 32）。既然基督教世界作为一种表达方式，相对来说发展得比较晚近——直到公元11世纪时，都还未有一致的用法——那么即使我们发现欧洲理念是更后期的创造物，也无须惊讶。从公元3世纪早期开始，基督教时代的概念就被作为历史编年的基础而建立起来，而伊斯兰教则是要到穆罕默德于公元632年逝世后，才建立起自己的时间系统（Herrin，1987，pp. 1-6）。普世帝国的理念由教会取代，后者耕耘出奠基于对帝国过往的怀念之上的历史记忆：普世帝国变成普世教会，对皇帝行礼的仪式对象则换成了教皇。在这种转型中，罗马公民变成了基督徒臣民。对普世帝国的追寻，因而注定成为欧洲认同的重要组成部分。然而，就像华莱士－哈卓尔（Wallace-Hadrill，1985，p. 151）所指出的，"事实是，绝大多数的人都不会用这种角度来看待局势，并且认为欧洲的统一是陈义过高的理想，就像其前辈基督教帝国（*Imperium Christianum*）一样"。

然而直到公元15世纪，欧洲一词都甚少为人使用。这并不令人意外，因为经常与欧洲一同联想到的基督教，并不是一种在地域方面形成一体的文化。由于基督教的整体超越了欧洲整体，而基督教早期阶段中的普世理念并非专指欧洲，这就无法避免地导致了歧义。希腊或拜占庭的教会逐渐被等同于东方。拜占庭帝国从未尝试独占欧洲的概念，这个概念曾用于，但并非仅用于昔日由法兰克人与其德意志继承者重建后的西方帝国，奥托帝国。经过一段时间，帝国的东西分裂成了教会（ecclesia）与帝国（imperium）的对立。这种长期的分裂形塑了直至今日的欧洲面貌，这同样也反映在基督教会自身的分裂中，双方说着不同的语言，最终培育出不同的文化与教会习俗（Chadwick，1990，p. 228）。在公元451年举办的卡尔西顿公会议（Council of Chalcedon）中，东方教会想增强正统性的尝试，为日后的分离打下了基础。当然，直到许久之后这都并未变成不可逆的。查理曼在公元789年击败拜占庭人，更加速了欧洲内部的分裂。公元1054年，焚烧了宣布开除君士坦丁堡的东方教会会籍的教宗诏书后，东正教与西方罗马教会之间的分裂，终于演变成永久状态[*]。这一系列剧情的高潮

---

[*] 2016年2月，天主教教宗圣方济各与东正教大主教基里尔一世在古巴会面，这是双方首脑自正式分裂近一千年之后的首度会面。——译者注

在公元1204年，第四次十字军东征将君士坦丁堡洗劫一空。欧洲理念如同它在这时期所被阐释的那样，是作为把希腊教会从拉丁西方中抽离出来的手段。

值得注意的是，拜占庭帝国的身份是由融合了宗教与世俗的国家所建构的。相对地，拉丁西方的文化典型与政治认同结构，仍依赖于国家与教会的分离。这就是西方所走上的另一条发展之路。这意味着在西方，国家得以将自己从合法性的负担中解脱出来，而在拜占庭，国家则是被它所拖累了。长期而言，这对西方是有利的，因为西方得以经历更为不同的发展逻辑。在这当中，我们便有可能了解到欧洲理念要如何变成世俗的西方认同，而基督教世界则作为宗教认同。

随着欧洲的界限由穆斯林的进展而定，基督教已有效地变成了中世纪欧洲的区域性宗教。基督被欧洲化了，而公元10世纪后的基督受难十字，则变成欧洲统治的普世象征。身为基督徒，不再只是身为罗马人，或罗马的模仿者，而是成为普世基督教政体，即世界（oecumene）中的一员。欧洲曾是基督教世界的世俗身份，后者长久以来一直与法兰克帝国联系在一起。欧洲理念赋予中世纪基督教世界确切的疆域统一性，使之得以借此与东方抗衡。但这种统一仅仅是靠着冲突而建构出来的，它无法成功地调和中世纪西方体系里各王国间的实际分歧。而东方概念则转为指涉整个小亚细亚的异教诸岛、亚洲、印度与马格里布。基督教于西方的兴起，实际上使得西方与欧洲画上了等号。

结论

本章目标，在于展现欧洲理念的早期历史所透露出其作为地理建构物的功能，与作为文化—政治理念间的紧张关系。与欧洲理念相关的主要政治极化，集中在基督教与伊斯兰教之对立上，实际上，它对该理念无甚用处，但它仍对该理念的未来有着重大影响。在此我们可以下个结论，公元10世纪时的欧洲理念，已从仅仅是地理的表达方式，演变为具有政治用途的文化理念，但还不够稳定到足以成为确切的欧洲认同的基础。欧洲理念的巩固与一种认同的成形，将是下一章所关注的主题。

第二章　欧洲的西方化

"欧洲理念"与"基督教世界"之争

理论观点

本章主要关注欧洲理念作为文化框架的巩固，以及中世纪欧洲认同的形成。西方以十字军的形式对穆斯林东方发起反攻，试图夺回优势的行动失败了，其结果就是以基督教西方为主体的欧洲认同，将敌意聚焦在伊斯兰教身上。但神圣罗马帝国的崛起使得作为文化模型的欧洲理念黯然失色了，因为前者代表了欧洲中心从地中海移向了波罗的海。这点为欧洲理念与神圣罗马帝国之间长期的紧张关系打下了基础，后者寻找着使自身成为文明捍卫者的合法性。当代西欧，可视为是帝国将其准则强加至广阔领土上却遭到失败的结果。

直到15世纪晚期，欧洲理念仍然主要是地理的表达方式，附属于西方主流认同体系的基督教世界。等同于"西方"的欧洲理念，是在"大航海时代"的海外征服中，才开始巩固起来的。欧洲从那时起开始摆脱与基督教世界的联系，并慢慢变成一种自主的话语。君士坦丁堡于1453年陷落于土耳其人之手，1492年后西欧列强的殖民地扩张，作为这两件事的结果，欧洲理念与被视为特定的欧洲价值体系连接起来了，尽管直到17世纪晚期，这些欧洲价值都还未能被完整地阐述为欧洲认同。因此，欧洲理念是在与非欧洲民族的相遇，以及抵抗奥斯曼帝国扩张的情况下，成为建构一种特定欧洲认同的焦点的。

因此我们在本章的讨论中所见证的，是欧洲理念转型成欧洲认同的过程，借此欧洲不再仅仅指涉地理区域，还包括"文明的"价值体系。在这转向中，为了新认同结构的建立和新权力中心的崛起，作为文化框架的基督教帝国，由欧洲理念所取代了。然而在这个过程中，欧洲的文化理念与其所指涉的地理框架间出现了张力。作为文化框架的欧洲，在海外扩张中演变为文明的规范理念，但作为这种文明的地理疆域，欧洲又面临着部分地区处于奥斯曼宗主权之下的问题。这种张力无法轻易调解，因此我们会发现，欧洲理念容易遭受西方的霸权意涵的遮蔽，而后者则成为崛起中的欧洲强权征服美洲时的驱力。原先存在于基督教世界与欧洲间的矛盾，就此由一种欧洲与西方之间的新矛盾所取代。这种新矛盾成了以西欧为中心、迅速扩张的世界体系的不断变迁的符号。

在东方的扩展停滞了一段时间后，海外土地为欧洲的扩张激情提供了空间。大航海时代可以说是十字军理念的复兴，但差异在于前者基本上是向西发展，而且是新专制主义政体与反宗教改革的罗马天主教之产物。在这转型中，新的存在诞生了：欧洲人。每次当欧洲受挫于穆斯林东方时，新世界的获得便大大增强了一种欧洲优越感。在横跨大西洋的侵略如火如荼进行的殖民过程里，神话被创造出来了。这就是西方的欧洲神话，在接下来数世纪间，它将成为在无止境的西方疆土的神话中，关于北美认同的重要组成部分。身为旧世界的欧洲，则变成新世界的文化仓库。欧洲文明的神话因此获得了实质性价值。

在这个阶段，欧洲开始成为定义明确的区域，也就是沃勒斯坦（Wallerstein，1974，1980）所谓"世界体系"的中心，并取得了基于自身向西推进动力的持久身份。直到16世纪，仍有许多种世界体系，相对来说，欧洲体系并没有那么重要（Braudel，1979，pp. 80-85）。比较重要的或许是13与14世纪时的东－西世界体系与16世纪的地中海文明（Abu-Lughod，1989）。因此，可能就像马歇尔·霍奇森（Marshall Hodgson，1962，1963，p. 250）曾假设的，欧洲现代性是"将前现代的欧亚非（Af-ro-Eurasian）作为一个'整体'的历史性情结在其共同历史环境破裂后的结果"。了解到在这转型过程中所建构的"欧洲整体"其实是被创造出来的，这点相当重要。要想象欧洲，就需要一种优于他者的特定话语。中世纪时是基督教对抗伊斯兰教，近代阶段则是文明战胜自然。

欧洲政体之萌芽

借用保罗·瓦莱里（Paul Valery）那恰当的叙述，我们今日所理解的，严格地理定义下的欧洲，在整个中世纪里只不过是一个"亚洲的半岛"，且人烟极其稀少。它仅占有不超过全球百分之七的陆地面积，而且这还得看它的东方边界有多远。直到10世纪时，"欧洲"的范围仍小于今日的三分之一，因为北方的区域尚未被含括进来。与中国相比，欧洲在科技上是落后的（Needham，1961）。从7世纪至13世纪晚期，中国处于比西方更高度发达的唐宋时期。在这一时期，欧洲由于人口迁移以及罗马帝国的衰落所导致的分裂，显得颓靡不振。中世纪的欧洲，约莫由500个政治实体所组成，其中包括公爵领地、主教辖区、公国与城邦等（Tilly，1990，p. 45）。与东方相较，西欧无疑是衰落的。14世纪初期的"小冰期"与1347—1350年紧接而来的黑死病，沉重地打击了西欧，使之几乎丧失了三分之一的人口。相对而言，拜占庭东方所受到的损害就小得多了，并且10世纪时其实际上正处于成长阶段。再者，欧洲在捍卫自己抵抗穆斯林扩张的军事准备上也是相当不足的。

唯有在中世纪中期时（900—1250年），西方开始赶上中国，因为后者正处于蒙古侵略所带来的停滞阶段（Jones，1987；Chirot，1985）。据霍奇森的研究（1962，1963，p. 248），直到中世纪时，西欧都扮演着边缘与落后的角色。尽管中国的衰退由接下来兴起的明朝（1368—1644年）予以弥补，但在西方萌芽的资本主义与民族国家体系最终超越了中国（Mann，1986）。

所以西方的相对低度发展就长期来说是个优点。欧洲，作为黑暗时代解体过程的结果，事实上成功地抛下了古代的负担与古老帝国的形式，因而得以超越那些发展受到前封建生产模式之枷锁所拖累的东方帝国及其文明（Anderson，1974a）。举例来说，让大批剩余人口消失的黑死病，或许提供了让资本主义能够在西方萌芽的重要条件。东方的相对进步最终也只是古代遗绪的展现。东方超越了自身的限制，在第二个千禧年里持续苟延残喘；西方的相对落后则是转型为封建生产模式的信号。然而，直到17世纪时，西方仍未胜过东方，纵使进步的种子早早就已埋下。

在4世纪至9世纪期间的黑暗时代，"欧洲"——我们指的当然是基督教世界——并没有能力保护自己免于伊斯兰教的侵扰。自5世纪到9世纪的第一波封建主义浪潮，制造出静态的农业世界。一直到约莫公元900年至1250年的中世纪中期，受到封建生产模式前进驱力（这导致了人口爆炸，欧洲人口翻了一倍并促使贸易复兴）推动的基督教世界，才试图反攻东方。这最终还是失败了，虽然边界相对扩张了，但基督教世界仍必须接受自己成为世界主宰的野心落空之事实。但是，这并不是毫无所获的失败。

自9世纪起，加洛林帝国的崩溃导致许多独立的基督教王国的出现。借由封建主义的巩固，这些王国在接下来数百年间，取得了相当可观的领土。其中最著名的就是在公元1066年征服英格兰的诺曼政权，他们从阿拉伯人手中夺下巴勒莫*并于1091年吞并西西里岛后，其声势达到了顶峰。
13世纪时西班牙的再征服巩固了这些进展，而12世纪初期，在经过大约
500年后，地中海被基督教商人重新取回了。这些拓展意味着以法兰克文
明扩张为形式的欧洲边界的整体扩展。诺曼政权于1066年后渗透进英伦群
岛，以及于1072年后进入西西里岛，都源于同一种驱力。在大约1000年到
1250年之间，以封建主义为基底的全新文明范式向四周扩展，西抵爱尔
兰，东达耶路撒冷，并带来了一个一体化的社会（Bartlett，1993）。这个
新的框架即是我们所谓的"欧洲"，它将作为法兰克—拉丁基督教世界扩
张的口号。

十字军意识形态的兴起

对欧洲认同而言，领土扩张并没有内部同质化的成长来得重要。基
督教共同体的理念不仅为中世纪王权提供了合法性神话，也作为文化的媒
介，凝聚了因语言和伦理传统而被区隔的各个群体。通过官方礼拜仪式、
中央集权并且好战的主教制度的强化，欧洲发展出了对伊斯兰教东方的新
一轮反攻。接踵而来的十字军意识形态成了欧洲认同中必要的成分。十字
军的重要性在于，它塑造了在族群—文化上均质化的认同结构，这点在日
后成为欧洲认同的核心要素。

十字军是基督教世界的集体动员，并赋予了中世纪欧洲强烈的疆域
认同。西欧各封建王国的政治能量，转化为有殖民倾向的往东运动。这也
是基督教世界对伊斯兰教的反攻，对抗异教徒的圣战理念因此而生。十字
军能在10世纪时从处于危机中的阿拉伯世界占到便宜，原因是那时阿拔斯
王朝正被白益王朝（Buyids）所推翻。这个裂变及复兴的阶段一直持续到

---

　　*　巴勒莫（Palermo），意大利南部的港口。——译者注

12世纪，此时，以塞尔柱人为主的新生权力中心出现了，这个拥护逊尼派的崛起中的土耳其王朝在1055年定都于巴格达，并扩张至安纳托利亚与小亚细亚。伊斯兰教的政治统一体分裂为许多个体，各自集中在科尔多瓦、开罗与巴格达。1071年，塞尔柱王朝在曼齐克特（Manzikert）战役中击溃了拜占庭帝国。赢得安纳托利亚的大部分地区，加速了历时四百余年的十字军东征之诞生。原本固若金汤的拜占庭帝国，如今失去了大部分的小亚细亚，因此向教皇格里高利七世求助，而格里高利的继任者乌尔班二世则于公元1095年的克莱蒙会议上演说时，以第一次十字军东征作为响应（1096—1099年）。尽管没有任何关于这场著名演说的记录，一位英国编年史家仍然在伊斯兰教威胁的背景下，留下了关于有着坚定的基督教认同的欧洲的最早的记录之一（Hay，1957，p. 32）。

对拉丁西方来说，这也是再征服的阶段。1084年，卡斯提尔与莱昂之王阿方索六世（Alfonso VI）从穆斯林手中夺下托莱多。这是极具时代象征性的事件，因为它标示着新的更大的欧洲之降临，也是基督教世界的一次重大胜利。直到1699年收复匈牙利为止，西班牙是第一个被再征服的曾经的基督教领土（Lomax，1978，p. 1）。然而，作为阿拉伯政权复兴的结果，直到13世纪，基督教世界在伊比利亚半岛更进一步的进展都以失败告终。拉丁西方因此专注于同东方对抗的东部边界上。"冷战"一词的应用，首先是作为13世纪穆斯林与基督徒之间紧张关系的结果（Bozeman，1960，p. 426），它所假定的自我与他者的二分法，则作为欧洲认同里决定性的力量，持续了数百年。

十字军没有办法克服内部的差异。基督教世界之整体，只有在面对共同敌人时才是个整体。他们也因为穆斯林军事能力在12世纪的复苏而居于劣势。1187年，穆斯林夺回了耶路撒冷。后续的十字军都无法逆转此结果。十字军所建立的封建诸国没能挺住时间的考验，13世纪晚期，这些领土又再次由穆斯林收复，包括最后一个位于圣地的基督教国家，阿克[*]。

　　欧洲理念并不是十字军的核心，实际上更可能是对于它的否定。基督教才是十字军的主要认同。十字军的象征是十字的跨国性符号，而非国徽，他们是以"神之军队"或"上帝军"而闻名（Bartlett，1993，p. 261）。十字军保留着对各自王国的政治认同，但他们的集体身份则是带着十字架与剑的基督教朝圣者。然而"法兰克人"一词要比"欧洲人"的概念更为常用。当欧洲处于转变成定义明确之整体的过程时，"欧洲人"依旧是几乎不存在的。很明显，拜占庭人，就像穆斯林一样，把一切西方人都贴上"法兰克人"的标签，而无视其起源（Bartlett，1993，pp. 103-104）。对中国人而言，当他们与欧洲人于15世纪相遇时，法兰克人作为对欧洲人的轻蔑用语，找到了在中文里的应用之道（Bitterli，1993）。基督徒与异教徒的二分法，要比稍后的欧洲人与野蛮人的对立更重要。但是指涉这些用于建构敌对体系之对立身份的相关词语，已经从一种不朽的差异与他者之概念中创造出来了。在公元1099年到1187年间，对基督教世界的强调胜过对欧洲的强调并不令人意外，当时耶路撒冷处于十字军的控制下，基督教的扩张越过了其欧洲边界。

　　西方的主宰政权不再是拜占庭帝国。它的年代早已远去，并且在1071年时遭到双重挫败：其一是在曼齐克特战役输给土耳其人；其二则是败给崛起中的西方强权诺曼人，后者取得了拜占庭在意大利的主要城市之一，巴里。在第四次十字军东征以洗劫君士坦丁堡告终后，拜占庭帝国自此再也无法重返昔日光荣。十字军加深了东方帝国对基督教世界的敌意。拜占庭人并不将十字军视为是对穆斯林的反击，而是当作一种威胁到他们生存的可怕力量。正是这种分界，在十字军之后依然持续有效地在内部与外部分裂着欧洲。

---

　　[*]　阿克（Acre），位于巴勒斯坦一带。——译者注

欧洲认同与东方边界

由土耳其人建立的奥斯曼帝国，成为安纳托利亚西北的主要武装力量，而安纳托利亚则成了帝国未来的基础。

1354年，土耳其人跨越了达达尼尔海峡抵达加利波利半岛，并在公元1361年之后，于阿德里安堡建立首都。之后，他们开始征服巴尔干半岛，在公元1389年著名的科索沃战役中击溃了塞尔维亚人，使整个基督教世界被迫进入防御态势。土耳其人对十字军更进一步的胜利，出现在公元1396年的尼科波利斯战役，后者的攻势遭到中断，这场战役确立了双方势力范围停留在海峡两岸。因黑死病与农民暴动而呈现既疲软又动荡不安的拉丁西方，无力阻止伊斯兰教在14世纪的复兴。15世纪时奥斯曼帝国巩固了在巴尔干半岛、安纳托利亚与爱琴海的霸权地位。公元1453年，苏丹穆罕默德二世打下了君士坦丁堡，带来了拜占庭帝国的末日，以及末代皇帝君士坦丁十一世的逝世。

君士坦丁堡的陷落，是欧洲现代性形成过程中，诸多具有真正决定意义的事件之一。老生常谈的是，欧洲中世纪结束于1453年，即东罗马帝国落于土耳其人之手时。逊尼派伊斯兰教最终取得了对基督教世界的重大胜利。君士坦丁堡被改名为伊斯坦布尔，也就是"伊斯兰之城"的意思，成了奥斯曼人的逊尼派帝国的首都。世上最伟大的伊斯兰文明之首府，至此坐落于欧洲，诞生出数百年来举世闻名的"欧洲的土耳其"。基督教位于小亚细亚的最后一块飞地，十年内便为土耳其人夺走。从那时起，拉丁西方便被迫采取守势：随着东方希腊基督教帝国的消逝，拉丁西方直接面对伊斯兰教势力，后者距离基督教世界的心脏地带的距离短得令人震惊，而且它还占有了大约四分之一的欧洲疆域。同等重要的事实，还有欧洲与伊斯兰教都竞相试图控制同一块属于西方的东部边界领土。危险并不总是军事的，更有甚者还有对于集体改宗伊斯兰教的恐惧（Lewis，1993a，p.
13）。1453年的事件，使得接下来数十年里，奥斯曼帝国的霸权在地中海
东南沿岸的扩张日益猛烈，并在征服叙利亚与公元1517年将埃及纳入版图
时达到顶峰。当欧洲宗教改革运动处于高潮时，奥斯曼帝国的攻势最后横
跨了马格里布地区。

迈向中世纪结束之时，我们可以说，东西之间有着一条划时代的断
裂。在15世纪前欧洲认同的意识已经存在了，但在其形成过程中，挫败
的作用要多于胜利，并靠着将东方形象作为共同的敌人而支撑起来。根据
黑的研究（1957，pp. 86-87），"欧洲"一词使用频率的显著增加，与
土耳其的扩张有关。教皇庇护二世在伊斯兰教扩张的背景中，经常使用
"欧洲"一词，尽管基督教世界传统概念的使用更加频繁，我们在外交
语言中可以发现此类陈腔滥调的表达方式："共同的敌人、基督教共和
国、基督教世界、基督教世界诸省。"（Hay，1957，pp. 96 and 114）柏
克（Burke，1980，p. 23）指出，当教皇庇护二世首次听闻君士坦丁堡陷
落的消息时，他评论道："现在我们真的在欧洲境内被重击了，也就是
说，在我们的家园之中。"同时，在土耳其威胁的背景之下，他也是"欧
洲人的"（Europeans）这一形容词的最早使用者之一（Yapp，1992，p.
141）。他的欧洲概念并不仅指拉丁基督教世界，而是在土耳其的扩张之
后，还包括了希腊、巴尔干半岛与拜占庭（Barraclough，1963，p. 24）。
甚至文艺复兴时期伟大的人文主义者们，同样意识到崇高之门*的重要性
逐渐超越了圣座**。这点可由16世纪时，欧洲出版的有关奥斯曼帝国的刊
物大量增加得到证明（Springborg，1992，p. 277）。伊拉斯谟，这位经常
被称为"第一位欧洲人"的学者，认为基督教君王们应该停止内讧，以

---

* 崇高之门（Sublime Porte），为土耳其帝国中央政府所在地。——译者注

** 圣座（Holy See），即教廷。——译者注

便形成抵抗奥斯曼政权的统一阵线（Tazbir，1986，pp. 11 and 16）。他因而倡议"欧洲诸国"组成十字军来对抗土耳其人（Coles，1968，p. 148；Curio，1958，pp. 190-191）。同样，路德亦希望拉丁基督教世界能够治愈由自己造成的伤害，并承担起与穆斯林异教徒斗争的十字架使命。在其1529年的著作《证道之战》（*War Sermon*）中，路德宣泄了德意志与中欧地区农民的"巨大恐惧"，他们担心被土耳其人蹂躏的古老预言可能会实现（Bohnstedt，1968；Coles，1968，p. 146；Southern，1962，pp. 104-109）。

欧洲认同的起源，可在16世纪对土耳其人的抵抗中寻得（Beck，1987；Schwoebel，1967）。这是通过排外原则，而非任何一种内部的集体凝聚力得以维系的一种意识。正是这样的敌对认同，在公元1571年奥斯曼帝国于勒班陀战役中失去海上霸权后仍继续存留下来，并提供了激进的欧洲认同理念在之后帝国主义时期得以发展的场域。大约是在这一时期，欧洲理念开始取代基督教世界，成为建构新认同形式的文化框架。在这种转型中，欧洲不再意味着地理区域，而指涉一种价值体系。其之所以可能，是因为一位法国诗人在1555年时，曾建议欧洲可能要通过放弃欧洲领土，并将其社会转移至新世界才能够保存下来（Coles，1968，p. 148）。以"欧洲"取代"基督教世界"也是有意义的，因为显而易见的是，并非所有欧洲人都是基督徒。再者，在1453年后，流亡至拉丁西方的希腊作家发现，在修辞中，希腊文的"欧洲"的确比"基督教世界"要自然得多，这个词语转变的发展或许也能反映人文主义者对于古典词语更普遍的偏好（Hay，1957，pp. 87-8）。布丹所处的16世纪有个明显的转折，即"欧洲"正处于取代"基督教世界"的过程中（Fritzemeyer，1931，p. 90）。但"欧洲人的"理念似乎是较晚近的发展。当弗朗西斯·培根在1623年使用"我们欧洲人"这一短语时，关于究竟谁是欧洲人，可能已相当清楚了

（Hale，1993，p. 46）。因此，在16世纪初期之前，关于欧洲的话语已经被创造出来了，但直到宗教战争逐渐消失于17世纪晚期为止，它还未成为具有自我意识的认同。

欧洲认同的形成，从来就不是预先决定的。这可由13世纪欧洲与东方非常频繁接触的事实加以阐述。举例而言，欧洲国王们在蒙古朝廷中都有代表。1245年，教皇英诺森四世派遣一组使节团前往可汗的大帐，而1255年，马可·波罗正在他遍及整个亚洲的40年旅程之中。这段时期，许多旅人都启程前往中国，并将大量的文化与美学影响传回欧洲（Wittkower，1977，pp. 10–14）。事实上，欧洲与蒙古的同盟，在13世纪是非常有实际可能性的（Phillips，1988，pp. 22–25）。直至14世纪中叶，明朝取代蒙古帝国并终止与欧洲的接触为止，中国文化一直都是欧洲想象中的重要成分。相当重要的是，这个时间点也是拉丁西方在小亚细亚被迫采取守势，对抗穆斯林势力的崛起浪潮之时。

收复基督教海外领地的理念一直未曾停歇，由基督教世界作为主宰的理念，在西方仍是相当强健的文化动机，西方一直无法接受其地位遭到了削弱。外在敌人的概念作为对基督教世界的严酷考验，强化了欧洲的神秘性。由于在扩张方面遭受的严重挫败，基督教将其认同赋予了欧洲。这点是至关重要的，因为这成了日后德意志认同的主要部分。

欧洲与德意志的形成

接下来我想对历史叙述做个回顾，以便对神圣罗马帝国的兴起，及其所创造出的一个竞争性的欧洲概念做一概述。认识到欧洲认同不仅仅因对抗伊斯兰教而建构，这其中也有来自欧洲内部的紧张因素，这是相当重要的，因为欧洲从来就不是单一的地缘政治整体。

承担基督教世界使命的主要竞争者，是法兰克人治下的日耳曼帝国。欧洲从东南到西北的变迁，是与日耳曼部族的迁徙有着相当大程度关联的。中世纪初期，欧洲跟着法兰克人的脚步，从古都亚琛*朝莱茵河一路向北退却。地中海罗马世界与北欧蛮族世界的区别，在法兰克—日耳曼帝国的形成中逐渐变得模糊。

随着德意志与法兰西王国的轮廓日益显明，欧洲各民族于9世纪晚期前开始萌芽。查理曼帝国的国界与初期欧洲共同体的疆界极其相似，而人们也会注意到，东西德的边界与查理曼在日耳曼所推进到的边境线并无太大差异（Seton-Waston，1989，p. 39）。法兰克帝国在东方只能推进到易北河、波西米亚山脉与奥地利境内的阿尔卑斯山脉；它是个排除了东边的斯拉夫区域，也未完全包括所有日耳曼文明的小欧洲（Barraclough，1976，p. 18）。事实上，对"欧洲"一词的早期政治性使用的场合之一，便是在查理曼位于亚琛的宫廷（Barraclough，1963，p. 12）。

通过仿效加洛林王朝而成功唤起帝国传统的，正是日耳曼人。从查理曼于公元800年的圣诞节被教皇利奥三世加冕为罗马皇帝之后，帝国的权威便必然与基督教国王联结在一起。查理曼以教会作为与贵族抗衡的堡垒。格里高利一世（Gregory the Great，540—604年）则通过将教皇权威塑造成欧洲的中央核心，把罗马教会与欧洲理念联系起来（Ullmann，1969，p. 135）。

加洛林文艺复兴也是"欧洲人的"运动。来自欧洲各处的学者前往位于亚琛的帝国宫廷，它所引领的古典复兴风潮不仅仅是法兰克的，更是世界性的。"关于欧洲概念的意识形态决定了它的疆域范围：加洛林时期所建构的欧洲，止步于罗马基督教无法发挥效力的地方。（Ullmann，

---

* 亚琛（Aachen），位于德国北莱茵–威斯特法伦州，靠近比利时与荷兰边境。——译者注

1969，p. 137）"新的欧洲理念在宗教机制中制度化了，并且将意识形态由罗马转变为欧洲。随着教皇权威的上升，罗马理念扩大到把欧洲也包括了进来，这也导致了把希腊视为非欧洲，而罗马基督教才是欧洲的这样一个结果（Ullmann，1969，p. 139）。罗马与君士坦丁堡间的世俗冲突，呈现出拉丁西方与希腊东方间的长期紧张关系。基督教有效地接受了古代的"蛮族"概念，将之应用在非基督徒身上。因此有了一种新的二分法，就是基督徒与野蛮人的对立。而作为基督教世界，也就是"文明世界"的成员，成了文明的标志。

接受基督教的北欧（伴随着西斯拉夫人在12世纪时全体改宗）在加洛林帝国的疆域里促成了更新更广的文明的出现（Christiansen，1980）。正是这个比日耳曼帝国还要长寿的基督教帝国理念，成为欧洲文化与认同的主要组成部分。它在日耳曼与意大利、皇帝与教皇之间创造了一种精神性的整体理念。查理曼所进行的战争是以基督教为名的。其中最著名的便是在西班牙与穆斯林对抗的战役，正如后来的十字军所理解的，这场战役被想象为是与异教徒的圣战。因此我们可以了解欧洲的轮廓是如何随着两个权力中心（法兰克皇帝的领土与拜占庭皇帝的疆域）之巩固而逐渐清晰的。欧洲慢慢地不再仅仅是地理的表达，转而开始指涉一个在加洛林王朝统治下，与拜占庭政权相对的文化整体。

自10世纪以降，作为与加洛林王朝决裂的结果，重建的罗马帝国在奥托一世治下，移向德意志，并远离东法兰克。随着加洛林王朝（事实上，加洛林王朝的统治与其说是一种法兰克人的秩序，倒不如说是国际性的秩序）于9世纪末期的崩解，德意志人得以利用因而出现的权力真空。962年，教皇约翰十二世加冕奥托为罗马皇帝、教皇的保护者。是故，从查理曼肇端的基督教皇帝传统再次被召唤出来，而帝国的称号则递嬗给德意志。此一传统提供给这个国家历久不衰的渴望——欲使自身的疆域和欧洲的疆域相一致。

遍及整个中世纪，随着神圣罗马帝国的创立，德意志统治者们都竞夺着一种作为欧洲主宰的霸权。对东方的皇帝来说，神圣罗马帝国的皇帝不过是篡位者，东西方的鸿沟更加扩大。随着德意志帝国的兴起，欧洲变成定义更明确的疆域实体。这有着不朽的重要性，因为它意味着欧洲理念将和德意志民族的认同更紧密地联系在一起。这一点，在那著名的政治性的虚假表述所呈现的张力中，得到了最好的例证："德意志民族的神圣罗马帝国。"这其中的第一部分是不言而喻的，带有基督教世界意味的帝国认同；第二部分则是实际上把欧洲与"德意志民族"绑在一起。由于这种矛盾，对这些北方的君王而言，欧洲理念开始呈现出越来越一致的文化框架。这点由哈布斯堡皇室予以增强，尽管他们表面上是德意志人，但实际来说更像是欧洲皇室。

德意志帝国（由众君王与伯爵，向选出的皇帝宗主权宣誓效忠所组成的联盟）的疆域，大到足以声称自己就是欧洲，虽然实际上只不过是通常所说的中欧（Mitteleuropa）罢了。例如说，但丁更希望由德意志诸皇来统一欧洲，而非教皇。根据胡日蒙的研究（Denis de Rougement，1980，p. 31），这是最早希望欧洲统一的声明之一。中世纪时，欧洲理念与罗马—德意志文化越来越紧密。欧洲直到被固定为帝国的德意志统治者们之领土为止，都还是定义不明确的地缘政治框架。欧洲因而变成"母亲欧洲"，通过德意志帝国予以象征化（Fischer，1957，p. 111）。最终，帝国的崩塌留下一个几乎是完整无缺，但却是未统一的外壳。长久以来的不和，仍存在于罗马传统的继承者法兰西，与只是部分罗马化且逐步将其统治权转而聚焦于东方的德意志之间（Cahnman，1952，p. 619）。

统一的神话

我们不应高估中世纪的政治或文化统一。中世纪的统一是个神话（Balzaretti，1992；Reuter，1992；Rubin，1992）。当我们可以论及一种共同文化时，它被表现在各种形式的丰富多样性中。城乡之间的差距，在西欧总是比在东欧更为明显，后者的城镇从未达到跟西方一样的自主程度。不受外部影响的自治市兴起，对西欧的崛起而言是极为重要的发展（Benevolo，1933，p. 23）。据韦伯（Weber，1958）的说法，都市人口的上升是欧洲城市的特征。群众的差异正是欧洲主义成形的关键。在欧洲认同的形成过程中，革命传统尤其扮演着主要角色（Tilly，1993；Pillorget，1988）。对欧洲来说，由国家行使权力并不特别，反而是来自社会的反抗才是其独一无二的特色。欧洲的国家与社会间强烈的分离，经常被认为是其发展上有多种路径的理由之一（Scüzs，1988）。欧洲从未从"上"充分地整合，因为自治权的传统早从所谓的黑暗时代便开始发展。12与13世纪时，各式各样的团体成功地从中央权威的手中赢得了自由，因而提供了持续且有机的发展进程的基础（Reynolds，1984）。许多革命意识形态正是在这些传统的基础上萌芽的。

西欧从来没有达到跟其他世界性帝国相同程度的统一。例如伊斯兰教，它与基督教一样是统一的宗教，然而不若后者，前者主张所有律法均直接授之于神（Black，1993）。我们可能可以这么认为：欧洲的多样性，严格来说是教会试图将之整合为单一区块失败后的结果。对于文化一致性的问题，欧洲找到的答案是创造一种可称作以教会为形式的中央机构。根据差异化的与理性的世界观，教会成功地设计出用于组织知识结构的主码（master code）。然而必须附带一提的是，这种世界观无法支配政治生活。是故，像印度这种文明，与此正相反，便无法发展出一套统一的主码，以因应自身的差异（Saberwal，1986，p. 23）。那么，当使用欧洲理念去描述何谓多形态的结构差异，以及各种权力抵抗时，就会出现问题。欧洲的"统一"，与其说是一种政治现实，更像是精英们的诗词。

基督教世界中的文化差异，确保了欧洲所要寻求的统一，在于对境外之征服，以及把敌意集中于疆界之外。罗马天主教霸权的最终成功，不应让我们忽视一项事实，即中世纪的不连续本质。正如布罗代尔（Braudel，1990，p. 190）曾评论的，欧洲本身就是种差异。例如，英法百年战争（1337—1453年）阻止了这两国的统一与西欧巨型集团（mega-unit）的形成。随着教皇定居阿维尼翁，14世纪的大部分时间，教会都处于分裂状态。我们也不应忘记反罗马天主教的悠久传统，最终在新教改革时达到了鼎盛。讽刺的是，当"欧洲"一词的使用在16与17世纪日益频繁时，整个大陆却陷入了前所未有的分裂状况。除了国际宗教秩序之外，文化转变的其他重要因素，还包括了罗马法的复兴、国际贸易、特许市镇与大学（Bartlett，1993，p. 288）。欧洲的大学可被视为建构着某种欧洲秩序，并且几乎不会与任一特定国家密切配合的形态。因此，欧洲主义并不总是意指宗教的统一，而是其他所有因素，包括历史悠久的异教传统在内之整体。伟大的欧洲建筑样式（罗马式、哥特式）或许也可以说是赋予了欧洲一种确切的形式。所以，如果我们谈论到欧洲的统一，它所指的应当是文化的欧洲，而非政治的欧洲。

欧洲的西方化

如同我们已经见到的，1453年是个转折点。在拜占庭帝国崩塌之后，拉丁西方开始向西看。对西方而言，土耳其人夺下君士坦丁堡的重大挫败，在40年后得到了补偿。1492年对欧洲认同的形成，具有重要的象征意义。在那一年，自12世纪开始的再征服，通过从穆斯林手中取回他们在西方最后的根据地格拉纳达而宣告完成。犹太人被驱逐出西班牙，穆斯林则被强迫改宗为基督徒。基督教化的穆斯林，也就是摩尔斯科（Morescos），他们最后也在17世纪初期被赶出了西班牙。欧洲史上的这起事件，导致纯血统学说的兴起，之后数世纪间成为欧洲种族主义的核心，以及"种族净化"的主要合法性来源（Poliakov，1974，p. 137）。15世纪末期时强拆清真寺、烧毁摩尔图书馆与设立宗教裁判所，更进一步加强了西方文明作为一个基督教政体的同质性。

12世纪晚期之后，对犹太人的隔离政策开启了欧洲对于污染的恐惧。根据摩尔（R. I. Moore，1987）与科恩（Cohen，1993）的研究，当新的政府机关将敌意焦点转向少数族群，例如异教徒与犹太人时，欧洲在12世纪初期便成为迫害的社会。对少数族群的压迫与隔离，因此成为欧洲现代性的核心成分之一。随着宗教改革出现的拉丁基督教内部分裂，可能就被归罪于作为代罪羔羊的犹太人和女性。这或许可以解释大批犹太人逃离中欧的现象，以及在宗教改革及反改革运动全盛时期，伴随而来的狩猎女巫现象之增加（Israel，1985，pp. 6-7）。穆斯林从伊比利亚半岛最终撤离之后，欧洲自外在敌人的威胁中解放，而扮演受害者的职责，也就是欧洲的他者，便转移给内部的敌人犹太人。这也证明了欧洲的统一性经常是暴力同化后的结果。

声势日盛的西班牙君主专制，需要树立一个奠基在普世天主教君主政体之上的合法性神话，在这种政体中，或许就没有其他早期文明一丝一毫的容身之处了。西班牙从边陲之地，变成复兴后的帝国性质的罗马天主教之要塞。"欧洲征服了半岛，"布罗代尔（1990，p. 824）这么写道，"借由取道比利牛斯山和大西洋及地中海的航路：沿着这片边境之域，它以再征服的胜利击败伊斯兰教，这也是献给欧洲的胜利。"作为再次征服伊比利亚半岛的结果，欧洲变成了西方意涵的附属物。处于穆斯林统治下的西班牙，直到再征服时都不属于基督教世界的"西方"。在大航海时代之前，西方是根据与之相关的东方边界而定义的，也就是说，根据与伊斯兰教对抗的情况而定。1492年后，新的西方神话之创造场域已准备好了：哥伦布取代了查理曼成为新时代的先驱。西方的意涵转变为向外拓展的运动。

欧洲认同与西方边界

在"大航海时代"中走在西班牙前头的是葡萄牙。随着在伊比利亚半岛的扩张之路遭到阻绝，葡萄牙转而从海外征服中寻求自己的合法性神话。伊比利亚半岛的再征服转型为迈向世界主宰的运动，这个过程是相当有趣的：再征服变成前所未有的超大范围之征服。十字军理念在创造新的欧洲认同的过程中复活了。举例来说，葡萄牙探险家、"航海家"亨利王子（Henry the Navigator），就曾是十字军与基督骑士团（the Order of Christ）之一员（Phillips，1988，pp. 248-249）。

1492年也是"发现"美洲之年，尽管花了大约20年的时间才终于确认他们所发现的是一块新大陆。当然"哥伦布并不是发现新大陆，他只是搭起了两个同样古老的世界的桥梁"（Parry，quoted in Jennings，1975，p. 39）。就是在这个时候，"大陆"的概念进入正迅速发展的欧洲意识中，后来成了一幅心理意象[*]。1566年时，佛罗伦萨史学家出版了第一本以当代语言写成的《欧洲史》（Dionisotti，1971，p. 13）。欧洲在时间与空间中，都被定义为一个整体。这让制图学的发展成为可能（Lach，1965，

---

[*] 心理意象（Mental Image），意指人的长期记忆中具备大量感觉讯息内容的记忆形态。——译者注

1977；Hale，1993）。地图与书籍的到来使得欧洲有了一个明确的、可见的格局：欧洲大陆终于问世了。

15世纪下半叶之后对西欧来说是一段成长期，始自从衰退中复原的14世纪以降。急速发展的汉萨诸城，标志着从北意大利城邦朝波罗的海的转变，这些城市主宰了14与15世纪的贸易。而此时，就连它们的年代都过去了：大航海时代见证了更大疆域的国家与原型民族国家（proto-nation-states）之兴起，例如英国、荷兰联省共和国、西班牙与法国。对土耳其人的执着因而转移到了海外征服上。这经常被视为是唯一能"拯救"欧洲的方法。

值得注意的是，大航海时代发生于东方看似已达成长极限的时候。这些发展随着中古封建主义的逐步解体，以及15世纪后期采取重商主义的强大专制主义国家之来临而得到增强。中世纪长期的内战接近尾声，使得欧洲在奥斯曼帝国1453年的胜利之后得到了喘息的机会。该年也见证了英法百年战争（1337—1453年）的终结。伊莎贝拉与费迪南在1469年的婚礼，预示了1479年内战结束时，卡斯提尔王国与阿拉贡王国的统一。西班牙因而不再是边疆地带，而成为世界强权（MacKay，1977）。西班牙王室的联盟和西班牙在北非统治地位的扩张是一同出现的，而新的边疆也在1511年时出现了，即伊比利亚—非洲边疆（Hess，1978）。1480年，伊凡大帝治下的俄罗斯终于挣脱了鞑靼人的枷锁，并奠定了当代俄国的基础。然后在1493年，教皇亚历山大六世将新世界瓜分给了西班牙与葡萄牙。神圣同盟在1571年的勒班陀海战中大胜土耳其，确保了西方扩张的条件。约莫此时，其他的伊斯兰教文明正历经不可逆的衰退期：波斯的萨非帝国（Safavid Empire）与印度的莫卧儿帝国（Mughal Empire）在17世纪呈停滞状态，无力应付西方殖民主义（Umar，1988）。据汤因比（1953a，p. 21）的说法，西方仍未放弃彻底击败伊斯兰教的欲求，但决定先不要发动对伊斯兰教世界新一轮的正面攻击，后者自公元1571年后就不曾遭到挫败。西方反倒希望能通过征服海洋，以及打开介于基督教与伊斯兰教世界间新的东亚边境，来达到包围伊斯兰教世界的目的。

在这个时期，东方与欧洲的古老两极对立开始为新的对立所取代，即欧洲与"海外"（Gollwitzer，1964，p. 39）。新的差异范畴出现了。我们因此发现，有关他者的新论述之出现。举例来说，食人（Cannibalism）成为在西方刻板印象中，关于非欧洲世界的主题之一（Hulme，1986；Arens，1979）。随着土耳其霸权在1571年勒班陀战役后的衰退，以及欧洲改宗为基督教的完成，欧洲理念有失去严格宗教意义的趋势，反而在世俗意义上取得了共鸣。例如说"野蛮人"一词，跟"异教徒"相比，更倾向于指称那些在大航海时代中发现的非欧洲居民（Jones，W.R. 1971）。短短数十年间，"发现"美洲大陆对欧洲意识的影响到达了如此程度，以至于让欧洲开始从向西的扩张中，而不是在对抗伊斯兰教的防卫姿态中，来找寻自己的认同。在现代早期的欧洲，占首要地位的主题是美洲而非伊斯兰教（Chiappelli，1976；Honour，1976；Jennings，1975；Sale，1991）。基督教世界并非全然遭遗忘，而是转型为西边的讨伐运动。基督教神话在建构新"野蛮人"以替代伊斯兰教"异教徒"的过程中，只是简单地从东方边界转移到了西边。"文明化"理念开始与欧洲相连接，并逐渐取代基督教世界成为绝对的价值。在这符号的变迁里，在如今以新生的西方概念为基础的欧洲认同中，边界神话成了不朽的面向之一。这点具体呈现为韦布（Webb，1952）所谓的"大边界"（Great Frontier）。在他的观点中，这已是现代史的基本要素之一（Gerhard，1958）。我们如今能理解，事实上，新的紧张关系是如何从欧洲理念与西方理念之间产生的。在此，这种欧洲理念是与一种特殊的"西方"认同结构连接起来的。当东方边界是防卫的边界时，西方边界则是扩张的边界。应该注意的是，这两者都是由同一种驱力所创造的：西班牙人不过是把他们的战争机器，从对摩尔人的斗争转移到了对新世界的征服。毕竟西方边界从一开始，就被认为是东方边界的延续，因为哥伦布不小心发现"新世界"这件事，只不过是个意外。

欧洲对大西洋的支配（在新的与改良过的航行与造船方法协助之下）标志着新时代与明确的欧洲认同之到来。值得注意的是，这些发展正好出现在伽利略的科学革命期间（Mann，1988），后者加强了欧洲的世俗认同。随着对大西洋的探索，以及新贸易航道的开启，对美洲与远东的征服开始了。葡萄牙人首先建立起广袤的贸易帝国，追随其后的西班牙人则创造了殖民帝国。仿效前辈的英格兰与荷兰，在17世纪初期建立了英属与荷属东印度公司。对英吉利共和国而言非常重要的一个方面是，1649—1660年间，克伦威尔的"西方计划"（Western Design）——殖民加勒比海之任务——提供了让清教思想从内战造成的衰落影响中复原的方法。"西方计划"说明了欧洲国家开始将认同聚焦在征服境外土地而非自己身上。

随着中世纪古老农业经济的衰退，欧洲的优势转移到海洋上。穆斯林从未像欧洲人般控制过海洋。正是对海洋的支配，协助了当代欧洲的形成。西欧没有任何一处地方距离海洋是超过350千米的，若从中欧开始计算，这个数字要变成两倍（Mollat du Jourdin，1993，pp. 4-6）。再者，欧洲诸河的河道，促进了海洋与肥沃内陆农业地区之间的联系。

因穆斯林东方及其在欧洲的影响所造成的欧洲基督教世界之分歧，如今有了新的、比较不具对抗性的呈现方式。两个文明之间新的冲突，较多的是为了赢取海洋支配权的斗争，而非欧洲内部帝国版图的扩张。至少这些承担起欧洲领导权的国家，如西班牙、法国、荷兰与英格兰，是向西看的。值得注意的是，此时的哈布斯堡王朝仍是向东看的。16与17世纪的发展带给民族国家的礼物，是海洋经济与重商主义，而非封建主义的农业多民族帝国。然而，在16世纪尾声时，欧洲海洋贸易的发展还未兴盛到足以挑战近东的经济，奥斯曼帝国仍是陆上不可忽视的政权。作为结果，东西方之间深刻的不合更加巩固了：西欧由非欧洲人的帝国演变为重商主义政体的民族国家，然而中欧与东欧仍旧是将目光放在东方边界的农业多民族联合帝国。其结果是两种欧洲理念的成型，命运系于海外的西方欧洲理念——"海洋的"欧洲与"大陆的"欧洲（Cahnman，1952）——与作为对抗伊斯兰教之基督教堡垒的古老欧洲理念。这两种欧洲理念都找到它们的化身：殖民帝国与中欧帝国。因此我们可以了解，聚焦于自身之外场域的欧洲世界观的建构，是如何创造出日后使欧陆内部分裂为对立阵营的条件的。

结论

在本章中，我试着展示从地理概念演变为文化概念的欧洲理念是如何成功存在于两种不同的认同中的。第一种理念是借由处于同伊斯兰教对抗的十字军时期之东方边界，以及公元1453年君士坦丁堡陷落的处境而成型的；第二种则是于公元1492年后，由崛起中的海洋强权所巩固的西方边界来形塑的。这两种模式反映在不同的帝国形态中。我们可以说，自16世纪以降的欧洲认同，是一种聚焦在与基督教世界相对立的欧洲理念意义之上的认同。但这总是矛盾的，因为由基督教世界到欧洲的这种文化转变，发生在西方这个更具霸权意味的概念诞生之时。在这转型中，新的自我与他者的二分，成功地留存于蛮族神话和内部敌人即犹太人中。

第三章　欧洲的界限

转移中的边界，西欧对欧洲理念的界定与占有

理论观点

本章主旨是欧洲历史边界的问题，特别是东方边界。此论争中的一个面向，是经常被提及与被误导的"东欧"，事实上，这是由至少两个历史地区所组成的，一个与"西欧"对比，另一个则是与俄罗斯和土耳其对比。这些区域首先是东南欧，主要包括巴尔干半岛，再来是"居间之地"（lands between），即德国与俄罗斯之间的波兰、波罗的海三小国、之前的捷克斯洛伐克和匈牙利。这两块区域都是沙皇、苏丹、哈布斯堡与霍亨索伦的大帝国的边疆地带，从未被整合进任何大都会的核心。它们一直是西欧与欧亚之间的过渡区域。本章亦会关注一个复杂的问题，即俄罗斯是否被认为是欧洲的一部分，或者，它是否表现为一种独立的现象。

本章要探索的核心主题，是在向东征服与殖民的过程中所形塑的欧洲内部结构。这不可避免地会导致两个原则上属于"非欧洲的"强权之间，在东方边界上的冲突。欧洲的成型过程中，重要的是核心得以渗透进边缘与半边缘地带的过程，这个过程熔铸出了政治与经济控制的强大体系。欧洲的差异是强迫依赖的产物，而它的整体性，大部分都是认同的霸权形式之表达，而这种认同则是从核心中所衍生出来的。欧洲理念仍旧是西方核

心国家的文化模型。这种观点，主要暗示着欧洲的东方边界，首要的是一种排除性的边界，而非含纳的边界；它加速并强化了欧洲变成神秘西方的过程。

在双重冲突的背景下，欧洲理念开始体现为以西欧为核心的文化框架。欧洲与主要由奥斯曼帝国代表的伊斯兰教东方之间的古老斗争，将自身再现为欧洲内部东西之间的冲突。既然东欧从未被完全地整合进新的地缘政治框架，那在向东的推进过程中，欧洲便在事实上为日后紧张关系的基础做好了准备。东欧总是受到双重困境的抑制：一方面，在名义上它就是欧洲的，但同时又如附属物般地存在着。因为从波罗的海到爱琴海的东－西边界或多或少正好呼应了东正教与拉丁基督教世界之区分的事实，这种困境便更加恶化了。当俄罗斯开始逐步取代奥斯曼帝国，作为欧洲新的主要敌人时，东欧的东正教国度与俄罗斯之间的差异，对西方而言便显得模糊了。与外部敌人的对立，在其自身与内部敌人的对立中得到了重现。

正如中世纪的欧洲在创造能够整合希腊基督教与拉丁基督教王国的地理框架方面是失败的，世俗欧洲的现代性在整合斯拉夫和其他东欧国度进入单一框架时，同样也未能成功。此外，作为文化框架的欧洲理念，只有部分扩展到了东欧。事实上，欧洲理念离间了整个斯拉夫民族，区分了西斯拉夫人（波兰人与捷克人）和东斯拉夫人（俄罗斯人）。作为地缘政治框架的欧洲，从未与欧洲文化模型同步。因而，欧洲作为理念与实在，无论是从内部还是从整体而言都是产生分歧的。

作为边疆之地的巴尔干半岛

欧洲理念从未仅仅依靠地理因素便建构而成。一直都是伪装成地理因素的政治因素在决定着欧洲的定义。在欧洲所有的边界中，因为缺乏自然的地理分界线，东方是最不稳定的部分之一。东方边界从来不是固定的：最北的端点定位于白海*与波罗的海间，而南端则从乌拉尔山脉、顿河、里海到黑海和爱琴海之间有着各式各样的变化。关于欧洲，总存在着一个"东方问题"（Eastern Question），而欧洲的存续也确实仰赖于这个问题。

关于欧洲的定义中的政治特质，在任何其他地方都没有像巴尔干半岛那么鲜明。巴尔干半岛在欧洲的想象中总是占据着矛盾的位置：虽然它在地理上明显是欧洲的一部分，但在政治上却更靠近小亚细亚。它长期以来被排除在欧洲之外，并被认为是小亚细亚的延伸。确实，直到最近它都还经常被称为近东（Hobsbawm，1991a，p. 17）。对奥地利首相梅特涅而言，"亚洲是从兰区塔斯**——从维也纳出发前往东方之道路——开始的"（Taylor，1942，p. 9）。巴尔干半岛是两种文明的分界线，是欧亚之间的冲突点。在这山岭地区中（"巴尔干"一词对土耳其人来说意指山岭地区）有三种而非两种宗教处于相互冲突中，逊尼派伊斯兰教、罗马天主教和东正教。奥斯曼帝国在欧洲的攻势与欧洲的反攻中，制造了种族的断层线，这在其后数世纪中成为各种文明的边界线。巴尔干半岛就坐落于这边境之地的中央。它从来没有被充分地整合进哈布斯堡王朝或奥斯曼帝国之中，这两个强权竞夺着对该区域的控制权。

巴尔干半岛是哈布斯堡王朝－奥斯曼帝国的边疆区域，作为两个文明间的过渡地带直到公元1919年。巴尔干半岛与亚得里亚海构成了欧洲对抗穆斯林东方的最终防线。16世纪时，黑海变成了"土耳其的湖"（Turkish Lake，Halecki，1950，p. 79）。因而实质上西方的边界是亚得里亚海，它

---

   *   白海（White Sea），位于俄罗斯西北。——译者注
  ** 兰区塔斯（Landstrasse），维也纳第三行政区。——译者注

当中最狭窄的奥特朗托海峡，仅仅把阿普利亚*与阿尔巴尼亚分开了72千米，而连续数个世代来自西方的侵略者（11世纪的诺曼人与13世纪的安茹王朝）则跨过了这片狭窄的水域，对掌握巴尔干半岛的拜占庭帝国发动入侵（Obolensky，1971，p. 10）。

就算在古希腊罗马时期，巴尔干半岛也是边境之地（Cornish，1936，pp. 81 ff）。当罗马帝国在4世纪末期分裂成东西两部后，新的边界几乎贯穿了巴尔干半岛，将之分为两个地区。随着公元385年帝国东西两部分的行政区划分，这条线把希腊从拉丁基督教中分离了出来（Palmer，1970，p. 17）。之后，巴尔干半岛就成了东西之间的分界线——萨瓦河（Sava）与多瑙河变成了崛起中的奥斯曼帝国的北境，因此，从6世纪起在此定居的南方斯拉夫人，无可避免地变成了更大规模领土单位上的边境族群。当斯拉夫人占有此处，移入了因日耳曼人向西迁徙而产生的真空地带时，在此地土生土长的希腊与拉丁人便遭驱离，两个文明间的桥梁也断了。只有阿尔巴尼亚人，在他们的山区堡垒中，维持着他们的历史延续性。新的斯拉夫移民，紧密地对应着旧有的希腊与拉丁之间的分裂。这个分裂同样也反映在他们于9世纪时改宗基督教的事件中。

巴尔干半岛代表着欧洲的外部界线，代表着拉丁西方与穆斯林东方的冲突焦点，这里也是对欧洲的支配权之争在一直持续到今日的民族冲突中得到表现之处。麦克尼尔（McNeil，1964）将东南欧描述为欧洲的"草原边境"（Steppe Frontier），是相互竞争的帝国体系间唯一能有选择的地方。从奥斯曼－拜占庭统治到俄罗斯－西方附庸，许多边界地带都被卷入到这种妨碍自治发展的倒退转型过程中。出于相同原因，从未有某一方完全同化了巴尔干半岛（Braudel，vol. 11，1987，pp. 776-777）。作为巨大政治实体的边疆地区，巴尔干半岛从来没有被整并进单一国家，以至于在

***

* 阿普利亚（Apulia），位于意大利东南。——译者注

南方斯拉夫人大部分的历史中，不曾有过单一的政治中心。

　　欧洲未来冲突的轮廓，在罗马帝国最初的分裂中便可见到其大概：日后成为俄罗斯、塞尔维亚与保加利亚的地域都属于拜占庭帝国，而匈牙利、克罗地亚、波希米亚与波兰则仍属于帝国的西半部分。就像我在前几章已论证过的，正是在巴尔干半岛中，奥斯曼帝国产生了朝向极北的驱力，以至于在15世纪中叶，当拉丁西方开始于新世界聚合为各种大帝国时，穆斯林东方正迅速地掠取欧洲东方边界的领地。16世纪末期，整个多瑙河流域和黎凡特*都处于土耳其苏丹的统治之下。这一现象在1529年奥斯曼人包围维也纳时达到了巅峰，此刻也是拉丁西方宗教改革的最高潮时期。尽管他们最终抵抗成功，但即使经过1571年的勒班陀大海战，西方也仍无法与逊尼派穆斯林一决胜负。直到1683年，土耳其人由伟大的维齐尔穆斯塔法**领导，再一次抵达维也纳城门时，西方则在教皇英诺森十一世的资助下催生出跨国阵营，即神圣同盟（Holy Alliance）。但这次跨国性的反攻只取得了维持僵局的结果。

　　奥斯曼的野心，在如暴风般侵袭了维也纳并将伊斯兰教强加其上之后，便把矛头转向了路易十四（Vaughan，1954，pp. 268-278）。但维也纳自围城中解脱后，穆斯林在欧洲胜利的前景就显得黯淡了。哈布斯堡王朝仍是东欧唯一的天主教政权，该王朝对罗马天主教的痴迷，可在以土耳其人为代表的威胁之背景下观察到。这被称为"瓮城神话"（Antemurale Myth），即基督教边界的神话（Armstrong，1982，p. 91）。直到1918年，东南欧的大部分地区仍然在名义上由土耳其苏丹统治着（Kortepeter，1973）。即便奥斯曼进展的脚步中断了，西方仍是相当虚弱，

---

　　* 黎凡特（Levant），中东托罗斯山脉以南、地中海东岸、阿拉伯沙漠以北和美索不达米亚以西的地区。——译者注

　　** 伟大的维齐尔穆斯塔法（Grand Visir Kara Mustapha），维齐尔为波斯语，高阶官员之意。——译者注

尤其是在17世纪宗教战争结束之后。然而，奥斯曼帝国也达到了权力与维持经济增长能力的极限：它的存在实际上已超过应有之寿命。相当重要的是，差不多此时，西方正要靠农业商业化与重商主义来建立原型资本主义国家，借此打破与中古封建主义的联系，其未来的基础已然成型。

哈布斯堡王朝与奥斯曼帝国对抗的结果，产生了位于两个强国居间之地的边境社会。自1699年起，在土耳其人于维也纳遭击退，也就是他们最后一次对哈布斯堡王朝的首都进行大包围之后，克罗地亚便成为实际上的边境社会。1699年，《卡尔洛维茨和约》（*Peace of Karlowitz*）于克罗地亚签订，使克罗地亚北部成为一条永久防线，而匈牙利与特兰西瓦尼亚，则一并由西方收回。克罗地亚在10世纪与11世纪时就已是个王国，但遭匈牙利并吞，这一次则转为由奥地利并吞。克罗地亚于16世纪时成为边疆地带，当时奥地利的斐迪南一世（Ferdinand I）为了因应土耳其人占领匈牙利—克罗地亚王国，与奥地利相距甚近的情形，创立了克罗地亚边疆部队（Rothenburg，1966）。克罗地亚因此成为罗马天主教的堡垒，而塞尔维亚则成为东正教的堡垒。

巴尔干半岛被双重困境绊住。一方面，它被伊斯兰教与基督教分割了，另一方面，这里还存在着罗马天主教与东正教长久以来的分界。这些以边境地区体现的分裂，就是欧洲认同所需要付出的代价。文化冲突中持续最久的标志，就是波斯尼亚。该国从12世纪就存在了，曾在14世纪初期由匈牙利人短暂统治过，一度扩张到包含邻近的黑塞哥维那省，但是在公元1463年土耳其人征服塞尔维亚后，它就变成了奥斯曼帝国的一个省。这座位于基督教边疆地区中的穆斯林岛一直对土耳其苏丹表现忠诚。基督教西方在波斯尼亚与逊尼派伊斯兰教有着最近距离的接触，而这种文明冲突则注定将在数个世纪中成为欧洲历史上的复杂因子（Malcolm，1994）。

东南欧的历史不仅只由穆斯林的威胁决定，还有东正教与罗马天主教之间的分裂。对日后的欧洲历史而言，具有重大且影响深远之意义的，是基督教在东欧的转变过程。波兰人、捷克人、斯洛伐克人、马扎尔人、克罗地亚人与斯洛文尼亚人，都处于罗马天主教的影响下，而塞尔维亚人、黑山人、保加利亚人、希腊人和俄罗斯人则依靠着拜占庭大牧首。宗教的分歧不仅导致斯拉夫人自身的分裂，还形塑了介于东西之间的边境结构。自1054年天主教会分裂之后，希腊东正教就被拉丁西方视为异端，并且与基督教世界互不相容。拉丁与希腊基督教间的冲突，远比新教和罗马天主教间的分歧来得剧烈。分裂的结果是，西欧与东欧的认同越发呈现为持续性的文化仇恨。拉丁西方的认同把东正教视为半东方的与外来的。公元1204年后，东正教与拉丁基督教的差异几乎跟基督教和伊斯兰教的差异一样大。

东正教与西方基督教的冲突，由于东正教的斯拉夫人遭奥斯曼帝国合并，而在巴尔干半岛产生了更进一步的影响。塞尔维亚人、保加利亚人与黑山人，从14世纪起就被奥斯曼帝国同化。因此情况就变成了这样：克罗地亚人和斯洛文尼亚人是由拉丁文化和罗马天主教所形塑的，而塞尔维亚人与黑山人的认同，则是在罗马天主教于13世纪初期遭遗忘后，更多地由拜占庭的希腊遗绪所构成。两个教会间的分裂因此成为更广泛的东西文化冲突的一部分。当巴尔干半岛的北方省份——克罗地亚和斯洛文尼亚——在土耳其人被驱逐后，被哈布斯堡王朝于17世纪同化时，这点变得更加明显。这些省份从1809年起，变成拿破仑时代伊利里亚省的一部分，但哈布斯堡王朝在1815年的维也纳会议后取回了控制权。

相反地，塞尔维亚人仍相当坚定地留在东方传统中。塞尔维亚起初是拜占庭帝国的附庸，在13世纪时成为王国，但在1个世纪之后就处于土耳其人的监护之下。自中世纪国家崩毁以来，塞尔维亚的民族意识仍保存在东正教教会里（Petrovich，vol. 1，1976，pp. 10–14）。塞尔维亚于公元

1830年时自土耳其人手中赢得自治，并在柏林会议后，于1878年成为独立国家，与其同时独立的还有罗马尼亚（事实上是从1859年开始独立的），而保加利亚也成为事实上的独立国家。塞尔维亚和黑山，各自于1882年与1905年成为王国。波斯尼亚和黑塞哥维那，以及克罗地亚和斯洛文尼亚仍是二元君主制*，然而阿尔巴尼亚和马其顿，及其辖下庞大的穆斯林人口仍居于奥斯曼帝国境内。奥斯曼人对这些东南欧的人，特别是东正教的信徒感到极端不信任，主要是因为这些人曾参与过那些与他们斗争的重大战役（Sugar，1977，p. 254）。巴尔干半岛仍是权力体系平衡中的异数。1815年的维也纳会议让俄罗斯加入了欧洲协调机制的会议体系，并因此为西方－俄国的关系提供了稳定性。但对于巴尔干半岛则没有采取如此方式，它仍是权力平衡的阿基里斯之踵。

居间之地

坐落在介于欧洲中央的东部与俄罗斯间的大陆，这是西斯拉夫人、波兰人、捷克人与斯洛伐克人的宿命。这块边疆之域，曾以经常被称为"居间之地"的中欧（*Zwischeneuropa*）之名，亦即是欧洲的分界线，而为德国历史学家所知（Palmer，1970）。它包括了德国与俄罗斯之间的区域：波罗的海三小国、波兰、捷克斯洛伐克、南斯拉夫、保加利亚和罗马尼亚。这是一块只能部分且短期被征服的区域，故没有一个国家能在此长久生存。"中欧"的概念由威斯林（Wirsling，1932）所普及，他的想法反映出中东欧的国家并非民族国家，且必须被并入大德意志之内的信念。这并不令人讶异，在第一次世界大战期间，这种观点对德国人而言是一种战

---

* 二元君主制（Dual Monarchy），两个不同国家由同一君主统治之制度。——译者注

争意识形态，并且成了政治语言的一部分（Conze，1992，pp. 1–4）。斯拉夫人因而被卡在了大帝国之间动弹不得。而取得这块中间地域之霸权的斗争，从未得到决定性的结果。一切的胜利都是暂时的。

东欧族群之间紧张关系的起源，相当程度上可从德意志文明自莱茵河向西北的转移过程中寻得。随着普鲁士在中世纪的崛起，德意志的重心便由南往北转移，德意志与意大利的冲突也被普鲁士和波兰的冲突盖过。由于人口超载的压力，普鲁士人在12世纪初期开始东移，占据易北河与奥得河之间的区域，但无法全面控制更东边的土地。东普鲁士在13世纪时为条顿骑士团殖民地，而波美拉尼亚*与西普鲁士则在稍晚被并入原先的勃兰登堡王国，与东普鲁士接壤。

当德意志移民在13与14世纪开始与俄罗斯人接触时，这块区域内的紧张态势更加恶化了，持续的冲突在两个宗教，即拉丁与希腊基督教的拥护者间渐渐萌芽。普鲁士人的东方殖民（ostsiedlung），其范围从波罗的海沿岸延伸至喀尔巴阡山脉，导致了遭俄罗斯人与德意志人强迫改宗的斯拉夫人之间的文化冲突（Bartlett，1933，p. 8）。接受罗马天主教与接纳希腊东正教的斯拉夫人形成了不同的群体，与那些来自巴尔干半岛，信仰伊斯兰教的斯拉夫人有着更进一步的区别。如此一来的结果是，尽管具备更大的语言同质性，东欧在文化异质性上要比西欧更加明显。由拉丁基督教所形塑的西欧，大部分是罗马—德意志的，然而东欧则是由希腊与拉丁基督教共同塑造的——其分歧可说是比罗马天主教与新教之间的分歧还要大。

当德意志向东扩张时，便导致了德意志文明的两个中心，即柏林和维也纳被孤立在所属帝国的东侧，准确点说，是位于它们最薄弱之处。14世纪，当查理四世（Charles IV）成为神圣罗马帝国皇帝时，布拉格变成

---

*　波美拉尼亚（Pomerania），中北欧波罗的海沿岸地区。——译者注

帝国的首都，随着布拉格大学于1348年的成立，德意志文化的中心便离开了其传统区域。这导致了一种永不终止、想要收复位于柏林与维也纳间领土的欲求，"谁是波西米亚之主，谁即为欧洲之主"，俾斯麦如此宣示（Palmer，1970，p. 6）。德意志这种变动的本质所导致的结果，是并未出现能够统治所有德语系人民的单一政治中心。其结果是形成了好几个大都会中心：柏林、维也纳、布拉格。

东欧国家无法长期存续，这在欧洲历史进程中是一项重要因素。中世纪的君主制国家，最终被巨大的帝国王朝所吸收，然而东欧的大部分地区无法经历像西欧那样的演化，也就是民族国家的形塑过程。14世纪对西欧来说是一段危机时期，东欧正从上个世纪的蒙古入侵中迅速复原。波兰、立陶宛、波西米亚与匈牙利，在14世纪将自己建设为独立的君主制国家，并构成了一条东方的带状区域，从波罗的海延伸至里海。15与16世纪欧洲最引人注目的特征之一，就是自波罗的海绵延到黑海的立陶宛－波兰王国。事实上，它包括了大部分后来变成欧洲边疆地带的区域。该王国的消失对东西欧在未来的分裂起到了很大的作用。这些发展就是恩格斯所提出的关于历史的与非历史的欧洲民族的著名区分的原因。在马克思与恩格斯眼中，斯拉夫人是"非历史的"民族，因为他们从未在中世纪时建立一个持续存在的国家。

波兰的问题在于，变成两大势力间的边境地带，它不只是介于普鲁士和奥地利间，还介于欧洲与欧亚或俄罗斯这种更大的巨型集团之间。在各个西方势力的眼中，波兰也就是被当作对抗俄罗斯的缓冲地带而已，后者对它们来说是亚洲的延伸。从16世纪起，波兰便一直为了挣脱自己那像政治足球一般的角色而斗争，并力求使自己能履行扮演基督教世界捍卫者的历史使命（Tazbir，1977）。

东西欧意识中的主要差异之一，在于使政治意识和国家之形成相联系的方式。西欧的趋势是朝着民族国家前进，事实上，其疆域于整个现代初期的阶段中，即1450—1700年间并未有显著变化。再者，这些国家如英国、法国、西班牙、葡萄牙与荷兰，可能或多或少都与已取得权力的、处于统治地位的族群相认同。此外，这些原型民族国家在中世纪的形成过程中，可能与民族王朝有着紧密关联，而一般来说，民族意识会在民族国家的结构中得到更多的形塑。然而，东欧的国家结构与民族文化传统间相较而言没有那么一致。哈布斯堡王朝与奥斯曼帝国都是多民族的。结果是斯拉夫人的身份越来越清楚地以民族的形式表达出来。从已存在于边境区域的民族与宗教传统中，国家认同逐渐演变形成。社会主从关系与政治分裂相结合，有了把这些传统改变成持续性的民族－国家认同的效果。

如同巴特列特（Bartlett，1933）所论证的，欧洲是征服与殖民过程的产物。正是这点塑造了东欧主要的认同形式。现代欧洲种族主义，与在东欧的殖民过程中所巩固的欧洲认同模式有着紧密关联。虽然东欧主要的认同形式在本质上是奠基于语言与宗教的文化建构物时，但生物学意义上的种族概念就是从这之中生长出来的。种族渊源变成了通过血脉相继的血统范畴，然而它在中世纪与早期现代的原型中却完完全全是文化性的（Bartlett，1993，p. 197）。

东方边界不断变迁的缺点，就是为仇外神话提供了大量的代罪羔羊。穆斯林、犹太人与斯拉夫人，这三大敌人赋予了西欧长久的历史意识。根据将世界分为三部分的古代神话，犹太人并不是真正的欧洲人，而是亚洲的舶来品。他们在1290年时被驱逐出英格兰，1394年时被逐出法国，1492年则被西班牙赶走。自中世纪以降，欧洲认同便都是通过拉丁基督教世界形塑的。在与之相关的欧洲基督教在东方边界的大部分斗争中，犹太人总是首当其冲。在斯拉夫国度里的犹太人，特别是波兰的人数最多，他们被当作欧洲向东扩展的企图失败的代罪羔羊。土耳其人代表的外在威胁，转变为内部威胁。拿破仑失势后，为了取代已战败的法国，德意志的反动势力对于新的敌对中心有所需求，并在犹太人中找到了对象（Poliakov，1974，p. 94）。反斯拉夫主义深深地根植在中欧（Mitteleuropa）的政治心理中。一如犹太人与穆斯林，斯拉夫人被当作亚洲人或半东方人。他们也是欧洲对伊斯兰教世界的主要输出物之一。没什么能输出给伊斯兰教世界的欧洲，把东欧人像奴隶一般出口，作为进口大批东方产品的回报，这就是"斯拉夫"（Slav）一词的由来（Lewis，1993a，pp. 22-23）。

　　助长了欧洲霸权观念的，并不是只有对于他者文化建构的需求。强国之间的敌对——奥地利、普鲁士与奥斯曼帝国——也妨碍了斯拉夫人的自治发展，迫使他们被并入更大的框架中。作为较晚进入封建主义的结果，东欧一直被压制为西方的从属，对后者来说，前者只是廉价的谷物供应者。然而在15和16世纪时，或许更早，当西方的农民阶级从封建主义中被解放出来时，东欧才刚开始强制推行这种封建制度，因为地主看见西方新谷物市场的利多（Postan，1970，pp. 166-174）。例如，封建主义在1595年被引进瓦拉几亚*，且最迟在1621年被引入如今在罗马尼亚境内的摩尔达维亚（McNeil，1964，p. 103）。

　　刚进入现代之时，谷物贸易确保了由易北河代表的东西永久分界线：容克地主支配河东土地，担任西欧粮食的供应者。欧洲因此经历了两种不同阶段的封建主义，一在西，一在东：西边从9世纪到14世纪，而自15世纪迄18世纪在东边（Anderson，1974a，p. 263）。值得注意的是，迟到的封建主义在东方的引入，部分是西方干涉的结果，在那之前东方根本就没这东西。东欧历史的矛盾，在于大部分仍处于拜占庭统治下的前现代阶段，它所达成的相对进步与繁荣，某种程度上正是它在现代衰退的原因。当西方进步时，东方却陷入了前者已摆脱掉的束缚。再者，较晚被引进东

---

　　*　瓦拉几亚（Wallachia），位于罗马尼亚东南。——译者注

方的封建主义，也并非奠基于像西方发展出的那种契约义务形式。

拜占庭遗绪、哈布斯堡王朝与沙皇的多民族帝国，无力维持中世纪时在国家建构过程中所取得的进展，以及因西方资本主义与殖民之渗透而后缩的疆域。东欧的问题是，它在迟来的欧洲封建主义之结构中发展，同时又置身于异国的威胁中。这种不平衡发展的结果，就是东欧大部分地区在走向现代性的过程中都经历了一场退化转型。例证之一，是东欧的城市要比乡村有着更多族群上的差异（犹太人、德国人、斯拉夫人跟马扎尔人都能在城镇中被发现），乡村的同质性要更高，以农村生活为主；然而西欧城乡之间的联系则要紧密得多。安德森（1974a）论证道，发展途径分歧的根源，在于西欧的连续性程度较高，日耳曼部族早期的共同生产模式融合了罗马奴隶制与都市经济，接着被封建主义吸收后，让位于资本主义（Anderson，1974a；Scüzs，1988）。然而在东欧，再次引述安德森的研究，那里的不连续性程度较高，因为早期斯拉夫人的农业经济和来自更东方且连续不断的入侵者之游牧生活产生了冲突，随之而来的结果是无法在早期阶段建立封建主义，并因而缺少让现代资产阶级出现的历史条件。

这个总体发展不能与下列事实割裂来看，也就是16世纪时西欧已经成为世界体系的中心，为了引进廉价劳工和市场，需要一套国际经济规则。西方资本主义渗透进东欧的决定性力量与把奴隶制引进新世界的力量是相同的（Braudel，1979，pp. 92-93）。当时，在欧洲的形塑中，重要的是核心渗透进边缘与半边缘地区，从而熔铸出控制政治与经济的权力体系的过程。确实，欧洲大部分的分歧都是强制依附的产物，而欧洲大部分的一致性，则是衍生自核心的暴力同质化之呈现。

发明"欧亚"

作为对抗东方的欧洲边境，巴尔干半岛只是其中一部分。另一部分则是俄罗斯。欧洲认同是在与穆斯林与蒙古人的对立中塑造的，俄罗斯则是和这些人一起与欧洲产生了联系。对欧洲而言，俄罗斯是半东方和亚洲的，而非欧洲的产物（Dukes，1991；Groh，1961；Kristof，1968；Stökl，1965；Wittram，1973）。

传统的欧洲地理分界线是乌拉尔山脉。这是学校教科书对欧洲的定义。然而这座某种程度上来说低矮的山，无法形塑出实际的地理屏障，而像任何一道其他边界一样都是主观确定的。在16世纪之前，它在西方一直默默无闻，甚至整个17世纪与18世纪的地图都无视它（Parker，1960，p. 284）。乌拉尔山脉甚至连作为俄罗斯帝国当地省份的分界线都不够格。再者，当俄罗斯开始跨越乌拉尔山脉向东扩张时，传统上的欧洲界线，便无法与欧洲俄罗斯和亚洲俄罗斯之间的区隔相对应了（Halecki，1950，pp. 86-87）。关于区分俄罗斯欧亚部分的地理标准，甚少有共识。许多人质疑乌拉尔山脉作为自然分界，而赞成将乌拉尔山脉后的低地平原也包含进来，亚历山大·冯·洪堡（Alexander von Humboldt）则认为西伯利亚西部也是属于欧洲的（Louis，1954，pp. 74-75）。俄罗斯一般来说都被认为是欧亚的混合物，因此"欧亚"（Eurasia）一词被用于描述俄罗斯的乌拉尔山以西的部分（Szporluk，1990）。尽管直到16世纪，俄罗斯的扩张都还没超过乌拉尔山脉，但在西方的心目中，仍经常认为它跟亚洲有关。以西方的目光视之，欧洲俄罗斯并不包括外高加索（Transcaucasia），也就是黑海和里海间的地峡，尽管沙皇们是这么认为的。事实上，外高加索普遍被认为是西伯利亚大草原的延伸，直到俄罗斯霸权在18世纪末期将之纳入为止。只有在那时它才真的跟俄罗斯与欧洲有所连接。但这种观念依旧存在：俄罗斯本身就是西伯利亚大草原的延伸，大草原将黑海地区与多瑙河下游和远东连接起来，这也是自蒙古进入西方以来，亚洲发挥影响力的路径（Hartley，1992）。

"俄罗斯是亚洲的"，这个由德国在19世纪创造出的理念，成功地以东－西对立取代了极其古老的南－北对立，以至于俄罗斯不再与北方联结起来，而被视为是东方的国家，此说法是由兰伯格（Lemberg，1985）所提出的。这种论点加强了传统的东－西双方是由基督教与伊斯兰教的冲突所形塑，而其主要角色则是拉丁基督教世界和奥斯曼帝国的主张。俄罗斯在此阶段，还不是这种对立不可或缺的一部分，一直要到很久之后才是。正是俄罗斯人自己创造出延伸到乌拉尔山脉的欧洲神话，这点也不无可能。据说这种主张风行于18世纪，它体现了彼得大帝想要把俄罗斯帝国跟欧洲画上等号，并把圣彼得堡当作欧洲的首都的欲望，而帝国的殖民外围则可等同于亚洲（Bassin，1991）。在1721年战胜瑞典后，作为沙皇之国的俄罗斯理念便遭废弃，取而代之的是新近发明的、介于欧洲祖国与亚洲帝国之间的、包括乌拉尔山脉的西方观念中的帝国（Bassin，1991，pp. 5–7）。所以根据这种观点，正是罗曼诺夫王朝自己创造出欧洲止于乌拉尔山的观念。注意到下面这点也是挺有趣的：当罗曼诺夫王朝遭西方自由宪政理念抵制时，有个盛行的趋势是将俄罗斯定义为与中国相对立，而非与西方对立——俄罗斯人在中国看来是欧洲人，但他们在欧洲则是俄罗斯人。当他们必须处理亚洲的省份时，他们也将自己视为欧洲人（Riasano-vsky，1972；Sarkisyanz，1954）。

俄罗斯给西方带来的问题是双重的。一方面，俄罗斯和整个13世纪都统治它的蒙古人有久远的关联。另一方面，俄罗斯在它从"鞑靼之轭"（Tartar Yoke）下被解放出来后，就向东转并殖民了东北亚。俄罗斯开始成为将欧洲与亚洲区隔开的边界。此外，俄罗斯社会内部的强大势力拒绝欧洲化（也就是改革的同义词），并提倡斯拉夫文明的独特性。19世纪时斯拉夫主义者与西方论者间有一场辩论，关于俄罗斯究竟要将起源归因于原生发展的过程，还是西方的影响。这场辩论增强了西方想让自己远离俄罗斯之企图。就是在这样的背景中，欧亚神话出现于20世纪初期的俄罗斯。"欧亚"象征着反西方的俄罗斯的诞生，以及认为俄罗斯是构成介于欧亚间的独立历史实体之信念的诞生。举例而言，陀思妥耶夫斯基（Dostoevsky）认为俄罗斯的正当愿望是要对抗英国帝国主义，并将基督教与伊斯兰教的斗争继续下去（Hauner，1990，p. 49）。欧亚理念并不总是传递着反俄罗斯的偏见。这个词语由维也纳地理学家在19世纪80年代刚创造出来时，是用以描述欧亚大陆结合的整体的。"欧亚"有着以下的由来，即启蒙哲学家如洪堡，想要证明印欧语系在语言学上的一致性（Bassin，1991，p. 10）。

因而，俄罗斯的处境并未与巴尔干半岛之处境有明显的不同。自从这些区域变成亚洲专制势力谋求侵略西方的跳板后，西方把整个斯拉夫人居住带都当成威胁。蒙古部族，以其超过百万的人口，在征服中国后成为13世纪时世上最强大的政权之一。当他们向西转，包括俄罗斯在内的欧洲，都无力阻止其进展，且13世纪初期时，俄罗斯就身处鞑靼之轭之下了，直到公元1480年伊凡大帝治下的莫斯科公国（Muscovite State）创立为止。蒙古的征服切断了欧洲与以基辅为主的旧俄罗斯文明中心之关系。俄罗斯对蒙古的抵抗可能为欧洲提供了一处缓冲区域，后者接下来因此能够发动十字军，来针对扩张中的穆斯林（Jones，1978，p. 52）。事实上，欧洲是蒙古对俄罗斯人屠杀的最终受益者，作为结果，气若游丝的后者无力抵抗它的西方近邻并吞位于白俄罗斯与乌克兰的领土；而根据汤因比的研究，一直要到公元1945年，俄罗斯才收复了西方势力在13与14世纪时夺走的大片疆域（Toynbee，1953b，p. 4）。对欧洲认同而言，具有重要意义的事实在于，贯穿整个中世纪，西班牙与俄罗斯都处于伊斯兰教统治下。当俄罗斯位居抵抗非欧洲人与非基督徒侵略者的前线地带时，这种角色往往也会倾向于将自己与欧洲剩余的部分区隔开来。相对地，西班牙则在15世纪末期时成功地获得了欧洲精神领袖的地位。

俄罗斯政权向西发展的渴望，导致圣彼得堡的建立。这座"进入欧洲之窗"（Window into Europe）的城市，是彼得大帝创设于1703年的新首都（Szamuely，1988，p. 135）。然而，俄罗斯无法一圆其扩张进欧洲，并借道巴尔干半岛与亚得里亚海进入地中海之美梦。相对强大的波兰和立陶宛大公国妨碍了它进入中欧的向西扩张之途，控有巴尔干半岛的奥斯曼帝国和哈布斯堡王朝，也阻挡了其通往地中海之路。瑞典在三十年战争后的兴起，同样阻止了俄罗斯控制波罗的海。在1809年取得芬兰后，俄罗斯实质上是处于西方内陆中（Thaden，1984）。正是向西扩展的失败导致了俄罗斯转向越过乌拉尔山脉往东殖民的必然过程。因此这是决定性的，当西方势力逐渐把注意力西移至创建非欧洲人的帝国时，17世纪的俄罗斯则开始把注意力东移至殖民西伯利亚（Diment and Slezkine，1993）。俄罗斯因其在19世纪前所兼并的巨大帝国而被西方畏惧。其帝国成长到了一种让俄罗斯被看作是亚洲之延伸的程度。

以更普遍的意义而言，东西之间的冲突，创造了边界地带。自从罗马人在提比留[*]时代沿着莱茵河发展边墙系统[**]后，军事地区就成为西方文明的基本成分（Dudley，1975，pp. 208-209）。中世纪欧洲的边境区域或是边缘地带，是作为抵抗侵略者的堡垒而建的，并成为帝国自身实力的主要因素之一（Rothenburg，1966，pp. 2-3）。俄罗斯也容许它的边境区域享有特殊权利与领土，以保障帝国自身的安全（Wieczynski，1976）。根据

---

[*]　提比留（Tiberius），罗马帝国第二任皇帝，在位时期公元14-37年。——译者注
[**]　边墙系统（Limes system），类似中国长城的边境防御工事。——译者注

萨姆尔利的研究（Szamuely，1988，p. 13），"俄罗斯没有边疆：因为数百年来，它自己就是边疆，是欧洲定居区与亚洲草原上游牧的野蛮侵略者之间极度敞开、毫无防卫的分界线"。以他的观点，直到18世纪终结变成帝国时为止，俄罗斯自己就是一个边境国家。

在君士坦丁堡失陷后，俄罗斯教会也与希腊传统断裂了。经由君士坦丁堡传承而直接与罗马相联系的信仰，是俄罗斯数百年来的合法性神话，并成为它与拉丁西方相分离的缩影。1453年，摊在沙皇眼前的，正是这个基督教世界使命的帝国前景与"第三罗马"的神话。在这场争夺欧洲主宰及其伴随而来的合法性神话的竞赛中，基督教变为一股造成分裂而非统一的力量。成为君士坦丁堡继承人之任务，赋予俄罗斯在东南欧，尤其是在巴尔干半岛扩展的主要合法性。俄罗斯与西方的相遇不只是注定造成一场军事斗争，更是一场长久的文化冲突。由于俄罗斯东正教教会认为欧洲是拉丁基督教的领土，因而强化了欧洲跟俄罗斯的分裂。俄罗斯对于东正教的认同，无可避免地会导致对于欧洲的拒斥。早期的拜占庭—拉丁断层线，因而在新的边境区域创造中，转移到了俄罗斯这里。但必须要强调的是，直到十月革命，土耳其都还占据着亚洲头号怪物的位置，因为俄罗斯至少还认可基督教教义。

作为东正教保护者的神圣俄罗斯之神话，不只导向了与奥斯曼帝国的对抗，还有跟西方的斗争，尤其是与其近邻，即天主教波兰和新教瑞典的对抗。从查理曼时期以来，欧洲理念就已与基督教世界或拉丁基督教相连接。对东正教俄罗斯来说，欧洲因此意指着反基督的地域。所以并不令人讶异的是，俄罗斯会拒绝与这样一个被它认为是不神圣的宗教派别相关联的欧洲认同。对那时形成的两种世界观来说非常关键的是，正当欧洲经历着世俗化的过程时，俄罗斯则接纳基督教作为它的统一理念。此一分裂在亚历山大一世对"基督教君王神圣同盟"的发起——他希望以此在1815年的维也纳会议上，让击败拿破仑的胜利者们印象深刻——被梅特涅和卡斯尔雷（Viscount Castlereagh）嘲笑了一番时十分明显。此时再清楚不过的是，基督教世界的时代已经过了，而欧洲已然来到。

拿破仑入侵加深了在欧洲与俄罗斯之间早已成型的巨大鸿沟。与西方文化疏离的俄罗斯之所以能被接受成为欧洲协调机制的一员，很大一部分的原因在于，它的外交政策同样奠基于击溃普鲁士，确保法国中立，以及把奥斯曼人赶出欧洲之上。这导致了法国跟哈布斯堡政权在18与19世纪的军事同盟。在1815年的维也纳会议上，俄罗斯被接纳为强国之一，并相应地得到相当大范围的波兰领土。从军事观点观之，俄罗斯仍是由梅特涅建立的会议体系中必要的一部分。但俄罗斯是亚洲的产物，此一久远的理念依然存在。例如，拿破仑就把俄罗斯视为亚洲的延伸。

19世纪时，欧洲人对俄罗斯的观点深深地受到美国崛起的影响。欧洲被视为遭到了东西方两个兴起的强国集团的包围。拿破仑预见了世界很快就会成为"美洲共和国或俄罗斯普世君主国"，欧洲将是无足轻重的（de Rougement，1966，p. 294）。托克维尔（Alexis de Tocqueville，1984，p. 434）也重申了这种两极世界的观点。欧洲对于俄罗斯的恐惧，事实上也是因担心被美国超越而激发出来的，这并不是无法想象的。

俄罗斯与众不同的特质，并不仅仅是各种无法兼容的理念之产物。在马克思主义理论看来，俄罗斯经历着不同于西方的历史发展途径。根据马克思与列宁的理论，俄罗斯从未充分地建立起封建主义；是国家而非大资本家，攫取了剩余价值。再者，政治支配与经济剥削基本上是通过国家而非社会。这就是与"亚细亚生产模式"相关的所谓的"亚洲专制主义"（Wittfogel，1957）。不若西方的革命，1917年的革命就所牵涉的整个国家、经济及社会层面的转型意义而言，是一场西方迄今为止史无前例的总体革命。大多数的欧洲革命，都还保留着与已消亡者的某种连续性，甚至连旧秩序的成分都一直保存到20世纪。相反，俄罗斯在现代性的过渡中，是通过跟过去完全断裂才得以完成的。无可避免的是，这同时也会包括拒斥被贬低为资产阶级反动派的欧洲主义。共产主义对欧洲的拒绝混杂着此一事实：布尔什维克跟东正教教会有着相似的矛盾看法，认为欧洲是基督教世界的堡垒与资产阶级颓圮之终末。同样矛盾的是，自1917年后把俄罗斯跟西方断开的共产主义的意识形态是西方进口货。俄罗斯的去欧洲化（de-europeanisation）同样反映在选择莫斯科为首都，而把圣彼得堡改名为彼得格勒以及公元1924年列宁逝世后再更名为列宁格勒之中。如果俄罗斯曾经具备欧洲元素，那就是贵族与知识分子；而且正是这些阶层，在布尔什维克革命后自俄罗斯社会中消失无踪了，布尔什维克则自称是西化程度最少的阶层。从20世纪20年代开始，欧洲人心目中的传统俄罗斯印象受到这些流亡在外的俄罗斯文化所带来的非常大的影响，而这一流亡文化则把欧洲当作俄罗斯的拯救者（Pesonen，1991）。

结论

本章的论旨在于，欧洲东方的边界建立了形成基督教西方与穆斯林东方间边境之地的条件：外部的不确定反映在内部的不统一中。于是欧洲一直缺少着身为一种理念与地缘政治政体之间的一致性。作为各种不同的朝向现代性过渡之结果，欧洲在政治上分化程度极深这一事实，导致欧洲理念与西欧联系了起来，而后者的霸权性质只有在与东方边境相较之下才显而易见。

第四章　现代性时代里的欧洲

西方体系民族国家的巩固与欧洲理念的形成

理论观点

本章聚焦在与伟大的现代性革命相关的欧洲理念：文艺复兴、宗教改革与启蒙运动。我也试着评估民族主义与浪漫主义对欧洲理念的影响。欧洲理念是15世纪与16世纪的创造物，正是在这数百年间，它让自己成了基督教世界的世俗版本，而基督教世界则开始衰退为统一性的叙事。宗教改革与17世纪的宗教战争，粉碎了基督教世界的统一。文艺复兴和启蒙运动提供了新的世俗认同基础。欧洲理念因此变成西方的文化模型，充当起现代性统一的主题。但这并不是说欧洲代表着与基督教世界观的激进断裂。所发生的仅仅是欧洲理念对基督教与伊斯兰教之间的旧关系不再那么唯命是从。新的极化之一是文明对抗自然：欧洲与非欧洲世界的对立，后者在此时以"新世界"代替，并指涉未开化之自然的"野蛮"。欧洲理念变得越发聚焦于进步理念，后者成为欧洲现代性的同义词。这是启蒙运动最重要的成就之一。

1776年的美洲独立战争，增强了欧洲的自主意识，但却损害了1492年后出现的关于西方的概念。欧洲越来越被视为介于美洲与俄罗斯之间，而俄罗斯人的国度则是由伊凡大帝在1480年所缔造。法国大革命是欧洲理念的具体化身，意味着文明的民族国家政体。随着作为政治体系的基督教世界最终的崩塌，以及紧接而来的1789年后旧政权的重大危机，新的文化—政治场域被创造了出来，意识形态在其中的重要性与日俱增。欧洲理念变得与西欧民族国家政体的出现有着紧密联系，并逐步取得规范性理念的角色。几乎不会有人认为它是民族国家的替代选项。

这些发展不应让我们忽视一项事实，即经过世俗化后的基督教世界观的残余，已撑过了通往现代性的转型阶段，并继续为奠基于"西方理性主义"的新形态欧洲认同提供具体内容，差不多就与之前的基督教人文主义一样。包括反犹主义在内，欧洲理念依旧与这些认同之计划紧密相连。因此我希望在本章中批判的，是欧洲理念和现代性间那简单的等号，尤其是与启蒙理念之间的等号（Heller and Feher，1988）。

19世纪的认同建构中最值得注意的活动，是民族知识分子试图打造将老百姓融入工业社会的民族认同。欧洲理念基本上是从属于民族理念的。正是为此，除了作为进行殖民战争的陪衬品外，欧洲甚少意味着政治的整体。作为国际文明规范的欧洲理念，在解决民族国家之间的冲突方面，要比将各国在制度上进行联邦化来得有意义。在19世纪，一种互补关系逐渐成型了，借此欧洲理念得以意味着文明的规范性主张，这种关系的成型是在维也纳体系中得以具体化的，而当时的民族理念与文化特殊主义（particularism）或相对主义有关。为何欧洲理念从未胜过民族理念，主要原因是欧洲不像美国，欧洲的国家传统以及诸多案例中的民族理念，早于国际准则及其制度化的框架之兴起。就像文艺复兴在宗教改革中找到了表现方式，启蒙运动也在扭曲的现代性中找到了表现方式，也就是在民族主义中寻求复魅与19世纪晚期的再基督教化。

欧洲认同的世俗化

15世纪意大利文艺复兴初期（Italian Quattrocento）与16世纪北欧的文艺复兴，塑造出了通向新颖且长久的欧洲认同意识之变迁。15世纪以降，如我们所见，欧洲概念的使用频率显著增加。这块大陆的文化与地理之名不再彼此相符。"基督教西方"或"基督教世界"的理念，开始失去之前的重要性，并慢慢由更世俗的"欧洲"意涵所取代。但这是非常渐进的转变。第一步是由文艺复兴及其人文主义理念所迈出的。文艺复兴可被视为是整全的世界观，提供了欧洲认同在当代的基础。在民族主义尚未产生影响的年代，文艺复兴的文化使得融合全欧洲范围的各种理念与风格成为可能。但是，由于其演化过程中的主要领跑者是宗教改革运动，这就使得它从来不曾是一种完全世俗的认同。

正是宗教改革，削弱了普世基督教秩序的理念，并为欧洲的世俗意涵之萌芽创造出了空间，但尽管如此，它仍紧紧地与基督教世界观的残余绑在了一起。基督教的统一在宗教改革后遭受严重打击，所以不难理解"欧洲"一词代替"基督教世界"是合乎情理的。然而，这并不意味着基督教就不重要了。接下来发生的，是基督教与穆斯林之间古老的对立，被新的"文明的欧洲人"与"未开化的野蛮人"的对立所取代。作为对照的他者，从小亚细亚转到了美洲、非洲与刚得到的亚洲。尽管对来自土耳其的威胁的想象在西方政治文化中仍是相当有影响力的主题，但已逐渐不再占有主宰地位。事实上，除了法国之外，为了击败敌人而与土耳其人联盟，对西方政权来说并不罕见，例如哈布斯堡王朝便借此与法国作战。当欧洲取代基督教世界成为被认可的文化指涉之框架时，奥斯曼人跟欧洲政权的关系在17世纪结束时就变得日益世俗化了。

1648年后，基督教世界分裂为好几个相互竞争的基督教派系：罗马天主教、圣公会[*]、路德宗、加尔文宗及清教其他派系。基督教在宗教改革后与之前差异甚大。实际上，走到尽头的是统一的基督教世界之幻象。但这并不代表基督教不再像以前一样重要，了解这点是很重要的。事实上发生的是，基督教不再作为欧洲国家体系的疆域认同，而变成以理性化形式而存续下来的纯粹宗教价值体系。这个不断成长的演进过程，是那个时代影响最深远的发展之一。17世纪40年代的英国内战、1688年的光荣革命与1618—1648年的三十年宗教战争，是欧洲在世俗化的长期过程中影响非常重大的事件。罗马天主教自己也在反宗教改革后经历了重大的转变，接受了当时的时代理性精神。罗马天主教在特伦托公会议（即1545—1563年）之前的年代，与之后是非常不同的。要强调的是，当宗教改革把欧洲分裂成清教徒北方与天主教徒南方时，基督教仍然继续是文化认同的主要来源。不应遗忘的是，罗马天主教与新教在西欧的分裂，从未像拉丁基督教跟希腊基督教之间的鸿沟那么大。尽管有着17世纪的宗教战争，整体而言，南北欧的联系仍比东西欧要来得紧密。再者，尽管在1571年的勒班陀之役后穆斯林的威胁越来越不显著了，但拉丁基督教因为畏惧穆斯林威胁的缘故，仍是相当团结的。事实上我们发现，宗教改革与反宗教改革的重要代表人物，如路德、加尔文与罗耀拉（Loyola）都很少使用"欧洲"一词。他们所呼吁及盼望要改革的，仍是基督教世界。但它在宗教改革和宗教战争后，已不再有能力给西方政体提供一种一致性的政治文化了。

转向欧洲话语是缓慢的过程，这可从1561年时有人企图阻止以"欧罗巴"的异教神话来命名这块大陆中明显看出（Hale，1993，pp. 48-49）。这也可从17世纪末时，由潘恩（Quaker William Penn）为了欧洲统一而起草的初期邦联计划的一种中得证。和平主义者潘恩建议，为了保存基督教的完整并团结基督教世界以对抗土耳其人，欧洲的统一是必要的（Heath-

---

    *   圣公会（Anglicanism），即英国国教。——译者注

er，1992，p. 65）。基督教与欧洲之间的连接对他而言是相当清楚的，因为他认为在土耳其人获得允许参与未来的欧洲联合体之前，他们首先必须放弃伊斯兰教并改宗基督教（Lewis，1993a，p. 23）。讽刺的是，当欧洲理念于17世纪进入公众意识时，欧洲正在宗教战争中经历一段颠覆时期。

欧洲理念以世俗认同之定位而登场的舞台因而布置妥当。这在其演进过程中可以说是概念形成阶段；当时基督教世界理念已衰退，而民族理念尚未作为有自治意义的概念出现。从文艺复兴到美国与法国革命之间的阶段，欧洲理念作为西方文化模型而得到巩固，其重要性不亚于它的政治认同。关键的汇聚点就是西方理念。当欧洲理念取代基督教世界，成为最主要的文化模型时，关于东方的概念便作为对照物而被保留了。欧洲理念就这样变成基督教世界的世俗替代品。

因此我的看法是，欧洲理念代表着基督教世界的世俗对应物，且并未与后者断裂。基督教与人文主义间尚未解决的紧张，形塑了数百年来的欧洲认同。基督教人文主义的关于人之神话、救赎的历史哲学之想象与新的资产阶级价值观的教化特质，为已经于自身之中协调好基督教遗绪的欧洲认同提供了基础。当代欧洲文明的人类学普遍价值有其天启宗教之根源，事实上该根源在宗教战争后以得到强化的形式继续存在。欧洲在1648年后，可能要比之前更相信真理的普世性质、人性本质上的统一与历史的救赎理念。与基督教的过去彻底断裂之论点，因此是个非常成问题的概念。当意大利诸城的文化普遍变得世俗时，教皇也证明自己无力阻止世俗主义的浪潮。但要说全欧洲都是这样则是错的，特别是北方如斯图亚特王朝治下的不列颠，君权神授之说曾复苏了一段时间。清教主义下高度理性化的世界，在增强基督教的现代化方面同样有着巨大贡献。不过阿拉伯人从不把欧洲当成世俗文明看待，这点是挺有趣的（Abu-Lughod，1963，p. 159）。

一直到英国内战（1649年）与欧洲大陆的三十年宗教战争终结（1648年），新的社会才与新的交流形式一同出现。基督教放弃了在西方文明中作为统一之主题的特权地位；正是在这空隙中，欧洲理念取得了作为自治理念的第一个立足点。但是基督教世俗化的结果则保留了下来。举例来说，公元1648年后日渐高涨的反犹主义，便可说是欧洲意识之核心的代表，而该意识则是基督教世界观世俗化的与反蒙昧主义的版本。当宗教战争在17世纪中叶接近尾声时，西欧正历经自中世纪大驱逐以来的第一波犹太人移入潮，因而找到了新的敌意焦点。欧洲理念可在17世纪中叶拉伯（Rabb，1975）所谓"为稳定而斗争"的背景中得到理解。从宗教改革到启蒙运动的阶段，首次产生了某种接近于世俗意识的东西，为全新的社会组织提供了一组概念性的工具。

欧洲资产阶级社会的基督教人文主义理想胜过了其他的意识形态竞争对手。没有其他意识形态更能把资产阶级社会中形形色色的元素汇聚为一套统合的世界观。欧洲认同的主要成分是进步理念、文明和基督教的赎罪。反犹主义就是与这些理念一同兴盛起来的，并给予了它们一个方向。由这些理念和理想武装起来的欧洲，面对的是民族主义和帝国主义的世界。

欧洲与启蒙运动

那么，在何种程度上，我们才能论及与过去的断裂？17世纪晚期和18世纪初期，关于是否存在从古代开始的历史进程，此一著名的古今之争，是最早有关与过去断裂的世俗讨论之一。当明确的欧洲认同得到巩固时，关于过去的批判却在18世纪的启蒙运动之前都未真正到来（Lively，1981）。启蒙思想家们首先察觉到一种世俗的且充满活力的时代精神。教会与国家不再被视为是共生的整体，而是各自分开的领域。启蒙运动可被理解为完全成熟的欧洲认同之表现。这个世纪的理性主义与探索精神，充分地表现在一个更分歧的社会里，而国家与教会在其中扮演着不同的角色。

　　但世俗主义并不必然带来与宗教的敌对。最重要的是国家教会中的宗教制度化，教会因而与社会其他领域分开了，这就得以区辨出世俗社会。一如查德威克（Chadwick，1993，p. 135）在有关19世纪世俗主义的研究中所主张的，教会与国家之分离是政治上的必要性，而非完全出于新的世界观。它的首要功能并不只是捍卫国家免于教权主义之侵扰，还有在取得国家支配权的反教权意识形态中保护基督教会。是故，国家教会的制度化，保护了基督教免于启蒙运动批判所带来的全部影响。

　　许多欧洲国家，比如大不列颠，是在反对启蒙运动的革命原则与法国大革命的情况下进入现代世界的。世俗主义的年代并未衍生出拒斥基督教的各种偏见。它所做的仅仅是使其适应不同的世界观，宗教在其中只是诸多认知面向中的一种。许多国家（苏格兰、英格兰、德国与荷兰）的启蒙运动，在基督教会中寻得安身立命之所（Gilley，1981，p. 104）。当科学、成文法与艺术正历经自己的独立发展逻辑时，基督教世界观仍是首要的文化中心思想，借此欧洲文明得以认同自己。所以，或许在一个国家与教会间差异加大的社会中，宗教——包括身负重任的传教士和对群众性异教的攻击——以前所未有的程度渗透进社会，并成为现代化的中介者。尽管教会失去了支配国家的权力，但在将身体作为对象的权力的新镇压机器之中，它仍取得了控制家庭与学校的权力。换句话说，19世纪的基督教并不是中世纪的残余，而是现代性与再基督教化过程的产物：宗教被内化了。在这转型中犹太人取代穆斯林，成为基督教的敌人。例如，日耳曼民族主义者所要求的成为日耳曼民族成员的标准，就是要身为基督徒

（Katz，1980，p. 77）。根据摩斯（Mosse，1978）的研究，欧洲种族主义思潮出现于18世纪的西欧与中欧；特别是启蒙运动的新科学与基督教虔信派的复兴演化成一种新与旧的混合物，并在理性化与逆现代化的反犹主义世界观中，找到了自己的表现方式。

欧洲理念作为文化模型，在18世纪时开始成型。卢梭已预见了一个时代，在那儿"不再有一个法国、一个德国、一个西班牙，甚至一个英国，只有欧洲人。有相同的品位、相同的爱好、相同的生活方式"（Hampson，1984，p. 71）。在《社会契约论》中，卢梭为政治工程的乌托邦计划打好了基础。欧洲理念本身就是社会契约的化身，表现为各民族的联盟。圣西门（Saint-Simon）论述了欧洲人民将自己重组进新的政治框架中的必要性，这样做可以保存自身的独立。伏尔泰相信欧洲正在取代民族国家："今日，不再有法国人、德国人、西班牙人，甚至英国人。不管人们怎么说，他们就只是欧洲人——大伙都有着同样的品位、同样的感受、同样的风俗，因为已没有人经历过任一特别的民族形式。"（Dann and Dinwiddy，1988，p. 14）康德则在1795年的《论永久和平》里，提出了支持"自由国家联邦"的最著名的主张之一。海涅（Heinrich Heine）将欧洲花园——巴黎，视为文明的中心。柏克（Edmund Burke）于1796年写道："没有欧洲人能在欧洲的任何地方成为流亡者。"（Hay，1957，p. 123）然而，这个崇高理念极不实际，内涵也只比作为上层阶级的旅行观感和资产阶级所向往的贵族社会大同主义来得丰富一些。

要一再强调的是，欧洲理念作为民族国家之外的另一选项，对当时的人来说没什么意义。民族国家之间的冲突太巨大了。即使欧洲的文艺复兴理念作为文化之中心正广泛传播，并且成为欧洲政治秩序的新乌托邦幻想之基础，但启蒙运动的普遍主义却从未通过强烈的欧洲主义来表达自己。启蒙主义确实带来新的理念，但那是知识分子小圈子的产物，大部分的政治人物并不予理会（Anderson，1988，pp.185-187）。他们的遗产无疑是被夸大的。就他们的欧洲理念而言，这是彻头彻尾的法国货，赞扬着"欧洲宗教、白种人与法语的优越性"（de Rougement，1966，p. 157）。整体的概念在其他文明中有更多发展，像是中国。（Bozeman，1960，p. 135；Dubs，1944）。中国的世界秩序，从未失去能概括一切的文化整体之观念（Fairbank，1968，p. 5）。而犹太传统，具备宗教与国家间强烈的联系，亦能主张比基督教更坚定的文化整体之传统，后者在文化上已更加分裂了。

在整个18世纪和19世纪的大部分时间里，国际社会对法语及法式标准的社会行为相当认同。正是法语，取代了拉丁语，成为外交与政治社会的语言。要做个"欧洲人"，就要说法语。可理解的是，其他国家的政治人物并非渴望将法国文化政治化，事实上论实际用途法语真的只是国际语言而已。欧洲理念并未得到鼓励，因为许多有争议的主张可能都是出于一己之利。是故，俾斯麦驳斥了欧洲理念，因为这与普鲁士的利益不兼容。"我总是发现那些把'欧洲'挂在嘴上的政治人物，希望从外国势力中拿到点什么，却从不敢鼓起勇气以自己的名义去要求。"（Crankshaw，1982，p. 352）以民族主义作为合法性基础的统治者，铁定是明确地反对泛欧洲理念的。

欧洲理念那造成分裂又容易引发论战的特质，可以在许多有关欧洲统一的早期理念中看到。在启蒙运动理念最著名的拥护者中，莱布尼茨与休谟，他们倡议着打造欧洲国家联盟。但隐藏在莱布尼茨欧洲和平想象之下的基本观念，是那恶名昭彰的"埃及计划"（Egyptian plan，1672）。在这个向路易十四所提的建议里，他概述了其信念，即确保欧洲和平最有效的手段，就是由法国率领的欧洲联合体，侵略奥斯曼王朝治下的埃及（Foerster，1967，pp. 151-160）。这样的战争或许对法国特别有吸引力，它仿佛因而就是"带着正义之怒的复仇者、基督教世界之领导、欧洲与人类之喜悦"（Yapp，1992，p. 146）。尽管该计划从未以莱布尼茨所设想的方式实现过，但它的确概括了欧洲合作意涵背后的基本理念，也就是把西方战争机器聚焦于非欧洲世界。这就是隐藏在欧洲启蒙运动中的乌托邦主义之下的真实：为了打造帝国而实现欧洲内部有限度的和平。

欧洲与法国大革命

法国大革命对欧洲社会有着双重意义。作为与旧秩序敌对的革命，它不仅仅是法国的，也是全欧洲的运动。但没有什么能掩盖它也是法国的革命这一事实。它所重视的普遍主义者之理念与理想，最终是从属于资产阶级的狭隘民族主义与督政府[*]的帝国主义野心的。1793年以降，法国处于同全欧洲交战的状态，而"国家"的革命准则被改造成了帝国主义的计划。

在绝对王权最终被革命浪潮扫除之后，后革命国家将自身置于一场扩张运动之中。国家变成"伟大的国家"（*la grande nation*）且迅速地成为帝国。潜藏在拿破仑重建欧洲计划背后的，是以法国的形象去创造欧洲的可能性（Woolf，1991，p. 32）。起初，法国人相当支持废除封建主义最后残余的革命战争，并在全欧洲都建立起共和政体。欧洲正在迈向共和的路上。

法国大革命的普遍主义理念，既赋予了欧洲一种欧洲认同的意义，同时也将之剥夺了。革命至少有三项因素要对奠定长久的欧洲认同基础之失败负起责任。第一，如同之前已提及的，约莫从1793年开始，革命便将自

---

*　督政府（Directory government），法国大革命1795—1799年期间的最高政权机关。——译者注

已改造成法国的帝国主义计划。拿破仑在1804年取得了法国皇帝头衔，而且对1789年理想的忠诚，也变成与对法国的忠诚联系在一起。罗马帝国因而以法兰西帝国的形式复活了。第二，开始于1793年的革命战争，导致了西欧与东欧的重大冲突。拿破仑的欧洲是以莱茵河作为东部边界的罗马欧洲（Cahnman，1952，p. 68）。没有比拿破仑在公元1806年废除神圣罗马帝国这件事更能明白表现这点了。取而代之的莱茵邦联，是西方与东方间的缓冲地带，有着自己的东方边界，也就是古老的日耳曼－斯拉夫边界。欧洲的东部区域并未经历与西欧同等程度的革命颠覆。在那儿，启蒙运动要比西方更具贵族气息。再者，在与革命这个挑战斗争时，东欧与俄罗斯的专制王权也比西方成功多了。尽管波兰是第一个赋予自身宪法的国家，但却也无法撑过时代的考验，并在1793年第二次遭瓜分后消失了。第三，革命精神激发了新的疆域民族主义理念。然而直到甚晚之后，这些理念都仍未朝民族分离主义的方向发展，而是成为奠基于已建立之民族国家的欧洲秩序之基础。

拿破仑曾试图以法国之名塑造欧洲，但失败了。当他的对手们在1814年后企图重建旧秩序时，所诉诸的正是欧洲理念。毋需多言，这种使用"欧洲"的方式是一种反法国的架构。更重要的是它也是反西方的架构，因为神圣同盟将俄罗斯、普鲁士与奥地利合并成以东方为基础，并且以莱茵河作为西部边界的权力集团（Cahnman，1952，p. 609）。

观察此一现象发现的有趣之处在于，欧洲理念开始进入国际政治的话语，准确地说，这是欧洲整体作为地缘政治框架的崩溃，以及由复辟王权的欧洲取代共和主义革命工程的结果。共和主义的失败成为欧洲理念在之后历史中的基本情境，欧洲理念在后革命阶段中，与复兴的旧秩序之联系更加密切了。

欧洲与民族理念

虽然从1815年到1848年，梅特涅所复辟的旧秩序的确战胜了革命的挑战，但它必须将就于某些之前的许诺，以及大部分国家所同意的适度的宪法。后革命的民族主义，是梅特涅旧秩序最大的威胁。1789年到1848年间，以共和主义为形式的民族主义，普遍地与自由主义以及对旧秩序的敌意联系在了一起。但没什么可以改变民族主义的时代已然到来之事实，因此在某种层面上来说，欧洲理念碎裂成了民族理想下的排他主义。但这一点并不意味着新的民族国家体系不具规范性质。当欧洲合并为少数较大的国家时，欧洲理念便承担起作为调节性理念的规范性角色（Mann，1993，pp. 35-36，65，254-255）。要做到这点，它首先必须使自己与民族主义和解。

自1848年以降，当自由派或共和派的民族主义，没办法组织与复辟旧秩序相抗衡的有效革命时，民族主义便与原本的共和理念渐行渐远了。从公元1848年起，民族主义抛弃了它较早之前的革命形式，并且变成了资本主义现代化的工具。

最低限度的宪法已经获得保证，大多数国家也都已经与自由主义和解了，但现在它们转而对反动的保守主义表示欢迎，当代保守主义因而诞生。在1861年的意大利统一与1871年的德国统一之后，以民族爱国主义为形式的民族主义，日益变成已经建立的民族国家的意识形态，而不再是解放的理想。另一方面，它也成为倾向于分离的运动，尽管一般来说这是比较后期的发展。在1848年之前的阶段中，它导致了1830年希腊自奥斯曼帝国中初步独立出来，以及比利时于1831年脱离荷兰，还有稍晚在《柏林条约》签订后，1878年的罗马尼亚、保加利亚、塞尔维亚与黑山共和国，1905年的挪威与1913年阿尔巴尼亚的实质建国。

所以，民族主义时代中，我们该如何谈论作为理念的欧洲呢？就19世纪而言，针对与较狭隘的民族主义理想相对的欧洲理想，从两个面向去讨论是有意义的。第一，有一个从文艺复兴到启蒙运动间演化的欧洲理念。这是基督教人文主义理想与基于理性、进步和科学的普遍性价值体系之信念。这些理想位于欧洲认同的核心，体现在现代性理念之中。第二，在19世纪的进程中，有一个关于欧洲政治整体的理念在发展着。基本上，这是民族理想的改编版，它最知名的拥护者是马志尼（Mazzini）。欧洲理念的这两个方面（文化的与政治的）是相当独立的，尽管如此，它们还是共同塑造了欧洲整体的现代理念。此时我所指的欧洲，作为西方基督教人文主义理念之化身，是牢牢锚定在欧洲现代性代理人，即民族国家之中的。所以，当西方文化在作为文化模型的欧洲理念中具体呈现时，正是由民族国家担任了欧洲现代性的承载者。隐藏于其后的，是强有力的"人民"理念。

"人民"理念，是从法国大革命的原始概念逐渐发展而成的，后者基本上是政治的概念，但后来却变成文化的概念。民族共同体首先由知识分子发现，后续被爱国者与民族主义运动予以政治化（Hobsbawm，1991b）。民族的理想，原本应该是历史共同体的表现，其定义随语言而定，而在20世纪初期，宗教与种族的特征也被添入民族特性的清单里。欧洲认同的问题在于它有着如下暗示，也就是一个具备更为普遍性特质的认同，必须让自己与文化特殊论的假设取得调和。关于民族文化对跨文化影响的敌意，反犹主义是最有说服力的例子。19世纪的文化民族主义者，相信文明奠基于民族－历史的文化之上：欧洲的根基即为民族国家。犹太人被逐出国家共同体，是因为他们被认为是没有国家的族群。然而18世纪晚期的犹太人是以乐观的角度去看待欧洲理念的，在19世纪的进程中，犹太人的历史意识日益对欧洲与西方不抱幻想，而东方，特别是1870年后，则被许多人视为具有更大的潜能（Shavit, 1992）。犹太人对于欧洲的矛盾心理，与1870年后民族与反犹主义越来越紧密的联系相关，这点是可能的。

在19世纪，由1815年维也纳会议所规定的后拿破仑秩序之架构中，权力平衡体系使得实质性的欧洲政治整体之概念成为不可能。维也纳会议之后，最有力的欧洲理念是权力平衡，即欧洲协调机制之本质，它被视为"欧洲和平"（Pax Europaea）的基础。当它成为政治上的必需时，该理念便不只退回至启蒙运动，更是退到专制主义的时代。

一般来说，欧洲理念与单一国家的特殊利益相关。对英国人来说，欧洲是跟法国连在一起的，然而对法国人而言，欧洲又意味着某种德国人的东西。从拿破仑战争到第一次世界大战之间，英国宁愿专注在它的殖民地上，对欧洲则无甚兴趣。而对德国人来说，欧洲跟法国的野心靠得太近了。俾斯麦曾强烈地表达过这点，他反对欧洲秩序的理念，抱持着欧洲理念是当时的一种异端邪说的想法（Schieder, 1962）。对梅特涅来说，欧洲是奥地利的必需品（Taylor, 1942, p. 34）。欧洲对法国与俄罗斯而言则是平衡杠杆，但此外便没有进一步的用途。这也是彼得大帝的观点："我们大概会有数十年的时间需要欧洲，到时我们便可背弃它了。"（Szamuely, 1988, p. 136）英国人是最反对关于欧洲的概念的，欧洲被他们视为是"大陆"。在"光荣孤立"中，英国宁可继续跟欧洲保持着外在联系，后者在很长一段时间意味着天主教专制统治。英国的民族认同自宗教改革以来，便被塑造为是与欧陆政权对立的，而在英国民族认同所能接受的形式中，最为广泛流传的仍是恐法症。

基督教共和国的理念，在16世纪时就已作为反对查理五世（神圣罗马皇帝，1519—1556年）推动普世王权之企图的意识形态而显露（Foerster, 1967, p. 107）。在有关欧洲政治秩序的早期野心中，最著名的一种

就是由苏利公爵在16世纪晚期到17世纪初期时所构想的"亨利四世大蓝图
（Grand Design of Henry IV）"。苏利预见了新的欧洲，但却基本上是法
国的延伸（Souleyman，1941）。该想法的重要面向之一，即是团结的欧
洲与土耳其人对抗的观念。如果说欧洲理念在16世纪与西班牙的世界构想
有着非常紧密的联系的话，17世纪的和平普世欧洲秩序之理念，则与法
国的抱负及黎塞留（Richelieu）的野心紧密联系在一起。路易十四渴望成
为"欧洲的仲裁者"（Kennedy，1989，p. 132）。1642年时，上演了一
出名为"欧洲"的怪异剧目，黎塞留的外交政策目的，被写成政治寓言并
加以阐释（Najam，1956）。考虑到哈布斯堡王朝强烈想要成为欧洲主宰
的背景，波旁王朝，特别是在1648年之后成为另一个竞逐欧洲的代表，欧
洲理念则与对法国的敌意有着密不可分的关系（Burke，1980）。然而，
欧洲理念作为普世共和政体的言下之意是，欧洲的统一无法通过任何一种
霸权达成，尽管实际上这经常是一种与法国争夺霸权地位的伪装（Barra-
clough，1963，p. 28）。欧洲理念与英国威廉三世的抱负同样有着强烈联
系。确实，17世纪晚期，"欧洲自由"理念与特别是由英国辉格党所提
倡的清教徒的诉求紧密相连，而奥兰治的威廉三世正是以"欧洲"之名，
于1688年踏上英国土地的（Schmidt，1966）。欧洲理念稍后才在1700年
的西班牙王位继承战争（反对由法国继承西属荷兰）与1701年后的汉诺威
继位（反对天主教的斯图亚特王朝）之背景中，代表着清教徒的利益而被
召唤出来。

　　为数不多的国际组织，如1859年成立于日内瓦的红十字会，以及1874
年在伯尔尼建立的万国邮政联盟（Universal Postal Union），是长期存在
的欧洲合作之产物（Joll，1980，p. 14；Lyons，1963）。然而战争，以及
永恒的战前准备，才是欧洲社会的真实。政治上的欧洲是毁灭性的，但这
并不意味着欧洲理念依旧完全与政治脱节。如同我已论证的，国际政治并

非全然没有规范。

　　作为规范性理念的欧洲，在欧洲协调机制的维也纳体系中制度化了。这首先是对19世纪蓬勃发展的"国际社会"的响应，欧洲理念在当时对于欧洲政权控制世界舞台而言越来越重要了。殖民地的争夺以及将俄罗斯限制在奥斯曼帝国疆域之外使得欧洲理念更为必要。其起源可从1648年将三十年宗教战争带向终结的《威斯特伐利亚和约》（*Peace of Westphalia*），以及1713年结束了西班牙王位继承战争的《乌特勒支和约》（*Peace of Utrecht*）中寻得。这些事件构成了我的论点基础，也就是欧洲理念并未反映和平与统一，而是为了避免欧洲大陆被哈布斯堡王朝或波旁王朝所支配的一种规范性的必要。

　　欧洲协调机制，或是复辟旧秩序的维也纳体系，组成了一种消极的整体。某一势力地位的提升即意味着其他势力地位的下降。这是国家间的平衡，而非一群国家的统一；因为这种统一包含着一种困境，即这些强国在这样一个统一体中，即使没有被瓦解，但至少还是会受到其他国家的牵制。倘若欧洲理念真的存在，那也是由十足的差异性质所组成的，就像易碎的差异之整体。再者，假若欧洲协调机制有任何共同的目的，也是集中在帝国的建造与维持中欧的东方边界方面，在离自家近一点的地方，则是反对自由主义民主与工人激进主义。

　　维也纳会议确实为欧洲带来了和平，但战争也因此转移到了非洲与亚洲。欧洲和平是殖民的前提条件。然而有个一直存在的危险，即强国间可能会在殖民问题上产生摩擦，正是通过帝国主义，许多联盟得以成型：三国协约不仅仅是对抗德国的同盟，更是对抗这些德国殖民地人民的同盟（Kiernan，1980，p. 45）。另一个相关的例子是，1776年的美国独立。那一年可说是标志了新文明的创建。作为居于美国与俄罗斯之间的文明，欧洲的概念尝试为此提供新的认同而发展着。同样是在这样的背景下，新的欧洲联邦理念于19世纪出现（Foerster，1967，pp. 266-271）。欧洲理念的显露，不能忽略背后的全球背景。

　　1856年的克里米亚战争后，奥斯曼帝国最终获准加入欧洲协调机制，而"基督教国家间的法律"则更名为"文明国家间的法律"——此项同意是为了争取土耳其的协助以对抗俄罗斯（Alting，1975，p. 53）。欧洲与新国际政治规范的关系变得越来越密切，前者提供给后者一个文化理论框架。文明事实上意味着自由欧洲文明的规范，作为文化架构，它取代了基督教世界，却保留了后者的许多预设（Gong，1984，p. 15）。欧洲理念，如同它与文明标准的紧密关联，因而也与国际法有紧密的联系。它主要是聚焦在涉及外交、商业与战争状态的事项上（Best，1986，p. 215）。它一点都不是"国际"法，而是欧洲法，渴求着因为民族国家的兴起而遭掩盖的道德普遍主义（Best，1986，p. 219）。但这是扭曲的道德普遍主义，是化约为西方理性主义和战争规范的道德律之变形。

　　尽管欧洲理念在19世纪中叶前为人普遍使用，一般而言它仍屈从于民族原则。19世纪初期时，世界公民（Weltbürger）的启蒙运动理念显得过时了，而由民族公民所取代（Schlereth，1977；Meinecke，1970）。远比担忧一个统一的欧洲大陆更能够刺激各强国的是1824年拜伦在迈索隆吉翁（Missolonghi）的逝世，这是一个标示着现代民族主义诞生的象征性事件，当时各强国正在干预奥斯曼帝国，并为希腊独立扫清道路，后者据称是欧洲的缩影。希腊独立战争所解放的民族主义（与西欧的反革命保守主义恰好是同一时期）在团结欧洲以对抗在亚洲与非洲的传统敌人伊斯兰教方面，是个特别有力的文化工具（Bernal，1987，p. 441）。欧洲秩序的理念受限于新生民族主义与权力平衡体系。然而，民族主义并非否定欧洲主义，而正好是使其成为可能的条件。并且正是民族主义，让诸强国最终于1914年时，在理论上与战场上同时献祭了欧洲。

　　甚至民族主义者自己也必须奋斗，才能让民族国家的理念广为流传。历史上的民族国家理念并不总是赢得人民的普遍支持。对欧洲主义的热忱就更少了，它从来就不曾是主要的公共议题。雨果的"欧洲合众国"理想或伏尔泰的"欧洲共和国"之展望，在民族主义的时代里都是异例。在这方面影响更为深远的一项发展，就是马志尼于1834年在伯尔尼所建立的"青年欧洲"（Salvatorelli，1964，pp. 339–347）。就其真正的意义而言，此运动的理念并不是要塑造统一的欧洲国家，而是打算为欧洲民族主义运动之奋斗提供支持，并成为未来自由国家的欧洲联邦之基础。沿着统一的联邦国家这条线索而来的欧洲政治统一的理念，一般来说是不受欢迎的。例如马志尼的青年欧洲仅持续了两年，从未得到如"青年意大利"般的成功，而正是后者启发了民族主义运动，像是"青年德国""青年法国"与"青年爱尔兰"。值得一提的是，两个具备最深厚欧洲主义传统的国家，即意大利与德国都还没有统一。复兴运动*和德国统一的驱力都赞扬欧洲理念。然而，一旦这些国家统一了，之前对于欧洲的热忱，就会变质为民族沙文主义与领土收复主义。与欧洲相连接的普遍主义原则，便会因为民族的文化排他主义而黯然失色。

欧洲的浪漫主义再发现

　　19世纪不仅仅是理性主义的时代，也是浪漫主义的时代。尽管这两者紧密相连，但在观念上却是相当不同的。最重要的是，理性主义是经常放眼未来的政治理念，而浪漫主义基本上却是回顾往昔的非政治运动。在相当程度上，浪漫主义把重点放在对过去的再发现上，并且以革命形式来赞扬坚定的自我认同。然而，在19世纪的进程里，浪漫主义与再发现过去的

---

　　* 复兴运动（Risorgimento），即意大利统一运动。——译者注

联系要比与革命形式的自我认同的联系更为密切。另一方面，它所引发的革命冲动，是一种隐藏在欧洲精神之下，动态且富创造性之力量。

　　浪漫主义最著名的表现之一，就是诺瓦利斯（Novalis）于1799年写下的《基督教世界或欧洲》（*Christendom or Europe*，1968）。对他来说，中世纪基督教是另一种通往欧洲现代性及其世俗意识形态的乌托邦选项，他将世俗意识形态与宗教改革、哲学与启蒙运动连接在了一起。此外，他认为基督教世界与欧洲并不属于同一个时代，基督教世界或许可以成为世上一股革新的力量。对诺瓦利斯而言，欧洲暗示着某种分裂的东西，而基督教世界则象征着统一的传统。反动的天主教浪漫主义对中世纪的再发现，是一种文化上对于宗教改革与启蒙运动带来的分裂与祛魅之补偿。欧洲的概念，作为基督教世界衰微的后嗣与历史发展的巅峰，在德国浪漫主义哲学家施利格（Friedrich von Schlegel）主编的刊物，也是世上最早的杂志之一的《欧罗巴》中，得到了明确的表达（de Rougement，1966，p. 239）。

　　对费希特（Fichte）而言，德国是欧洲的发源地和拉丁文明的继承者。德国人，在此他指的是普鲁士人，是借由控制欧洲来"为欧洲服务"的（Taylor，1988，p.38）。黑格尔视欧洲为基督教与德意志文化的综合体，后者在国家中得到最高的体现。在他的历史哲学中，代表着世界精神的欧洲在"历史终结"时变成其自我意识（Hegel，1956，p. 103）。兰克（Leopold von Ranke）相信拉丁民族与德意志民族间有着自然的羁绊，这点构成了欧洲的本质（Schulin，1985）。语言与种族的关系，在雅利安神话的建构中变得紧密了起来，该神话假定有一个原初种族，即日耳曼民族，衍生为所有的欧洲民族。斯拉夫人因此被排除在欧洲种族之外。根据波力亚柯夫的说法（Poliakov，1974，pp. 99–101），在其经典的雅利安神话研究中，日耳曼民族在人类学上的一致性，是作为不证自明的事实而为人接受的，且经过一段时间后被认为是欧洲人或白种人的完美典范。日耳曼人因此开始把一个倒退的、同雅利安神话相连接的文化理念强加在欧洲之上。

风行于19世纪的欧洲浪漫主义理念，怀旧在其中扮演着主要角色。怀旧，特别是对往昔欧洲帝国的怀旧，同样是过去的建构物。每个年代与每个国家都会认为自己与那些在自己之前就已消逝的事物，有着密切的联系。但在这种对过去的认同中，成为不朽的并不是往昔，而是被创造的过去。很少有意识形态能够比浪漫主义更能影响我们对于过去的想法。今天我们能在只有断裂的地方看见连续性，并且对那些伟大年代顶礼膜拜，而对这些年代，当时的人有着不同的理解。从中出现的虚构之物之一，就是欧洲过去的神秘性质。所以，考虑到欧洲政体在政治上分裂的特质，作为文化同质性概念的欧洲理念，只有在文化层面上才有其意义。在这种意义中，欧洲文化传统是被回溯性地创造的。欧洲开始通过它的文化人工产物而得到认同：巍峨的教堂、歌剧院、咖啡馆与皇室建筑。浪漫主义为欧洲话语提供了一种记忆，没有它，该话语或许就只是个空泛的格言。

欧洲是过去的化身，这种观念同样表现在新的文化旅游业中。北欧的资产阶级社会，尤其是英国与德国，重新发现了古希腊罗马与意大利文艺复兴时期的奇观。壮游（Grand Tour）成为资产阶级绅士教育的基本组成部分，并且为具备现代文明特质的浪漫主义清教之祛魅提供了充分的表达方式。正在被重新发现的过去是欧洲王政复辟时期的产物。反讽的是，清教北方再次发现了天主教南方。英国的柏克所钦慕的，并不是当代自由主义的欧洲，而是旧政权的欧洲。在其1790年的著作《反思法国大革命》（*Reflections on the French Revolution*，1967，p. 76）中，有一段著名的文字可作为他的欧洲观之总结："我们的风俗、我们的文明，以及所有与风俗及文明相关的良善事物，在我们的这个欧洲世界中，长期以来仰赖两个原则，而且的确是这两者结合的结果：我指的是绅士精神与宗教精神。"
全球性的欧洲文化在很大程度上来说是美学的建构物，并且变成了资产阶
级文化装置的一部分。人文主义的意涵留存下来，成为欧洲文学的主要成
分。它体现在歌德的世界文学（Weltliteratur）概念与独特的欧洲文学理念
中。这是种趋势，反映着以欧洲为名的书越来越多，以及欧洲文明史的概
念开始广泛流行。还有一种理解，认为欧洲主义可以说是作为一种文化精
神，体现在音乐之中。正是这种文化的整体性，让艾略特、雅斯贝尔斯与
瓦莱里等作家，在之后拒绝了将现代性作为欧洲传统之整体。然而遍及整
个19世纪，欧洲主义唯一的具体表现是在贵族的世界大同主义中——这在
王室家庭里得到最好的证明，因为只有贵族与王室超越了国境的限制。然
而启蒙运动以来的欧洲文化，无可否认地已经将文艺复兴精神遗忘了很长
一段时间，并且在浪漫主义的催化下，编纂起了民族文化。

　　对保守主义者而言，欧洲也是政治的建构物。欧洲政治秩序的幻象
有助于增强保守派对自由主义与共和民族主义的反抗。对反动的保守派
来说，如果欧洲意味着任何东西的话，那便是代表着已消失的旧秩序之欧
洲。约瑟夫·德·迈斯特（Joseph de Maistre）把欧洲跟教皇的管辖范围
画上等号，并盼望基督教世界的复兴，以抗衡自由主义。对梅特涅本人来
说，法国大革命标志着旧秩序的终结。他希望把欧洲当成是民族主义以外
的另一个选择。欧洲已然是个国家，而意大利仅仅是一种"地理的表达方
式"。欧洲理念变得与对罗马天主教专制统治下的怀旧紧密相连。拿破仑
时代之后，德意志浪漫主义者将欧洲视为过去。自由主义与民族主义的兴
起，加强了欧洲曾一度存在但后来却消失了这样一种观念。欧洲理念因而
变成是对过去保守的、反革命的诠释，既非是当前的理论，也不是迈向未
来的行动准则。诸如此类，它与启蒙运动理念形成鲜明的对比，后者眼中
的欧洲，是未来的乌托邦。欧洲因此再次拥抱了受到启蒙运动的批评而遭

否定的过去。

所以普遍来说，欧洲理念似乎是反革命的。群众可能会团结起来对抗雅各宾主义、对抗"黄祸"、对抗民主（Barraclough，1963，p. 41）。一如我们所理解的，并非欧洲理念之友的俾斯麦，在1863年时承诺要协助俄罗斯镇压叛乱，主张这是"为了欧洲的利益"（Wittram，1973，p. 105）。除了像马志尼和雨果这样的人物之外，很难找到其他诉诸欧洲理念的进步力量范例。人们得到的极为强烈的印象是，欧洲理念事实上被旧秩序强加在了自由与民主运动之上，以带来一种曾经属于基督教世界的整体之幻象的革新。

现代性最终被理解为是属于新世界的。套句波德里亚（Baudrillard，1988，pp. 73 and 76）的话，欧洲是"19世纪布尔乔亚之梦"，而美洲则是"现代性的原初版本"。美国革命，相对于各个欧洲革命来说是成功的，当许多欧洲人主张欧洲理念是代表着过去的时候，美国新社会的自我意象在精神上来说则是现代的。关于这种新旧世界的区别的最好例子，可以在欧洲和美国带给1868年开始明治维新的日本的不同印象中找到，日本寻求着通过把美国当作现代性图景的典范，并将欧洲作为西方精神文明和传统的祖国，来让自己"现代化"。

结论

正是这些不同的传统，让欧洲的现代认同从一种自我否定的现代性中诞生。欧洲作为世俗化的反蒙昧主义的规范性理念，变成了一种美学的冲动。文艺复兴与启蒙运动，以及它们所带来的理念与理想——基督教人文主义与民族国家——为欧洲提供了认同。在这些伟大的普遍主义运动中统一起来的理念，最终被用于增强民族－文化主义，而差异性则只有在民族文化的特殊性背景中才能得到宽容。当代欧洲的两个普遍性符号，因此变成了十字架与爱国者胜利纪念柱。王座与圣坛在欧洲现代性中找到了它们共通的表达方式和恒久的口号——进步。正是靠着这个扭曲的现代性基础，作为一种民族文化之文明的欧洲理念于焉成型。

第五章 东方镜像里的欧洲

优越文明的迷思与建构敌对世界体系中必须存在的他者

理论观点

本章主题是作为西方文明的表达方式的欧洲理念。本书的核心论点之一是帝国主义时代的欧洲理念在与东方的对抗中，找到了自己最悠久的表达方式。欧洲认同是在与其他文明的相遇中塑造而成的。其并不是从自身取得的，而是从一系列全球性对比的结构中取得的。在维持着自我与他者的二分法中，欧洲与东方是文明价值体系中对立的两极，而这种价值体系是由欧洲来定义的。

对这点，现在的读者应该是很清楚的，作为欧洲理念的聚焦点，文化与政治的参照系，在提供给欧洲认同一种恒久的且在文化上具有同质性的基础方面是失败的。简短地概述一下这些事情：拉丁文不再是一致的共同语言（lingua franca），到了16世纪晚期时由法文，以及稍后的民族方言所取代。拉丁教会与希腊教会分裂了，宗教改革也分化了基督教世界，可见宗教便是分歧的源头之一。欧洲作为地理的概念，如同我们已了解的，就像其他面向一样具有随意性，并且与其东方边界以及对抗伊斯兰教有着密切联系。共享历史的意识不可能成为判断标准：欧洲史上的分歧与不连续程度，大到无法产生一致的欧洲认同。欧洲东部与西部的分裂，以及各民族国家间内部的斗争，使得由内建构的欧洲认同的表述非常成问题。作为美学范畴，欧洲在它所指涉的物质与美学文化方面有些现实基础，但除了知识分子之外，这或许永远不会是欧洲认同的基础。因而欧洲认同是在对立中诞生的。在欧洲的背景中，欧洲理念臣服于民族沙文主义，但以全球脉络的角度观察，欧洲意识则是在世界文明相互冲突的背景里显现的，并且与种族主义和西方的帝国主义使命有着高度关联。

　　了解西方视角下的东方（更普遍来说是非欧洲世界）之价值，在于可以告诉我们许多关于欧洲认同特质的事情，因为东方对西方来说是一面具有重要意义的镜子，虽然有着相当程度的扭曲。然而，我主要希望指出的是让欧洲理念变得与二元对立的认同结构之形塑过程紧密相依的路径。在与非欧洲世界的相遇中，欧洲理念成了一种文化模型，用于我所谓的欧洲认同计划之建立。这些计划假定了欧洲价值的普遍性，以及文明跟欧洲现代性的密切联系。隐藏其后的是一套战略，欧洲借此成功地把一种认同硬塞给了被认知为是负面的非欧洲世界。世俗性的欧洲认同的核心成分是种族，有了种族才得以连接起欧洲理念。为了维持潜伏其后的霸权战略，庞大的东方概念便担任起作为西方的一个扭曲的镜像之角色，即他者的代表。欧洲现代性所声称的普遍有效性，倾向于将欧洲文明理念及与种族神话相关的事物凝聚起来，它的功能在于提供评价的规范性模型，让其他社会得以被评价。通过创造单向度视角的东方，作为普遍性和一体性世界观的欧洲认同便得以确保。

　　在这点上，我希望能够于本书中证明，欧洲理念是如何通过被镶嵌进倒退的认同形式中，使其不再只是文化模型，更成为普遍性伦理文化的规制性理念。这有着无可避免的后果，即欧洲理念变成了自我假定（self-postulated）的词语。它导致具有扭曲效果的族群文化主义，因为文化所指涉的领域，就其本身来说并不是普遍性的；它们不能声称具有绝对的有效性；它们仅只是意义的文化源泉。欧洲理念因而并非是规范模型，它与普遍性伦理主张的持续联结是一种对道德空间的入侵与具体化，这并非任何一种文化的特权。

欧洲通过把独特性的场域置于民族文化的相对主义中，来解决普遍性与独特性对立的古老问题，同时，欧洲理念则被指定为是普遍性的一方。文化被视为是相对的，并体现在民族的历史中，而文明则是普遍性的，并深陷在欧洲的严峻考验中。欧洲人因此有能力容纳两种认同：一为民族的，一为欧洲的。故此，欧洲作为民族认同是种主观的经验。这种二元认同是特殊的欧洲现象。

事实上，欧洲理念可被视为民族主义的普遍主义计划之展现，以及民族国家对于尚未实现的普遍性的要求。由于民族文化的特殊性，普遍性必须被牺牲。民族国家的法律体制必然要承认其宪法的普遍性，以确保公民的忠诚。民族主义需要超越自身的衡量标准，方能被认为是正当的，所以有了普遍人性（universal humanity）的神话。同时它也必须坚持民族文化的首要地位，因为一般而言，民族认同是被定义为与其他民族针锋相对的："我们"的认同是由对立的"他们"这一事实所定义的。这种双重约束的结果，则是把民族国家对于普遍性的不完整主张投射到欧洲之上，接着又充当起合法性的元叙事（meta-narrative）角色。文化架构因此遭到政治架构的侵入，并被改造成用于动员认同计划的意识形态。有另一个方面也会导致这样的结果。当代民族国家，特别是那些在20世纪形成的民族国家，其基础是民族－语言的民族主义。鉴于这总是一个不可能实现的计划，欧洲理念便提供了一个方法，借此共同的集体认同得以聚焦在民族国家之外的想象领域里。因此相较于放弃民族原则，欧洲理念更像是民族的代表，并且为了保存脆弱的民族认同，发挥着安全阀的功能。

当为了支持民族的特殊性而放弃普遍性原则时，关于欧洲文明的幻想便是种装置，借此普遍性得以在元规范（meta-norm）的创造中被秘密保存下来，即"元合法性的大叙事"（Lyotard，1984）。因而欧洲所代表的，是一个遭到民族主义所摧毁的整体。竞逐合法性的战场，发生在想象的真实此一层级，其最终是一个关于现代性的哲学神话。就是在这个"元层次"（meta-level）上，普遍性的伦理规范在召唤想象的他者时被视为是理所当然的。

东方的创造

为了定义自己，欧洲需要与自己对抗的他者，才能建构出自己的认同。如果他者不存在，就创造一个出来：1800年到1900年间，约莫有6万本书是关于近东的（Said，1979，p. 204）。帝国主义的年代也是旅行文学的年代，而东方主义则是文化与科学的时尚产物（Cole，1972）。西方力求在知识上与经济上都能宰制东方，并以自己的词语定义之；东方则被迫在西方之镜中察觉自己。东方的身份，是殖民政权为了征服和剥削所强加其上的，而且确实，这些最终都是为了那与西方的倒退的认同建构捆绑在一起的目的：欧洲内部的紧张与分裂，使得欧洲需要在主宰与征服对立他者的过程中，发现自己的身份是文明的。

《古兰经》在1143年被翻译为拉丁文后，西方社会对伊斯兰教便不再陌生了，但这是个萦绕在基督徒心上的扭曲形象（Southern，1962）。伊斯兰教就像是《但以理书》中的预言，是为了反基督的最终降临所做的准备，穆罕默德则被当成是基督的拙劣模仿者。教皇英诺森三世把穆罕默德描绘为《启示录》里的怪物。这就是贯穿整个中世纪的幽灵，它赋予西方向伊斯兰教反攻的合法性。关于野蛮伊斯兰教世界里居住着邪恶部落的观念，在中世纪文学里是主流题目。中世纪的英格兰非常勤奋地把东方神话当作养分来喂食自己（Metlitzki，1977）。中世纪对幻想文学的偏好，也表现在罕见种族，即"巨人族"的传说中（Friedmann，1981）。

作为对东方的响应，文艺复兴创造出东方专制主义的概念（Chabod，1961）。对但丁来说，穆罕默德是与基督对立的邪恶，并且是被罢黜到地狱深处的。东方不仅代表专制与邪恶，还有残忍。这尤其出现在马基雅维利的例子中，他把东方专制主义与西方自由精神对立起来。东方的特征是单一的专制君王，而西方则有许多共和国家跟一堆国王（Curio，1958，pp. 208-213）。有人认为西方共和主义的传统，在相当大的程度上仰赖于通过关于东方专制君王的观念来取得自己的合法性（Springborg，1992）。专制王权被共和政府的拥护者描绘成亚洲之轭，并且因此据信是与起源自雅典城邦和罗马共和国的西方传统相对。如此，欧洲认同就是在环绕着东西方的对立中建构出来的。当然，这是扭曲的事实。实际上，土耳其人在宗教方面要比他们在基督教世界中的对手宽容多了，而且系统性的暴政是很少见的；其实，当他们横扫东南欧的时候，经常被当成解放者而广受欢迎（Coles，1968，pp. 116 and 145）。

关于东方，欧洲一开始的姿态多半是戒备的，并反映出强烈的好奇心。只是到了后来才变成帝国主义的姿态。基督教欧洲对东方的想象并不是单一的，而是有好几种。伊斯兰教世界被视为是一种怀有恶意的政治意识形态之结构，是一种不同的文明与一个相异的经济区域（Rodison，1974；Djait，1985；Hourani，1991）。一旦东方不再是西方的主要威胁，那些创造出来的想象就会倾向于强调东方作为他者的浪漫成分，而非专制与残忍的特质。基督教与伊斯兰教间的对比，由更世俗的文明与野蛮之对立所取代了（Jones，W. R. 1971）。关于土耳其异教徒的观念由土耳其野蛮人的观念取而代之了。柏克对下议院说，那些土耳其人"比野人还糟"，"随便一个基督教政权都比这些毁灭性的野蛮人来得好"（Marshall and Williams, 1982, p. 165）。文明与野蛮间的新联系，想当然地超越了欧洲／东方的二分，把欧洲与海外非欧洲世界这种更大的全球性接触包括进来（Dudley and Novak, 1972; Hodgen, 1964; Smith, 1985）。当非欧洲世界的代表，从强调伊斯兰教世界转移至自然界，以及对后者的征服时，我们也发现欧洲的代表出现了相应的改变。古老神话里的欧罗巴变成耀武扬威的欧洲女王，她在16世纪著名的地图集中，被刻画成坐在王座上，拿着世界之主的令牌的形象（Hale, 1993, p. 49）。

西方霸权是通过下列方式构成的：控制交流方式，将他者之定义强加于非欧洲世界，以及确保他们是在支配者的语言中来理解自己。关于野蛮人的理念反映了这种把认同与语言，特别是书写语相联结的偏见。因此，对希腊人来说，野蛮人就是不会说希腊语的人，对罗马人而言就是不会说拉丁语的人。当然，欧洲人并不是拥有他者之图像的唯一群体，事实上，欧洲人是从阿拉伯人那边接收了民族志神话，这点其实是可能的（Al-Azmeh, 1992; Thapar, 1971）。欧洲对非欧洲世界的支配，在相当大程度上是依靠对知识的掌握，因此，东方便被建构为知识的客体。当欧洲把东方建构为知识的客体时，东方在相当大程度上对西方文明是一无所知的（Abu-Lughod, 1963）。举例而言，在德川幕府治下，即从17世纪初期到19世纪中叶，日本是完完全全地与世界隔绝的*，直到19世纪下半叶的明治时期为止，都还未被西化（Keene, 1969; Massarella, 1990）。在奥斯曼帝国，直到18世纪都没有任何一个有地位的穆斯林习得一种欧洲语言（Lewis, 1993a, p. 34）。随着欧洲对沟通方式的掌控，它得以创造话语的结构，其他文明被迫在其中打造它们自己的身份。

东方就是以这样的方式被建构的，它的存在就是为了让西方征服。卡巴尼（Kabbani, 1988, p. 21）曾论及，欧洲对统治东方的兴趣，表现在

---

* 除了跟中国与荷兰的通商。——译者注

支配女性的陈词滥调上，东方被描绘成一块等待欧洲介入之疆土：西方以社会稳定为特征，而东方则是寻欢作乐的。把东方当作西方之爱的对象，同时也代表着专制与异国情调的观念，被用于将西方身份定义为文明的征服者。父权制文化对欧洲认同来说是基础性的。被建构为魅惑之女的东方，邀请男性前来征服。它的存在是为了视觉，而非智识，它也因此被描绘为静态的，而西方则是动态的和向前看的。东方就这样被建构起来，它既是魅惑之源，亦是恐惧之泉，美丽又残忍。欧洲被描述为阳刚的，而非欧洲世界则是柔弱的（Kiernan，1980，p. 41）。东方的他者性证明了欧洲文明介入的合理性。把幻想和欲望注入欧洲与东方的关系，这将后者束缚在满足西方期望的角色上。伊斯兰教世界被视为某种令人格外醉心、充满异国风情和浪漫的事物，但同时也使人厌恶。这是种摆荡在恐惧与迷恋间的态度（Rodison，1987）。但其最终的影响则是强调了伊斯兰教世界与欧洲的差异、基督教上帝与安拉之间难以跨越的鸿沟（Daniel，1966，p. 60）。从马可·波罗到阿拉伯的劳伦斯，以东方为中心而兴起的旅行文学，极为完整地表达出西方将东方视为奇幻和令人满足之地的期盼（Patnaik，1990）。这些文学中的大部分内容，包括东方浪漫小说如《一千零一夜》（*Arabian Nights*），都没有真正联系到现实。东方的冒险和异国事物的幻想故事，为欧洲大众提供了一个表达升华后的感官刺激的话语的焦点（Alloula，1986）。作为欲念的客体，东方或许只能被想象为顺从的客体，被拥有也同时被蔑视的客体。它的可欲性，是由其他者性和差异性的特质所组成的。东方女性奴隶与西方男性旅行者的对照，在创造基于傲慢的父权制观念和知识支配权的一种特殊的西方身份时，是完美的陪衬品。因此，在东方和西方的表现中，无能的东方之神话所面对的，是西方的支配地位和理性主义。欧洲代表着进步与理性，而东方则是停滞与衰退。相对于西方理性主义，东方是失德的、不理性的。创造东方为欧洲提供了一个在现代性的不确定世界中寻得自我认同的方式：西方是东方所不是的。如此，西方认同便成功地寄托在一种对立面上，寄托在对东方的否定上。

这在启蒙运动中特别明显。启蒙运动创造出对其他文化极大的兴趣，而东方尤其是西方所好奇的对象。这是启蒙运动执着于普遍人性的表现。欧洲理念被认为是对全人类皆普遍有效的，非欧洲理念则被视为偏离了西方理性主义所建立之准则。它们偶或可以用来对欧洲做温和的谴责，就像来自东方的书信题材*（Harbsmeier，1985）。但启蒙运动对欧洲的批评，根本无法改变欧洲的态度与认同，甚至可能加深了西方要"人性化"非欧洲世界的许诺。许多启蒙运动思想家给予非欧洲世界的偏爱态度，事实上经常是一种为了批判宫廷社会文明的政治策略（Bernal，1987，p. 172）。"尊贵的野蛮人"是与宫廷社会截然不同的事物，而且并不代表对欧洲社会的根本批评（Woolf，1992，p. 80）。

启蒙运动为新的世界文明架构奠定了基础。通过解放受基督教世界观之传统限制的人类想象力与科学，启蒙运动试图开创出建立在工业资本主义基础上的、世俗化的新历史哲学的支配地位。新的西方理性主义理念并非是后形而上学的。绝对的价值并未被抛弃，只不过是因世俗化而显得唯物了。在圣西门与孔德（Auguste Comte）等工业社会先知的笔下，这些理念有着近似于资本主义现代性的神秘感。这些新理念中持续最久的，就是进步与文明的概念。这是一种特别欧洲式的概念，完完全全与世界观更深层地根植于过去的民族格格不入，例如中国人（Marcus，1961，p. 134）。进步的理念，根据伯利（Bury）的研究，是"启发和操纵西方文明的理念"（Carr，1964，p. 112）。它在19世纪晚期资本主义社会的巨大结构中，找到了最提纲挈领的表现方式之一，也就是万国博览会、各式教堂与歌剧院（Greenhalgh，1988）。

---

　　*　如孟德斯鸠的《波斯人信札》。——译者注

发明欧洲

启蒙运动的偏见之一，在于相信东方是一片单纯之地。当欧洲代表进步与文明的时候，在东方则可以找到人性的伤感与天真。东方因此代表着西方已克服的事物。东方是不成熟、幼稚的以及对于进步是天生无能为力的；它是停滞的，缺乏创新与合理性。异国情调与进步背道而驰（Rousseau and Porter，1990）。当然欧洲不想要东方进步。这样的理念只是作为欧洲自我认同的扭曲镜像罢了，是一种阐释文明的话语的陪衬。

18世纪时欧洲已经不再畏惧伊斯兰教世界。恐惧不再，轻蔑便继之而生。至此唯一赢得西方尊敬的国家，就是中国，尽管是有限的（Davies，1983）；埃及受到的尊敬可能稍稍逊色一点，它的文化是共济会的核心。反对埃及与抵制共济会是无法分割的（Bernal，1987，p. 161）。对高等文化的尊崇，培育了自然而然的对低等文化和非欧洲文化的轻蔑。资产阶级气质与资产阶级的文化主张，对无产阶级大众文化的亚里士多德式的蔑视，在欧洲主义的种族主义概念中找到了其自然的发泄管道。新的态度是自视甚高的仁慈和居高临下的干预。如果说恐惧的元素仍在，那也是惧怕欧洲内部那些军国主义势力正在增强的敌人。欧洲各政权经常在亚洲或非洲的殖民地竞赛中彼此对峙。举例来说，英国人对近东感到忧心不是因为后者本身的威胁，而是担心它可能成为法国的同盟（Daniel，1966，p. 175）。所谓"黄祸"亦然，其实是害怕俄罗斯在征服中国的过程中胜过西方（Kiernan，1969，pp. 170–171；Gillard，1978）。

潜伏在这些关于东方的看法之下的，是18世纪时的穆斯林东方，特别是奥斯曼帝国，不再是西方势力的军事威胁之事实，实际上后者正在垂涎前者的领土。浪漫主义强化了欧洲理念，而东方则成为向往着充满浪漫情怀的遥远之地的表达方式。例如施利格便相信东方文化要优于西方文化，因为它没有物质主义的贪婪。浪漫东方崇尚的也是一种反制古典主义的表达。浪漫主义者拒绝他们那个年代的理性主义，因为他们在东方的印

110

象中看到了更加怀旧的情怀。19世纪时的东方，在寻求从他者身上找到自己的西方浪漫主义那里，成为一个稳固的主题（Sievenich and Budde，1989）。渴望远方是浪漫主义中一个根基极深的中心思想。印度，在英国的浪漫想象中尤其是重点主题（Parry，1974）。专制和异教徒的古老土耳其神话，让位给了更浪漫的图景。一个较晚近的发展是由劳伦斯（T. E. Lawrence）所树立的神话，关于自由恋爱的阿拉伯人与专横土耳其人之印象的对比。当然，这是英国为了争取阿拉伯支持以对抗奥斯曼帝国的策略（Nasir，1976）。土著人自由恋爱的神话完整地表达出被征服的人民无法自我治理这种维多利亚时期的父爱主义（paternalism）。

但激励着浪漫主义异想天开的并不总是对天真的渴望，还有欧洲内部对革命趋势的反动。革命意识形态——激进民主、自由主义、无政府主义与社会主义——正在改造旧政权的欧洲。东方的想象提供了反革命战略所迫切需要的聚焦点。再者，欧洲对于东方的着迷，很大程度上是权力关系的表现：权威与无力的对比凸显了两种世界观互动的基本结构。东方表现为虚弱，而西方则是支配的态度。大国为弱国感伤，而非为其竞争者感伤。这可在西方对东方的描绘和"尊贵的野蛮人"神话中看出。"土著人"是简单价值的化身，只要细心地驾驭，这种价值便可让西方文明持续下去。对原始的崇拜表现为抽象的自由理想，这变成了资产阶级意识的核心成分，而且这不只是作为文明的另一种选择，更是对抗社会主义和激进理念的便利工具。它也能被当作反犹主义的有效工具（Kiernan，1969，p. 173）。

中世纪所描述的东方，强调其专制和残忍的特质，而启蒙运动和浪漫主义的建构物则倾向于着重叙述东方受奴役的状况和其天真的性质。这并不令人惊讶，因为中世纪的穆斯林东方是世界强权，但18世纪和19世纪时却因欧洲的征服而门户洞开。东方只有在屈从于西方时才是尊贵的，一旦东方对欧洲文明不再是主要威胁时，它便被浪漫化了。拿破仑对埃及的侵略开启了对东方的浪漫想象，而且正是在法国，对于异国风情的狂热随着沙发床、伊斯兰头巾、香水、地毯、烟草和鸦片逐渐广受欢迎而变得坚定。欧洲对东方的了解日益增加，也促使它发现了异国的精神形式，像是佛教或对个人灵魂的崇拜，这点让乏味的维多利亚世界得到了喘息。维多利亚时代的人在圣地寻求重新发现基督教发源地，这与那个年代对宗教的专注有关。埃及学、古物研究与慈善考古学，重振了对古代文明的研究。但这纯粹只是父权式的科学好奇，因为就像波诺（Bernal，1987）所说的，正是此时，欧洲人致力于编织希腊文化的起源是欧洲，而且完全不受埃及影响的神话。上层阶级在温暖气候中过冬的风俗，和维多利亚时代的人对旅行及收集异国物件的嗜好，将东方建构成一种话语体系，在其中，西方文明的一致性和凝聚力被置于新的层次。欧洲对东方逐渐增加的兴趣，并不意味着接受非欧洲世界的生活方式。欧洲与东方真实的相遇，仅局限于肤浅的和浪漫的追求。对东方衣着、食物和家具的接受，以及西方思维被东方美学的魅力所吸引和对其科学的好奇心，表明西方对东方的接受程度要比一种选择性吸收的过程来得低（Panikkar，1953；Todorov，1993）。

构成这些发展的基础，是相对新颖的关于文明的理念。

文明与文化

文明（civilisation）概念首次用于18世纪晚期，尽管该词的动词文明化（civilise）与被文明化（civilised）早已存在（Braudel，1980；Williams，1976，pp. 48-50）。它起初是在18世纪60年代时，通过"哲学家

们"*进入法语词库的，这对他们来说标示着理性的进展（Woolf，1989，
p. 96）。相较之下，被文明化的理念更加涉及社会行为——资产阶级的礼
貌准则——而非社会本质。创造文明化的理念，意味着某种比个人行为更
加广泛流行的东西。文明化是社会、道德与知识的进步。法国大革命将
这种奠基于理性法则的文明社会的意涵具体化了（Bauman，1985）。然
后，时间来到19世纪中叶，文明（civilisations）的理念出现了，谈论"文
艺复兴文明"或"罗马文明"成为可能。文明得以存在于时空之中。这个
文明理念也取代稍早文艺复兴时期的文明（civilita）概念，后者起源于西
塞罗（Cicero）的公民社会（societas civilis），指的是公民的公民责任。
这个概念被转换为市民社会（civil society）之理念，即资产阶级社会，它
也被表达在公民政府之理念和早期的公民身份概念中。

　　然而对德国人来说，本质上属于心灵生活的文化（Kultur）理念，
优先于意味着物质生活的文明，对英国人与法国人而言，文明的理念并
不必然指涉某种比文化次要的东西。尽管如此，浪漫主义运动还是成功
地把文化提升到与现代性的唯物特质关系密切的文明之上。根据埃里
亚斯（Elias，1978；Mennell，1989，pp. 35–36）之研究，德国的文明
（Zivilisation）是起源自礼貌的概念，仅意味着外在行为，并且次于文化
（Kultur），即心灵生活。文明是宫廷与乏味的公共仪式之表现。文化
（Kultur）与新的资产阶级知识阶层的关系要密切得多，后者设法将自己
与法语系的廷臣区分开来。法国大革命后，文明理念开始与法国和西方紧
密相连，而文化（Kultur）则开始意味着某种特别与德国有关的东西。

　　虽然二者在很大程度上是可互换的，但"文明"一词更适合用在当
提到的是欧洲的全体之时，而"文化"则经常指涉知识上的成就。就资产
阶级的高等文化意义而言，文明一般被视为是以文化为基础的。无疑，这

---

　　*　哲学家们（philosophes），亦有炼金术士之意。——译者注

就是欧洲人把非欧洲文化视为次等，且等同于庶民大众文化的主要因素之一。对启蒙运动而言，文明与自然是截然不同的。

19世纪，"文明"一词指的是欧洲文明，而"文化"则意味着非欧洲文化。亚洲与非洲是"文化"而欧洲是"文明"。在那时的英语意涵中，文明概念要比作为复数形式使用的文化来得优越，且传达着非常强烈的欧洲中心论意涵。文明代表着秩序与道德，而非洲则代表着混沌、黑暗与难以理解的神秘。所以我们可以说，文明的概念，以及其起源自文明化的行为之意涵，在一个更宽广的范畴中被合理化了，从个人行为转移至国家，并且与资产阶级的进步概念结为连理（Kuzmics，1988，p. 152）。文明变成欧洲中心论所独有，也可以被利用为反犹主义的工具。值得注意的是，文明概念就像欧洲理念一样，经常意味着法国的理想：文明的进步与法国同其他欧洲竞争者争夺霸权的对抗紧密地连接在了一起（Woolf，1989，p. 119）。然而总的来说，文明概念变成了一种尺度，所有国家都可借此被分类为"文明的""野蛮的"与"未开化的"等层级（Gong，1984，p. 55）。

非欧洲世界并没有欧洲意义下的文明概念。对古典阿拉伯地理学家来说，甚至连地理上的欧洲概念也不具太大意义，他们用的是伊朗的世界七块论之概念，而非三座或四座大陆的托勒密体系（Yapp，1992，p. 139）。既然地球是圆的，那东方与西方的概念就完全是相关的了（Lewis，1985）。欧洲的近东就是我们所谓远东的西方。这种相对性在"马格里布"一词的意义中有所诠释：对西方而言，它只是东方的一部分，尽管在地理上它涵盖了阿拉伯的北非区域，因而在地理上是欧洲南方；但对近东而言，该词实际上是意味着西非。地理学的政治化在把摩洛哥归于东方的一部分时特别明显，然而它实际上的西化程度比西班牙还高。而对中国人来说，西方概念意指印度与穆斯林亚洲。西方的霸权，是通过凭借自己的想象来建构世界的能力达成的。这种欧洲中心论的最久远的明证之一，就是制图学（Rabasa，1985）。我们对于地球的认知，是由16世纪的德意志制图者麦卡托（Mercator）所塑造的，欧洲中心论可从他对世界的描绘中对北半球的过程强调而得到印证。甚至时至今日，尽管有了其他类型的制图学，这种古老文艺复兴时期的模式仍占有主宰地位，这就是欧洲民族－文化主义长久以来的权势的证明。

欧洲与白人的重责大任

19世纪时，展现欧洲中心概念的新神话诞生了，也就是东方需要西方来让自己苏醒。这构成了下列信念，东方的原初精神已递交给了西方，后者如今之责任便是要将该精神重新导回前者。东方被想象成濒死的文化，需要西方的介入以恢复它那失落的文明。这就是帝国主义盛期的桂冠诗人吉卜林（Kipling），在其名诗《白人的重责大任》中所颂扬的理念。它的基本信息是，欧洲是理想的文明世界，其历史使命是使这世界变得文明。在吉卜林所诠释的，包括美国人在内的盎格鲁－撒克逊种族之神话中，他们是最适合承担文明之责的。这首写于公元1899年的诗，事实上是递给美国人的，叫他们接下这道帝国主义战书。从进步史观来看，进步理念允许欧洲得以主张自己比东方优越：文明的等级是根据线性的进步而定的。非欧洲世界被视为是曾经的欧洲；因此它既可以被浪漫化，也可以被摒弃。印第安人、非洲人与东方人都被看作是欧洲的过去，而欧洲的帝国主义使命即为担起文明的责任。为了解释其中明显的反例，像是摩尔文明，欧洲历史学家于是假定，他们起源于高加索人种或者是欧洲血统注入的结果，以便解释非欧洲人的成就（Sertina，1992，p. 21）。欧洲意识的核心是关于历史的哲学神话，这种神话通过把西方标准树立成普遍性准则，来评价其他社会。

这些欧洲文明具有道德优越性的观念，成为殖民主义在意识形态上的正当理由。非洲人的品行唯有通过他们与欧洲主人的接触才能得到改进，这种信念是被广为宣传的。奴隶制甚至被认为是救赎非洲的方法，因为这种制度可以使非洲了解基督教与文明（Hammond and Jablow，1977，p. 23）。就算是废除奴隶贸易的主张（自从发现新大陆以来，它导致了大约150万非洲人横跨大西洋）也都是在强化非洲需要欧洲文明保护的论点：要是没有欧洲的话，非洲就会像个小孩一样迷失在暴风雨中。在印度，为了寻求印度社会的转变，从托利党到自由党的政策转型过程，也增强了欧洲帝国主义的文明化理想。

把欧洲视为文明和进步的仓库的观念，成了帝国主义及消灭其他文化的主要的合法性来源：优越的白人相信他们具有被赋予的神圣权利，为了弱者和劣者而担起责任。东方被诠释为一种堕落的文明，而那文明的继承者则是欧洲基督教人文主义。东方被描绘成腐化、落后，以及次于西方的文明。东方也代表着对西方的威胁，并且被认为是充满黑暗与神秘力量之地。例如，非洲便被叙述成"黑暗大陆"，但这是一种需要英国治理和英国价值等文明之光的"黑暗"（Hammond and Jablow，1977，p. 23）。"亚洲特色"概念的发明，同样表现出优越文明的沙文主义态度。东方人被理解成天生就爱搞内斗、拒绝自由与独立，这些被描绘为亚洲特质中的负面成分。欧洲沙文主义的根源是种族主义教条，这种教条坚持认为，即便非洲人与亚洲人都改宗为基督徒，他们仍旧是有缺陷的，因为更高等的种族是白人。

在帝国主义的年代里，作为基督教文明的欧洲认同，要比在启蒙运动时更为广泛传播。19世纪基督教认同的再发现，是18世纪斗争的结果。正是在与非基督教文明的对抗中，欧洲试图建立起霸权的基督教认同。通过把东方描绘成道德上倒退的，基督教西方便能将帝国主义的驱力及其关于道德和宗教的主张合法化。表面上，这是与伊斯兰教抗衡，但实际上，帝国主义国家真正的兴趣，是利用其来维持稳定，并将伊斯兰教作为堕落民族的宗教来充分发挥。

借福音宣教而重生的十字军理想和罗马天主教，在19世纪下半叶为新的欧洲帝国认同献出心力。自基督教于公元1世纪传布以来，19世纪是最辉煌的百年，其传播则确保着"基督徒的依法行事之欧洲"的传布（Roberts，1978，pp. 51–52）。相较于1816—1845年间的40种圣经译本与1846—1876年间的74种，1876—1902年间则共有119种译本。非洲的清教布道所数量在1886—1895年间是23所，也就是10年前的3倍左右（Hobsbawm，1991a，p. 71）。这解释了我所谓再基督教化之过程的基本面向之一：现代化与之一同到来。

基督教是救赎的宗教。借由"人之堕落"（Fall of Man）的神话与通过耶稣基督受难的救赎许诺，主张堕落的人性可以得到拯救。这是基督教的基本教义，而且正是这样一种具备终极真理的信仰，直接参与了帝国主义的计划。当欧洲政权努力聚积广大的海外殖民帝国时，西方的基督教人文主义认同也发展出前所未有的明显的种族特色。达尔文的进化理念与启蒙运动的进步格言携手，为欧洲人种霸权的新理念提供了基础。

社会达尔文主义，或是社会进化论，基本上是将达尔文的理念应用到社会之中，为维多利亚时期根深蒂固的进步意志和道德完善的理念提供了基础。这个时期的帝国主义者，将社会和种族的不平等视为物竞天择的结果。"适者生存"理论为了将帝国主义、阶级统治和贵族特权合法化而有所修改。帝国主义意识形态的合法化，表现在权力和权威的语言里。"臣属种族"的表达方式进入了语言之中，而基于肤色的种族差异理念也变得牢不可破。"殖民地的"和"原始的"人民与生物学上的次等范畴被联系了起来。

披着返祖神话外衣的种族语言，成了19世纪以降欧洲认同的核心成分（Miles，1989；Huttenback，1976；Curtain，1964；Nederveen Pieterse，1992；Walvin，1973）。就是种族，而非语言与宗教，在19世纪让欧洲成为一个整体（Poliakov，1974）。基督教会修正了起初对进化论的敌意，后者赋予了宣教十字军合法性（Cairns，1965，p. 154）。"种族"一词早在1508年时，在公认《圣经》是世事之权威的知识背景中进入英语之中（Banton，1987，p. 1）。把原始族群从异端与异教中救赎出来，被认为是理所当然的正当理由，但实际上，这却是欧洲文化的霸权。在教会和家庭制度中，种族语言得到了属于自己的词语。当社会达尔文主义的理论经优生学修正，为种族主义提供知识上的合法性时，正是基督教人文主义的意识形态，提供了一个促使人们从种族优越性角度进行思考的框架。教会和家庭，这两和资产阶级用来进行压迫的基本社会制度，让关于权力和权威的话语成为可能，而权威则是以关于等级、依附和控制的父权制概念为基础的。英国对仁慈改革和知识控制的着迷，使自己与种族优越性的观念相当契合。于1900年时占有全球四分之一面积，并且约有4亿人口的大英帝国，被视为促进文明的必要手段。人类学，即"原始的"人的科学（与社会学及东方主义相对，社会学是关于先进社会的科学，而东方主义是关于异国东方的科学），是其中一种手段，西方企图借此对非欧洲文明施行知识上的支配。

欧洲的神秘及其文明神话，对殖民地精英特别有吸引力。在印度，有一小撮人，约6000名公务员，在约莫7万名且绝大部分是从爱尔兰征调来的军人的协助下，统治着将近3亿印度人（Hobsbawm，1991a，p. 81）。帝国理想和欧洲文明的神话是将殖民地驻军与母国联系起来的重要环节。两者间唯一的纽带是共同的祖先、共同的起源与共同的语言（Arendt，

1968，p. 181）。前往印度和获得白人主人身份的意识，对大部分中产阶级而言是追求荣誉的唯一方法。这对于在非洲的白人殖民者同样也是事实，尤其在南非布尔人所建构的关于欧洲文明的概念中得到了证明。文明与野蛮对立的神话，是南非白人受困心态的一种主要成分。几乎没有国家具有比南非更强烈的"欧洲"认同。

记得这点相当重要：无论是在印度还是在中国，分裂普遍存在于欧洲人与当地人之间，而不是特定国籍的人士与当地人之间。尤其重要的是，殖民地驻军代表了欧洲之整体，并且超越了欧洲内部的国家敌对（Hammond and Jablow，1977，p. 82）。殖民地的布道往往是国际性的冒险，这也协助形成了欧洲意识（Kiernan，1980，p. 43）。而且，在非洲，处于危急关头的不仅仅是英国一国之霸权，更是整个白人霸权。跑去殖民地的欧洲人，能够以在家乡所无法行使的权力尺度来行使权力，即使他们明白自己是英国人、法国人或德国人，但在殖民地人民的眼中，欧洲国家间只有细微的差异（Hargreaves，1982）。语言同样也扮演着在殖民地形塑欧洲意识的角色，欧洲语言是带着欧洲观念的（Roberts，1978，p. 52）。印度的高级俱乐部不只是对英国人开放，还开放给了欧洲人（Panikkar，1953，p. 494）。这些例子都说明了，导致欧洲文明理念得以成型的大部分宗教和道德热情，都是在殖民地中被塑造的。在此，欧洲主义的神秘性质便被安置在所有欧洲的阶级和国籍中，并有助于把殖民地的公仆、军人、官员连接进一个通过种族来团结的道德共同体。

但为何欧洲认同是如此深陷于种族主义的优越性神话呢？我认为这可以从种族主义的核心特征中得到解释。我想简单地把种族主义定义为：拒绝承认自身也是他者中的一员，他者因而就具备了被化约成自然的状态。欧洲文明的历史证明，想谈论明确的欧洲文明之整体，只有通过无视"非欧洲"成分，特别是在来自于东方与犹太人之贡献的情况下，才有可能。

但是上述这些成分之所以是非欧洲的，是因为强势文化有着把欧洲主义意识形态构建为一种根源于自然的文明神话的能力。

结论

种族主义并不是什么欧洲主义所附带的东西，它位于欧洲认同核心中的核心。欧洲认同是从暴力和殖民主义中显露出来的。通过其帝国主义面貌，欧洲得以对世界展现一致的认同。这相当强而有力地说明了外人或永恒的他者所扮演的角色，之所以永远维持他们的存在，是为了否定他们。在欧洲与东方的关系里，二元论被建构出来，其中欧洲的霸权身份可以始终持续代表着自由、进步、文明和基督教人文主义。与欧洲的霸权身份及其存在条件相对的，是原始人的概念、专制又神秘的东方、落后和衰退的文化，以及尊贵的野蛮人。

第六章　欧洲认同的危机

中欧的出现与法西斯主义

理论观点

本章主要处理中欧（*Mitteleuropa*）问题。这个变动不居的概念已被普遍认为不仅能应用在地区上，也可用于文化政治的理念上。这个词表明某种比欧洲理念更意识形态化的东西。今日有种想要复兴中欧（Central Europe）理念的强烈趋势，该理念被视为该区域真正的历史遗产，而这个区域，自二战以来就以"东欧"（Eastern Europe）之名为人所知。根据这个观点，中欧（*Mitteleuropa*）是一种解放的理想，并使人联想到有别于共产主义及其多余的建构物即东欧之外的另一个选择。

本章关注作为政治计划的中欧（*Mitteleuropa*）之起源和诞生，并主张实际上该理念无法简单地与反犹主义、泛日耳曼主义的反动政治和德意志扩张主义之幽灵区分开来，它们在中欧的结构形成阶段与其有着密切的关联；也正是构成中欧（*Mitteleuropa*）的这一串政治力量，最终产生了欧洲法西斯主义。我的意思是，中欧（*Mitteleuropa*）是一种蒙昧主义的观念，也是一种带有感情色彩的、关于一些可疑价值的历史经验范畴。

本章因此关注身处第一次世界大战所创造之氛围中的欧洲理念于20世纪的起源，以及随之而来的民族国家建国计划。1919年，中欧政权遭到瓦解，一连串新的民族国家在紧接而来的政治真空中出现。十月革命是战后重建计划幕后的决定性事件。徘徊在遭战争撕裂的欧洲舞台上，共产主义赋予了西方自由民主制度强而有力的、统一的焦点，这超越了传统的国家对抗。随着"崇高之门"的崩塌、逊尼派（奥斯曼土耳其）帝国的罢黜和最后一任苏丹的遁逃，土耳其实质上已不再是西方数百年来想象中的东方专制主义，并且在1923年后变成了世俗的欧洲共和体制。并未被强国击败的俄罗斯则取代衰落的奥斯曼之席位。共产主义取代了伊斯兰教，扮演着敌人的角色。

本章的核心焦点之一是，在第一次世界大战重建背景下的欧洲理念，与在前中欧帝国的疆域上强制建立民族国家的企图有着极为密切的关联。以由种族定义的民族国家为基础来创造和平的欧洲秩序，这件事情的不可能性导致了欧洲理念的挫败。这已是欧洲史上的事实，即每个想要在一段重大分裂的时期统一欧洲大陆的企图及其解决方式，甚少能禁得起时间的考验。事实上最终能支撑住欧洲理念的，是共产主义。

最后，要讨论欧洲理念与法西斯之间的关联。第二次世界大战后的欧洲理念，与通过经济跟政治之配合重建的后法西斯主义，关系十分密切，它也是设想着的欧洲新秩序之法西斯主义政治议程的基本组成部分。

我的目标是要证明，在提供一个有能力将互相敌对的民族国家整合为一个庞大政体的文化框架方面，欧洲理念是失败的。国籍原则（principle of nationality）与欧洲理念间缺乏一致性的结果，使得后者陷入各种认同计划的窠臼中，这与战争意识形态有着矛盾性的关系。中欧（Mitteleuropa）的意涵是德意志扩张主义者所使用的认同计划之一，作为意识形态工具，以确保扩张意识强烈的德国的想象之中的欧洲之统一。因此我们可以了解到，欧洲理念如何从19世纪权力平衡体系中，作为维也纳体系的规范性成分，在紧接而来的第一次世界大战和俄国十月革命中，演变为资本主义用来对抗共产主义的堡垒，以及凡尔赛秩序的调节性理念，这使民族国家体系得以诞生。

中欧（*Mitteleuropa*）的创造

中欧之意涵是无法适当翻译的。英文的中欧（Central Europe）并不能传达与德文的中欧（*Mitteleuropa*）相同的内涵，后者表达出某种历史的谜团。德文的中欧也传递了一种英文所没有的理念意义或文化民族精神。作为文化概念，它与19世纪末的维也纳以及奠基年代*的柏林可说是紧密相依的，并且于20世纪初期，在德国与奥地利的领导下有计划地设计的一致性的中欧秩序中，这个词语得到了自己作为政治理念的最著名的形式，它也与泛日耳曼运动的野心紧紧连在了一起。尽管绝非只是战争意识形态，但与和平相比，它还是比较靠近战争的。中欧在本质上是有争议的概念，被称为"一个尚待解答的问题与未解之矛盾的广袤疆域"（Epstein，1973，p. 67）。

中欧不只指涉着被描述为坐落于西欧之东与东欧之西、不断变化之地区的地理表达方式，它还是与认同建构计划有关联的政治意识形态。作为政治的建构物，中欧或许可以说早就出现在与拿破仑治下之欧洲的对抗中，并代表着某种反欧洲的理念。的确，自维也纳会议中脱颖而出的扩张的普鲁士，是被规划成介于法国与俄罗斯间的反革命堡垒。拿破仑的欧洲是基于共和民族主义的革命理念，然而中欧的政治文化仍是复辟旧政权之中的一处巨大关隘。

在普鲁士通过1864年普丹战争、1866年普奥战役，以及1871年普法战争实现德国统一之后，欧洲的重心便转移至德国。欧洲与中欧的联系变得十分密切，而且每件事都会跟德国的扩张扯上关系：东方政策（*Ostpoli-*

---

* 奠基年代（Gründerjahre），指1871—1873年的德国经济繁荣时期。——译者注

tik）、向东扩展（*Drang nach Osten*），以及生存空间[*]。当1871年，由普鲁士领导成立了德意志第二帝国时，原先的重大分裂发展成了欧洲认同。我们可以说，存在着两种不同历史脉络的欧洲：一种是作为法国大革命产物的欧洲，另一种则是作为反革命产物的欧洲。这个二元论反映在1815年维也纳会议后，拿破仑的莱茵邦联之解体以及德意志邦联之成立。在德国和奥地利，蒙昧主义的反革命传统于1815年后居于主导地位，而法国大革命的遗绪在欧洲其他地区仍是相当强势的。即便在拿破仑最后败亡后，《拿破仑法典》依旧是莱茵河以西的欧洲政治文化的主要成分之一。

从俾斯麦于1890年从普鲁士首相的位子下台开始，到纳粹德国在1945年遭击败为止，欧洲理念越来越跟中欧（*Mitteleuropa*）意涵绑在一起。这是在它相对短的寿命中，作为一种政治理念与政治计划的巅峰阶段。这是个高度争议的概念，而且对于到底是什么构成了中欧，以及它是如何被调动为政治计划的，并没有一致的看法。把中欧纳入势力范围内的两个主要竞争者是德国跟哈布斯堡王朝。"中欧政策"（*Mitteleuropapolitik*）在威廉二世治下有所发展，而他的主要目的是让德国成为拥有能够跟英国相媲美的海外殖民地之帝国。这种世界政策与中欧政策发展到了一种相互矛盾的程度，尽管前者（即帝国主义政策）显然是重要得多，在时序上也先于后者。中欧的扩张政策，也就是中欧政策仍未实现，但却作为民族愿景而持续存在，并为德国在欧洲扩张的合法性提供了意识形态的工具。

绝非只以战争为目的的中欧政策，其起源大约是在1850年，当时关乎的是经济统一的问题，并且总体来说得到了人民的广泛支持，尽管这个词直到第一次世界大战为止都没有共通的用法。即便德国民族主义者试着把该理念上溯至加洛林帝国，但到现代之前它仍是不为人知的

---

[*]　生存空间（*Lebensraum*），1897年由德国地理学家拉采尔所提出。将国家模拟为有生命的有机体，如同生物一样，需要一定的"生存空间"，健全的国家通过扩张领土来增加生存空间是必然现象。——译者注

（Okey，1992，p. 106）。该理念最早的表述之一，是约瑟夫·帕奇（Joseph Partsche）写于1904年的著作《中欧》（*Mitteleuropa*），该书构想了一个从奥斯坦德[*]到日内瓦，终于黑海的大德国（Meyer，1955，p. 110；Droz，1960；Sinnhuber，1954）。中欧理念因弗里德里希·李斯特（Friedrich List）之缘故而在1914年时广为人知，对他来说，它还包括了低地国家。李斯特研究了德国移民至东南欧与近东的可能性，并评估其费用可能是德国殖民者前往美国的十五分之一（Meyer，1955，p. 13）。该理念稍后在弗里德里希·瑙曼（Friedrich Naumann）的名著《中欧》（*Mitteleuropa*）中得到了提倡。瑙曼详述了以德国和奥地利的统一作为泛欧洲秩序之基础，而该基础则建立在联邦制超级大国、经济上完全整合以及被关税壁垒围绕之上（Naumann，1942，p. 119）。

泰勒（A. J. P. Taylor，1988，p. 192）主张，欧洲理念是罗马天主教浪漫主义与泛日耳曼利益结合的产物，并包含着把波兰从俄罗斯手中解放出来的企图。中欧是东方新生的泛斯拉夫主义和西方自由民主主义之间的反革命碉堡。的确，中欧的传统使得"西欧"的概念变得疑窦重重。

虽然中欧理念跟反动的蒙昧主义有很大程度上的关系，但马克思主义者也将它用在不同的目的上。例如，卡尔·雷纳（Karl Renner）将中欧视作包括巴尔干半岛、土耳其、甚至波斯的巨型经济体。对他来说，区域越大，国际社会主义成功的机会就越大。对左翼而言，中欧带来的是1918年旧帝国垮台后，使原先的省份在后帝国时期统一起来之许诺。新的秩序被设想成多国的中欧国家体系（Meyer，1955，pp. 156 and 181）。再者，中欧理念表达了有别于当时正横扫中欧的民族主义浪潮的选择。然而总的来说，社会主义者诉诸的并不是欧洲理念，而是构成于1889年成立的第二

---

[*] 奥斯坦德（Ostend），比利时西佛兰德省城市。——译者注

国际工人联合会*之基础，与稍后1917年由列宁在莫斯科所创设之"第三国际"的国际主义原则。与关于欧洲的整体概念不同（无论是其中的泛欧洲主义还是中欧），国际主义则是建立在无产阶级与社会主义团结之上的革命理念。正逐渐显露的国际法概念中所反映出的国际主义理念，也是跨国理想的一个有趣例子，可以与较为蒙昧的中欧理念以及泛欧洲主义形成鲜明对比。尽管如此，欧洲理念对诸多共产主义者，例如罗莎·卢森堡（Rosa Luxemburg）而言，是有别于民族主义战争精神病（war psychosis）的另一条路径。托洛茨基（Trotsky，1971，p. 26）在1926年的一场演讲中提到，在一个"统一的欧洲"中，"欧洲与亚洲的劳动者将会牢牢地联系起来"。

经过适当提炼的欧洲理念，对德国人更有吸引力，他们的国家被理解为仅仅以文化国家之姿态存在，而非民族国家。甚至在1871年第二帝国建立后，德国也仅是以扩大的普鲁士之姿态出现。德意志民族国家与德语系人民共存的观念，在1866年普鲁士战胜奥地利后便随之作古了。德意志的民族认同因而无法聚焦在现存的国家上，因为这个国家无法含纳全部的德意志民族。当民族主义古老的自由原则被晾在一旁，1871年所统一的，就只是个"小德国"（Little Germany）。第二帝国的认同更多的是建立在蒙昧主义的帝国（Reich）与民族（Volk）之理念上，而非民族认同之上（Dann，1993）。1866年，这一年见证了已不再起作用的德意志邦联之解体，一年后奥地利选择了折中方案，亦即在与匈牙利一起建立二元君主制方面达成妥协，马扎尔人成为帝国中最具势力的非日耳曼居民。对德国来说，要以民族国家之姿存在，第一步是必须成为帝国。中欧理念作为一种欧洲理念的吸引力由此而来。其他的强国，如法国与英国，早就作为中

---

* 第二国际工人联合会（Second International Working Men's Association），即第二国际。——译者注

央集权的国家而长期存在，它们的民族认同并不需要靠欧洲内部的领土扩张。但德意志的历史共同体与霍亨索伦王朝（Hohenzollern）和哈布斯堡王朝并不一致，后两者在19世纪晚期时便已踏上各自的道路*。西欧强权拥有非欧洲的帝国，而德国与哈布斯堡王朝基本上则是欧洲领域内的帝国。德国主要是德语系民族的帝国，而哈布斯堡王朝则是多民族的。借由中欧理念，德国迈向民族统一之路呈现出超国家的范围。因此，欧洲问题的主要面向之一就是德国，只要它仍是无解的，欧洲就一直会是有争议的议题。

德意志在19世纪晚期的民族觉醒，涉及一种诉诸查理曼欧洲之精神的历史使命感。许多德意志民族主义者将欧洲视为一种德意志民族性（Deutschtum）的表达，如此一来，公元1890年后，欧洲统一的幽灵便和德国扩张的想象如影随形了。举例而言，甚至连社会学家韦伯也认为德国文化的特殊使命是"居于盎格鲁－撒克逊唯物主义与俄罗斯野蛮主义之间"（Treverton，1992，p. 175）。这是20世纪初期普遍趋势的部分表达，那时的欧洲强权们因为内政，培植了社会帝国主义的政治战略和意识形态，使得民族国家借此有了帝国身份：因而才出现了大不列颠（Great Britain）、海外法国（France Outre Mer）、大意大利（La Grande Italia）与大德意志（Grossdeutschland）。

到目前为止，我已讨论了中欧背后的德国野心，而未研究奥地利的重要性。中欧理念在奥地利是相当受欢迎的，在德国统一之前的时期，奥地利方面试着利用该理念，把它作为哈布斯堡王朝合法性的历史神话。中欧理念完美地阐释了二元君主制下的共同家园，把奥地利和匈牙利结合为单一的巨型集团。中欧意味着对于前革命时期之欧洲的怀旧，也是逐渐式微的帝国秩序之呈现方式。除了它与反动和怀旧之关联外，中欧的蒙昧主义

---

* 前者的威廉一世成为德国皇帝，后者与匈牙利建立二元统治。——译者注

理念也有着强烈的反共产主义偏见。隐藏在如中欧和泛日耳曼主义这种纲领性理念背后的，是接管崩塌中的奥斯曼帝国各省之野心，奥斯曼帝国此时正作为列强间平衡体系中的政治权宜之计而存在。

然而，哈布斯堡王朝没有办法继续竞夺中欧，并且，随着该帝国在1918年的消逝，德国成为中欧的主要竞争者。20世纪30年代与40年代时，泛日耳曼理念取得了重要地位。哈布斯堡王朝的中欧比起大德意志或泛日耳曼理念而言要更为狭隘。它局限于哈布斯堡帝国的多瑙河盆地一带，及其治下的北意大利、捷克斯洛伐克的一部分和巴尔干半岛。这是弗洛伊德、卡夫卡、斯韦沃（Svevo）与穆齐尔（Musil）曾探索过的，属于衰退中旧政权的黑暗与不祥之世界，它于今日再度受到关注（Schlorske，1980）。19世纪末维也纳的神秘氛围，其美学与颓废的社会环境，以及哈布斯堡君主制的贵族文化，都造就了一场不朽之梦的兴起，也就是寻回往日的伟大。

中欧与更具同质性的西欧非常不同，它包括许多边境族群，其中包括了注意到自己于1918年以及1945年遭到孤立的德语群体。这些位于波兰、俄罗斯、匈牙利、捷克斯洛伐克和北意大利的德语小圈子仍大声疾呼中欧理念，这对理应身处德国却在异乡之人有着特殊的吸引力，对他们来说，该理念可能激发某种民族主义的共鸣。

今日论及中欧理念的书籍汗牛充栋，证实了早已被重新创造成一种怀旧的，以及一种未来的潜在集体认同的中欧理念，有着历久不衰的吸引力（Schöpflin and Wood，1989）。但该理念事实上反映着民族主义，尤其是德国的扩张一定能给中欧带来稳定与认同这样的信念。当中欧在今日被认为是历史浪漫主义的解放理想时，对那个时代的人来说，它更近似于梦魇。如同霍布斯鲍姆（Hobsbawm，1991c）所指出的，中欧是危险的概念，我们不应忘记19世纪时，对于君主制的热情并没有今日那么高昂。

对那些活在压迫统治下的人来说，它可是以民族监狱（*Völkerkerker*）而闻名的，只有少数人会悼念它在1918年的消逝。没有一个中部或东部欧洲的国家会自认属于中欧——每个国家都在其他地方寻找它们的典范：例如伦敦或巴黎（Hobsbawm，1993）。必须牢记在心的是，在维也纳吸收了反犹主义的希特勒，是中欧病态的表现之一，这也造就了法西斯野心的兴起，例如多瑙河流域（*Donauraum*）或多瑙河－欧洲（*Donau-Europa*）这样的理念。因而我的论点是，中欧理念无法与法西斯主义和反犹主义分开。我认为今日这个词语的重生，与其说是与过去真正的妥协，倒不如说更象征着一种仅通过选择性地挪用来遗忘历史的策略。所以说，当民族主义因为一些小事而遭到批驳时，中欧却能在民族国家的暴力和共产主义的40年统治中，被认定为是无辜和无瑕的。作为有别于民族主义的另一种选择，以及遗忘过去的手段，该理念有甚为明确的优点。今日一如过去，该理念同样作为反共主义之理想。但这也掩盖了非常多的事物。就像今日经常声称的，中欧的精神并不是被苏维埃共产主义扼杀的，而是民族社会主义下的手。法西斯主义和反犹主义是中欧的产物，并创造了导致红军于终战阶段占领之条件。同样也是在那儿，对东部犹太人的狂热仇恨，呈现出史无前例和荒诞不经的样态。中欧的中心——奥地利，在大屠杀中扮演着与其人口完全不成比例的角色：奥地利人占了党卫军成员的三分之一，管理着三分之二的集中营，屠杀了600万犹太人死难者中的近半数（Johnson，1993，p. 499）。任何想要复兴中欧精神的打算，都必须面对这个残酷的事实。

欧洲的崩裂

没有任何关于欧洲理念的解释，可以忽略第一次世界大战对欧洲认同和欧洲整体的影响。这场大战实际上葬送了欧洲秩序的概念。1918年后的欧洲理念可能再也无法与之前相仿了。不同于以往的所有战争，第一次世界大战是场"总体战"，标志着工业社会永恒的战争经济之开端。自1914年以降，西方国家一直处于备战状态（Giddens，1985）。这场战争造成了800万人死亡、诸多帝国毁灭，1919年的战后总安排导致新民族国家的形成，而去殖民化的过程则实际上预示着欧洲作为奠基于权力平衡的联盟体系之瓦解。

第一次世界大战后，欧洲不再是世界政治的中心，重心转移至大西洋彼岸。在这场大战与紧接而来的国际金融资本转换之后，美国取代了欧洲，并挤下英国成为世界第一的债权国（Gilpin，1987，p. 309）。在这场战争的终末阶段，布尔什维克革命的成功将战争转变成西方资本主义政权对抗共产主义的斗争。在帝国军队不复存在后，苏俄于1918年3月，在布列斯特－立托夫斯克*宣布投降，改由德国在东欧发号施令。然而在这个阶段，英国、法国与美国的战争目标，还包括要遏止共产主义：共产主义将要在1918年时吞并德国并非不现实。苏俄在布列斯特－立托夫斯克的代表团由托洛茨基率领，为了试着引发国际性革命，他在那儿放弃了传统的外交原则（Carr，1979，p. 10）。中欧政权崩毁的情势导致了权力真空，使得共产主义运动能够出现在这块场域中，并取得这些坍塌中的国家的控制权。

战后与《凡尔赛和约》一同出现的新欧洲，是建构来对抗苏维埃共产主义的，后者声称世界革命是它的一项目标（Mayer，1968）。1918年后有两个世界相互抗衡：西方的资本主义自由民主主义与苏维埃共产主义。古老的敌人如今由对立的政治意识形态所定义。被视同是世界末日一般的

---

* 布列斯特－立托夫斯克（Brest-Litovsk），位于白俄罗斯靠近波兰的边境。——译者注

即将来临之革命想象，使得欧洲认同被塑造成对抗国际共产主义的反革命堡垒。然而，真相是，苏俄内战后的红军早已筋疲力尽，就算欧洲真的有任何一丝一毫遭共产主义推翻的危险，那也不会是红军干的。

战后泛欧洲组织的出现，反映着欧洲认同的转变（Pegg，1983）。当中最知名的，就是20世纪20年代由康登霍维－凯勒奇所建立的"泛欧洲"运动。美国及其联邦体制作为新欧洲的模型，一时间蔚为风潮。然而，主流趋势还是伴随着战后中欧帝国解体过程的建国计划。民族国家，相对于更具计划性的泛欧洲主义，被普遍认为最适合替代战败的中欧帝国作为新欧洲的基础。战后的组织，例如国际联盟与泛欧洲联盟，显示着欧洲帝国崩毁的结果，是诸多新国家的创造物。但是，新的国际主义精神更加反映着盛行的民族原则理念，而非以超国家联邦取代民族国家的激进欲求。

既是区域也是理念的欧洲，在1918年后跟战前有着显著差别。20世纪的欧洲是战争的产物，而非和平。战争是凡尔赛秩序的基础，事实上该秩序大约到第二次世界大战后都未曾变动。1945年后的欧洲跟1919年的样貌，看起来没有根本上的差异。欧洲历史上任何一个时期所建立的国家，其数量都比不上1919年遭分割之后的奥斯曼帝国。尽管这个数量在1991年到1994年间因为更多的实质性的国家之形成而被超过，但其中有许多是一开始就建立于1919年的。1871年时欧洲共有14个国家，1914年有20个，而1924年有26个（Carr，1945，p. 24）。到了1992年，总计有54个。

在这些新国家中，有许多是"种族"国家，而不是民族国家，以语言作为种族性的界定特征。既然相互敌对的族群都在同一个国家里，"自决"原则就几乎等同于种族性的政治化。为了支持单一种族国家，早期的多民族原则便遭到否定（McNeil，1986）。顺着民族路线以创造新国家的计划，带来了种族－民族主义的断层线，从波罗的海延伸到巴尔干半岛，以及自高加索至近东。这点在南斯拉夫的案例中尤其显著，当地的种族冲突在以往的多民族奥斯曼帝国与哈布斯堡王朝中是被抑制的，如今则有了这样一个容器，得以酝酿新一波的种族民族主义。当旧民族主义越是被导向反抗帝国核心时，南斯拉夫建立之后所发展的新民族主义就越呈现为在新国家中族群紧张关系的表现方式。的确，在1919年所建立的新国家中，有许多是由上而下强加的民族主义产物，它们的出现普遍来说都没有激起人民多少骚动。在东欧，大部分的民族认同是在诸中欧帝国的省份中发展的。相比之下，西欧的民族认同则是普遍在现存的民族国家结构中得到形塑的（Mayer，1966）。当这些省份于1919年成为独立国家时，已经相对来说不重要的种族认同，便变形为更强而有力的政治认同。

创造新国家的行为，往往伴随着恣意划定边界，并会产生长期的族群紧张关系，这种紧张关系在欧洲边缘地区发展为新的民族主义力量（Hobsbawm，1992a）。问题在于，族群边界并不总是与国界相符。政治与种族基本上缺乏一致性，在东欧当代历史上是非常关键的一点。实际上所发生的是，经过倒退性现代化的民族认同，是从民族和宗教传统中逐渐形成的，后两者曾僵固了帝国的边界。问题并不在于新国家如此多的人工特色，因为所有的国家在某种程度上都是人为专断的，一如古代帝国那姗姗来迟的解体，以及辖下省份依民族准则转而建立新国家的过程。这无可避免地导致了人民大规模的颠沛流离和遭到屠杀之后果。从人口统计学来看，创造新国家而不产生大范围的人口动荡是不可能的。自1915年——当年土耳其人残杀了150万亚美尼亚人——以来，为了在东欧建立种族民族国家所付出的代价，就是人群的驱逐和屠杀。

此外，建立于1919年的新秩序，本身就包含了自我毁灭的种子。实际上已脱离了昔日帝国民族边境地带的国家结构，被证明是场灾难。以20世纪的长远观点来看，我们可以看到许多建立于1919年的国家，无法支撑到90年代初期苏联解体之时。波兰与匈牙利坚持了下来，波罗的海国家也重获了自主权，但捷克斯洛伐克跟南斯拉夫则分崩离析了。魏玛共和国是如何成为凡尔赛秩序创造欧洲长期和平及认同的失败缩影的，这一点就更没有必要指出了；而西班牙内战则揭示了一个被分裂成法西斯主义与民主主义的欧洲。

欧洲悲观主义

文明理念无法在20世纪里存续。19世纪末思潮的伟大题旨之一就是对文明的批判：正是文明造就了野蛮。启蒙运动的一切伟大许诺都被认为是失败的，欧洲的思想也弃文明而投向了文化。斯宾格勒写于1918年的著作《西方的没落》（*The Decline of the West*，1971），以西方文明之黄昏为主题，成为魏玛共和国时期广泛流传的作品之一。大战的主题作为西方文明的预兆，同样盘旋在汤因比的著作里，他那宏大的统一主题就是：西方文明的衰退是世界周期典型的一部分，全世界的文明都是在攀上自己的巅峰之时，开始经历衰退的过程。对汤因比而言，西方在20世纪时已然抵达光荣之顶峰。关于文明臻于圆满——斯宾格勒将之定在19世纪初期——的理念导致了放弃文明理念而趋向文化的状况。构成这个运动基础的，是意义深远的反现代主义。借此，欧洲理念日益被等同于资产阶级的文化与知识之工具，这些资产阶级在舒适的高等文化中找到了避难所。因此，我们发现了一种据信是朝向真正欧洲文化的回归，以作为现代性的知识空虚和技术文明的替代物。关于这类"文化悲观主义"的著名例子，包括尼采对"现代欧洲文明痼疾"的批判，韦伯的"西方理性主义"作为祛魅和理性化的世界观的社会学，卡尔·施密特（Carl Schmitt，1990）试图找到真正的、深植于犹太－基督教传统与罗马法根基的欧洲法学体系，胡塞尔（1965）为了新的哲学而放弃实证主义的尝试（这种哲学在其最崇高形式中将会跟欧洲精神合而为一），以及海德格尔对于早期希腊哲学中所显露出的原初的欧洲"存在"（Being）本体论之探索。弗洛伊德在《文明及其不满》（*Civilization and Its Discontents*）中，把文明描述为根深蒂固的精神官能症之升华。这种因对"真正的"欧洲文化之反现代的强烈喜好而对文明理念的摒弃，化身为自19世纪对于进步的崇拜转变而来的悲观主义，并对保守天主教知识分子有着特殊的吸引力（Belloc，1973；Jaspers，1947；Ortega y Gasset，1932），对他们来说，大战摧毁了欧洲的文化与传统的完整性。在加塞特（Ortega y Gasset，1932，p. 195）独树一帜的观点中，其结果是："当今的世界正处于严重的消沉，在其他症候里，这点通过一场不寻常的群众暴动显示出来，其源头在于欧洲精神的衰退。"诉诸"欧洲精神"同样是知识分子对"群众社会"（Mass Society）表达鄙视的方法。欧洲的没落和退化的观点也能在涂尔干、马里坦（Jacques Maritain）、瓦莱里与艾略特等人的著作中寻得，而艾略特写于1922年的《荒原》（*The Wasteland*），为消逝在现代性境况下的欧洲理念提供了终极的见证。奇妙的张力因此进入了文化与文明的区别中，并且在从现代性的虚无主义中拯救欧洲理念的企图里变得具体起来。

欧洲认同是出自文化悲观主义和衰退的经验，诞生于两次世界大战之间的年代里的。某种程度上，它是场在艺术与文学领域中的跨文化的前卫和现代主义运动，这两种领域明确赋予了欧洲一种认同。这是一种跟欧洲城市——伦敦、巴黎、阿姆斯特丹、柏林、苏黎世——的关系，要比跟造成战争精神官能症的国家还要密切的认同。这些城市从某种非常独特的意义上来说，是两次大战之间的文化大城，而且对许多人而言，它们是欧洲精神动能的化身。现代主义与城市之间的紧密关联，作为一种主题，在20世纪前半叶几乎建构出了一个想象的美学欧洲。罗伯特·伯瑞佛特（Robert Briffault）的两本小说可作为例子，《欧罗巴：愚昧年代中的小说》

（*Europa: A Novel in the Age of Ignorance*，1936）与《灵薄狱中的欧罗巴》（*Europa in Limbo*，1937）。在这些作品中，欧洲理念与诸多个体的个人生命史纠缠在一起，他们的命运反映着世纪末的没落精神，以及灾难即将到来的观念。欧洲理念稍早便已出现在亨利·詹姆斯（Henry James）写于1878年的小说《欧洲人》（*The Europeans*）中，它也反映在拉罗谢勒（Pierre Drieu La Rochelle）的论文《青年欧洲人》（*Le Jeune Européen*，1927）里。在或许是论及欧洲文明的典范小说，也就是托马斯·曼写于1924年的《魔山》（*Magic Mountain*）中，时代对死亡的渴望（*Todessehnsucht*）取得了最伟大的表达方式。没有其他作品中的欧洲认同之理念，能有着相同的文采和自我意识的高度。其主题是那些困于（文明）终结的不祥预兆而心神不宁的末期资产阶级世界：欧洲、死亡、战争。就像黑格尔的密涅瓦之猫头鹰（Owl of Minerva），作为欧洲思想在其顶点实现了自我意识的象征一样，在曼的想象中，欧洲在对死亡的预期中达到自我意识的完满。从另一个观点来看，欧洲理念与爱之间的联结，在胡日蒙写于1939年的知名作品《西方世界中的爱》（*Love in the Western World*，1983）里头有着仔细的研究。我们所能确定的是，在20世纪上半叶，有一个已被巩固为知识分子个人认同的欧洲认同，并且与当代衰落的、悲观主义的时代精神（*Zeitgeist*）关系密切。

欧洲的法西斯主义神话

欧洲理念在25年中显现出新的面向，其间法西斯主义席卷了整个西欧。法西斯主义和反犹主义是欧洲理念的两种主要表现方式，这点在今日已轻易地遭到了忽略。欧洲从根本上统一的意涵，是以法西斯主义意识形态为核心的。法西斯主义在经典的意大利和纳粹形式中是超国家的意识形态。它在作为民族主义的变种时，同时也寻求着在创造新欧洲文明的过程中超越民族主义。今日大部分的人或许会倾向于把欧洲理念与城邦、民主联系在一起，而非集中营和集权主义，但真相是，欧洲理念是无法与法西斯主义的理念和实践分开的。比如说犹太人"就把反犹主义视为既是欧洲本质的主要病态症候，也是世纪末之衰退的结果"（Shavit，1992）。摩斯（Mosse，1978）相当有说服力地论证说，种族主义不能被看作是欧洲历史上非主流的偶发事件，它是欧洲经验的必要部分。

打造真正的超国家欧洲文明，是从莫斯利（Mosley）、墨索里尼到希特勒等所有法西斯主义者的大梦。正是作为一种后历史的美学秩序，才能够一方面包含了，一方面又超越了被选定之民族的民族传统。为了达到这个目的，"新欧洲"理念是一种面向未来法西斯欧洲的美学方面的虚构产物。法西斯主义跟欧洲的理想是兼容的。以有着一种世界历史使命的优越文化，作为各国之间同质性和一致性纽带之基础的愿景，如同我已论证过的，其并不总是与欧洲主义的理念相对立。墨索里尼在1932年主持欧洲会议时，其中一项主题便是"欧洲的危机与重生"（Gollwitzer，1964，pp. 6-7；Neulen，1987）。欧洲理念，除了遇到抵抗的重要例外（Wyrwa，1987），绝不会跟民主和个人权利扯上关系。事实上，法西斯主义的意识形态甚至可被视为欧洲理念的典范，因为法西斯主义公然提倡与种族主义和帝国主义教条相同的欧洲文明概念。经常为人观察到的是，希特勒的演说充满着诉诸欧洲精神的言论（Trevor-Roper，1953）。千年帝国（One-Thousand-Year Reich）要成就的是欧洲秩序，而不仅仅是德意志帝国的秩序；消灭犹太人则被视为清洗欧洲中"亚洲种族"的一部分。

纳粹神话所诉诸的是古老欧洲理念，而这其中的中世纪精神也被唤醒了。12世纪的德意志皇帝，霍亨斯陶芬王朝的腓特烈一世（Frederick I of the Hohenstaufens），以巴巴罗萨（Barbarossa）之名为人所知，因为他讨伐穆斯林东方的十字军远征，以及想要统一所有德意志土地以及意大利之抱负，而被选为生存空间的古代象征。巴巴罗萨的玄幻传说被当成其履行尚未实现的历史使命——恢复日耳曼民族的中世纪神圣罗马帝国——的一种历史合法性。

阿诺·梅耶（Arno Mayer）已论证巴巴罗萨行动（Operation Barbarossa）——纳粹攻击苏联的代号——被意识形态设想成一场对抗东方的十字军圣战。据梅耶的研究（Mayer，1988，p. 217），"十字军的普遍理念扎根于遥远的过去，那时基督徒的进军是为了抵抗穆斯林异教徒以捍卫欧洲，或是为了真正的信仰解放耶路撒冷。在集体记忆中，11世纪到13世纪的十字军被颂扬为正义的攻击和暴力之典范。通过篡改这段历史，或是传奇，纳粹便提升到了一种圣战的层级：保卫欧洲以抵抗无神论的布尔什维克主义，并占领莫斯科异端的中心"。对抗苏联的战役，伴随其深植于中世纪基督教世界之根源，便能够诉诸巴巴罗萨之精神。与东方的古老战役由纳粹对巴巴罗萨的崇拜所盖过。希特勒成功地占用了欧洲集体记忆的历史符号，将他的暴虐行为和向东的领土扩张合法化，因为这是一项获得基督教会认可的使命（Mayer，1988，pp. 216–219）。纳粹的生存空间观念是扩张渴望的基础。这点在本质上是一种打算在东南欧进行殖民，并尽可能延伸到乌拉尔山脉的企图：俄罗斯才是生存空间的原初标的，而非西欧。

尽管纳粹党有效利用了世俗的历史神话，并甚少托词宗教，但基督教救赎欧洲的理念仍位居其思想核心。犹太人遭到了劫持日耳曼文化、腐化雅利安种族的纯洁的控诉，而魏玛共和国本身即为犹太共和国（*Judenrepublik*），他们也被加上了文化窃取之罪名，这被称为"文化布尔什维克主义"（Cultural Bolshevism）（Johnson，1993，p. 477）。对于布尔什维克主义的抨击，通过猛烈攻击希特勒所谓的"犹太布尔什维克主义"（Judeobolschevism），而与反犹主义产生了紧密的联系（Mayer，1988，

p. 346）。在意识形态上这整场战役被认作是指责"亚洲布尔什维克主义"的激烈演说。纳粹神话因而完完全全地表达出向东的日耳曼扩张主义之本质。并吞波兰以及朝向乌拉尔山的驱力，并不只是纳粹意识形态对于领土之野心的主要组成部分，还有一个被视为德国生存空间场域的所在，即没有犹太人的（Judenfrei）欧洲的苏联。对苏联的大肆侵略，被描绘成不只是为了德国，更是为了欧洲之生存的斗争。纳粹党人相信西欧的民族，例如英国人与法国人，天生就比斯拉夫人优越。

消灭欧洲犹太人，事实上导致了欧洲文化以及真正的跨国欧洲认同之可能性的毁灭。数百年来，犹太人早已是欧洲意识中不可或缺的成分，特别是在中欧，以及在所有伟大的欧洲大都会中。这些逃过浩劫的犹太人之离去，对许多人来说，象征着欧洲现代性的终结。欧洲的过往变成了重担，而非乌托邦。萨特（1978，p. 209）在1948年写下这段文字："欧洲一词先前是指涉旧大陆地理、经济与政治之整体。如今它保存的是德意志精神与奴役的陈腐气味。"

结论

欧洲理念无法与欧洲法西斯主义及其统一欧洲的神话脱钩。它也不能够与以欧洲同质文化为名而犯下的纳粹屠杀恶行分离（Bauman，1989）。1945年后欧洲政治地图的重塑，有很大一部分是由德国在竞争欧洲主宰过程中所谓的"特殊道路"（Sonderweg，即德国的分歧路线）所构成的。必然会发生的结果是，受惠于位居欧洲中心这个地理条件的德国，正是距离统一欧洲最近的国家。在1918年后成功使欧洲团结起来的，既非进行着国际关系协调实验的西欧列强，亦非苏联红军。这项任务成为德国的使命，而统一欧洲的幽灵，总是伴随着德国作为欧洲主宰的想象，萦绕不去。

第七章　作为冷战建构物的欧洲

战后重建与冷战

理论观点

在有别于政治的意义上，谈论作为一种建构物的欧洲是可能的。欧洲也是文化的建构物。美国在这方面扮演着领头羊的角色。对美国人来说，欧洲是个单一的、同质的整体，并且是关于民族起源的激进神话。本章通过审视在美国的历史想象中欧洲所代表的意象开始，更加明确地集中在西方边境作为文明起源神话的主题上。本章的核心论旨，在于冷战所扮演的角色，是将欧洲认同打造成东西二极对立体系的一部分。最后，也会谈及后法西斯主义的欧洲认同，以及德国问题和创立欧洲共同体的关系。

欧洲理念在20世纪大部分的时间里都从属于"西方"这个概念。美国所建构的西方，制造了使敌对体系得以出现的条件，在其中，作为两次世界大战结果的欧洲，再次被迫成为战场。西方不再只是欧洲，它成为在大西方与大东方的全球对立中，"大西洋"西方的工具。正是在冷战政治的局限下，欧洲理念作为规范模型进入了用于战后重建的政治框架里。随着欧洲共同体在20世纪50年代的创立，欧洲理念有史以来第一次得以在政治框架中制度化，不久后，它也就无可避免地深陷其中了：欧洲理念最终不再仅是文化模型，而成了现实，但在认同方面，它的"西方的"成分要高于"欧洲的"成分。因为即便在欧洲共同体为了自己所创造的场域中，欧洲理念仍旧是冷战的建构物，大西方的一座堡垒。

作为冷战的建构物，欧洲理念变成了战争的正当理由，或是以永恒的备战状态为基础的政治体系。欧洲理念中文化与政治同质的特性，因此被纳入其"文化暴力"的话语中（Galtung，1990）。这就是主张正当战争之世界观里头所含有的暴力。

在这点上，我们可以辨别出关于欧洲的话语的新面向。20世纪下半叶时，欧洲理念被阐述为可被称作是与众不同的欧洲人的专属生活方式。至此，我已强调欧洲在政治、军事与经济方面的重要性。作为文化建构物，欧洲所意味着的不只是高等文化的理想，日常生活的文化对欧洲主义而言也是重要的。

美国的欧洲神话

随着第二次世界大战后欧洲政治的中立化，美国人得以打造新的欧洲神话。这不仅是美国的欧洲神话，更成为欧洲认同的一部分。战后的欧洲再一次变回旧世界，对历史贫瘠和都市生活紊乱的美国而言，它是文化上的补偿。旅游业扮演着把欧洲的战场转变为一座大博物馆的角色。找回过往，被认为是振兴现在的基本要素。但是战后欧洲所复原的，是被创造出来的过去，而且带有其政治成分。正如戴维·霍恩（David Horne）在他关于欧洲博物馆的研究中所指出的（1984，p. 21），西方博物馆的目的之一，即为证明西方要比东方优越。

被重新发现的，其实是以西方为核心的旧欧洲的仿制品，它这在之后代表了真正的欧洲。正如欧洲人已在稍早之前建立了他们的东方神话，美国人也如法炮制，打造了属于他们自己的欧洲神话。对意识到自身历史的欠缺和文化次等性的美国人而言，欧洲是一种弥补。这种着迷根植于美国人对历史认同的追寻之中。战后的美国人再次发现了被化约为往昔纪念碑的欧洲。欧洲不再是19世纪末维也纳的不祥中欧（*Mitteleuropa*）或法西斯主义的欧洲，而是一个美学的范畴，浪漫且怀旧，为了观光客的凝视而规划。欧洲可看作是毫无差异的景观：泰特美术馆、圣马可广场、柏林墙、梵蒂冈、达豪集中营和埃菲尔铁塔。全部都能由同样无辨别力的眼睛观看，这些眼睛表达着相同的对往日的着迷。

欧洲理念作为美学建构物，很久之前就已是美国文学想象的一部分了。其中最著名的版本，就是亨利·詹姆斯对旧欧洲贵族秩序的缅怀。盎格鲁－撒克逊人所建构的欧洲，已有一段悠远的历史，其起源于英国贵族于意大利进行壮游的时代。意大利被认为是魅惑的、自然的与有着文艺复兴之光彩的真正欧洲之储藏所。同样地，美国人将欧洲浪漫化为在政治上无关紧要的东西。这是因为在20世纪里，美国人把欧洲从德国人的控制中拯救出来了两次。美国人对欧洲的浪漫化也是一种对已逝去之物的渴望，并表现出大西方文明的意识。借由把欧洲浪漫化，美国人将自己定义成古代文明的一员，而他们自己已然战胜了这种文明（Lowenthal，1990，pp. 114–117）。

美国人的欧洲神话可追溯至17世纪时的英国清教徒定居者的移入潮。他们自斯图亚特王朝圣公会政权的宗教迫害中逃出，欧洲承担起与复辟的英格兰对立的角色。这些异议者在整个18世纪的英国都一直遭到歧视，而到了19世纪初期，自英国早期工业社会的贫困中逃离的移民们，则把目光移向从令人感伤的大陆所传来的新革命理念。那些定居者将欧洲视为祖国，与他们所逃离的严苛与压迫之生活环境截然不同。但当他们抵达新大陆时，欧洲的形象改变了。美洲，而非欧洲象征着已遭摧毁的自由。但这点到19世纪中叶时有所变化，当时"许多美国人较不那么关心通过传播共和主义来解放其他民族，他们比较在乎优越的盎格鲁－撒克逊种族无止境的扩张"（Horsman，1981，p .6）。尽管如此，神话仍历久不衰，而且一种尖锐的对立出现在19世纪的欧洲与美国之间。美国人不再把自己看作是欧洲人了。欧洲变成与压迫及不平等有关，而美国则是自由之地，是在旧西方神秘的无尽边界中的自由象征。对马克·吐温而言，旧世界是毁灭和暴政之处。美利坚合众国，毕竟是诞生自对一个欧洲国家的反抗行动中。在美国认同于19世纪的成型阶段中，欧洲是面明镜，是一幅可诉之于它，同时也能把自己定义为与之对立的对照形象。在与美洲原住民的冲突当中，他们的欧洲人身份，以及与此同等重要的基督教异议者身份，为这些殖民者提供了合法性的历史神话以及种族优越论的伦理观。所以，即使当欧洲被明显拒绝时，欧洲主义的种族范畴仍保留下来。

从20世纪20年代后期以降，美国开始再次拥抱欧洲：1929年的经济大恐慌使得它自我怀疑，而罗斯福的新政则把美国的思考往欧洲方面引导（Boorstin，1976，p. 37）。美国知识分子开始发觉美国的堕落，而欧洲则是更有活力及现代的，这种趋势以海明威于二三十年代的"探索"欧洲为缩影。对亨利·米勒（Henry Miller）来说亦然，欧洲在这短暂片刻变成艺术的刺激因素（Strout，1963，pp. 194–195）。然而这个阶段的主流趋势无疑仍是内省的美国，在自身中寻求自己的过去（Jones，A. H. 1971）。欧洲与美国的对立依旧无解。

美国的欧洲观之本质，在于欧洲代表着过去：即使对海明威来说，在他的美国认同中根深蒂固的欧洲，也是衰退的、终结的与沉闷的。艾略特的《荒原》是欧洲作为恶意之城这一观念的极致表现。美国共和与联邦制度的创设为自由与进步的新世界战胜颓败旧世界之神话提供了现实基础。在杰斐逊（Jefferson）的观点中，欧洲承载着"因那些国王、贵族与教士而起的不幸"，而美国则是"梦想与未来"之地（Strout，1963，pp.

27 and 33）。与此相联系的是作为衰败大都会的欧洲神话，既使人目眩神迷又让人心生抗拒。美国的城市是工商业之场域；欧洲的城市则是历史的载体。欧洲最终代表着阶级与民族双生之恶，这是美国人相信自己已经克服的。

关于欧洲文明的理念中最久远的要素之一，就是关于西方的理念。古老欧洲关于西方的理念，成为19世纪与20世纪美国认同的主要成分。但它不再是欧洲的西方，而是美国的西方，这在无止境的西方边界神话的创造过程中得到巩固。在美国人掌握世界领导权甚早之前，以"旧西方"之姿出现而进入美国民族意识中的西方理念，可回溯至17世纪。该理念起初是指涉13个殖民地，接着向西转移至密西西比，最终把加州，即"远西"（Far West）包含进来（Athearn，1986；Billington，1949）。

正是托马斯·杰斐逊在1803年向法国购入路易斯安那后，创造了"远西"概念。这种关于西方的想象具体呈现在1823年的门罗主义（Monroe Doctrine）中，该主义主张美洲的殖民是属于美国政府的特权。欧洲势力因而被迫集中在非洲与亚洲进行殖民。其结果是美国不只意味着一块大陆，更是半个地球。在对美国历史中关于西方边界的理念的著名研究中，特纳（F. J. Turner，1921，p. 41）主张，是西方边界而非南北冲突形塑了当代美国的民族特色，并赋予其历久不衰的不屈不挠之精神、民主和个人主义之形式："在美国人的思想与言论中，'边界'意味着开拓的前沿，而不像在欧洲那样代表着政治分界线。"根据卡尔顿·黑斯（Carlton Hayes，1946）的研究，西方边界总是被理解为欧洲文明的边界。

西方神话呈现出带有昭昭天命*理念的新形态（Berge，1983；Horsman，1981）。该理念起初是与将美国人带向太平洋并接触亚洲、缔造帝

---

* 昭昭天命（Manifest Destiny），表达美国继受天命，对外扩张侵略乃为了散播民主自由之信念。——译者注

国的命定进程联结在一起的。这个"西方即为美国"的神话的神圣性——特纳举双手支持———一直要到最近才遭到楚攸讷（Truettner，1991）的驳斥，他认为这个杜撰的无止境之西方边界是种霸权的概念。这是对美国在世界中所扮演角色之信念，也就是白人盎格鲁－撒克逊殖民者征服西方边界时有一种必须实现的天赐使命，这点成为日后一个种族神话的基础（Horsman，1981，p. 189）。关于西方的霸权地位，几乎没几个理念能给予比这更明确的证据。美国革命后，渴望土地的殖民者们西行到俄亥俄、肯塔基与田纳西，占领了密西西比河谷，迫使原住民离乡背井。当德克萨斯州在1846年遭兼并时，昭昭天命的理念便呈现出神话的气质，成为美国民族意识的主要表达方式。这可理解成把西方当作承诺进步和基督教救赎的欧洲理念之复苏。西方理念是一种霸权的概念，将征服和屠杀平民伪装成了天命。

人们无拘无束地西行征服处女地的主旋律——主宰北美草原、大平原区和驯化西部——为欧洲的西方神话提供了深刻的表达方式。殖民者们带来了关于基督教、进步以及共和民主的旧欧洲的思想。无止境西方边界的神话，显示出文明从东向西的转移。从哥伦布以来，进步和殖民就作为天启的使命而一直相联结，在这使命中，征服有如得到神的认可一般。欧洲文明的西方界线向远西转移，是以摧毁原住民文明为代价而达成的。美洲原住民起初因欧洲人的早期殖民被赶到西边，当殖民者在19世纪下半叶往更西方前进时，原住民的人口便因持续不断的颠沛流离和战乱而逐步迈向灭绝。

边界神话在欧洲历史上是相当强而有力的动机，欧洲认同就是在征服疆域的过程中得以塑造的。它在纳粹的东进（Drang nach Osten）观念中，找到最荒谬的表现方式之一。连希特勒也经常把自己比作德版罗斯福，甚至纳粹欧洲野心勃勃的未来目的也是仿造美国的西部拓荒。纳粹试图征服东欧并推进到乌拉尔山脉，也被拿来与美国的无止境西方边界的神话相比较（James，1989，p. 267；Weinberg，1964）。

美国对西方的建构以及对欧洲的浪漫化，塑造了敌对体系的结构框架。这个全球性东西冲突的具体明证即为冷战。现在，我要来讨论这点。

欧洲与冷战之起源

冷战无疑是20世纪历史上，塑造欧洲认同最重要的一个事件。很难想象20世纪下半叶时，有另一个事件在欧洲认同的成型过程中有着相仿的重要性。但到底什么是冷战？而它又是如何形塑欧洲认同的？

冷战起源自十月革命，尽管一直要到第二次世界大战的终末，我们才能论及东西之间的重大对峙（Fleming，1961）。导致冷战的事件，实际上在1943年的2月，当由保卢斯（von Paulus）将军率领的德国第六军团在斯大林格勒遭击退，而红军则开始向西前进时就已确定了。德国对苏联的最后一次进攻，于1943年7月在库尔斯克（Kursk）会战中以受挫告终。1945年1月，波兰遭到苏联占领，次月匈牙利继之，4月轮到维也纳，5月时战争便进入尾声，红军与盟军在柏林会合。此时红军占有了东欧及中欧。随着德国战败，欧洲的命运再一次地陷入未定之天，受困的西方眼下要面对的，是取代纳粹德国的共产主义。是故，德国在20世纪第二次成为共产主义与资本主义的全球冲突的发生地。自中世纪以来，德意志就一直是东西冲突的场域。从其在莱茵河以西的历史疆域开始，德意志在数世纪间，自查理曼、条顿骑士团至俾斯麦，扩展到易北河以东一带，并殖民东波罗的海区域。东西方最终会为了肢解欧洲，而在德意志的土地上爆发正面冲突，这与德国史的发展逻辑相一致。德国历史中自我毁灭的力量早已决定了自己的命运，德国最终仍无法抵御它的传统敌人，俄罗斯。由于在战争尾声时的柏林入城竞赛中晚了红军一步，盟军也只能默许把德国分割成东西两部分的计划。

战后仍悬而未决的，是东部边界的问题。即使犹太人已不住在他们定居了数百年，并且成为其文化基本组成部分的中欧与东欧城镇，东－西边界依旧是前所未有地难以逾越。1945年后，俄罗斯（苏联）第一次与西欧形成了直接接壤的边界。

主要以波兰与巴尔干半岛为代表的旧的西斯拉夫边界，成了东边区块整体的一部分，该区块在1961年8月13日晚间柏林墙矗立起来时，可说是象征性地把自己与西方分隔开来了。柏林墙，变成欧洲内部分裂与长达数世纪的东西斗争之缩影。但这一直都是变动中的边界，其界线总会决定在德国与俄罗斯之间的某处，唯一不变的，就是边界本身。这个重大分裂由来已久的特质，甚至还反映在西方化的犹太人对东方化的犹太人之观感上，后者经常是前者所憎恨与歧视的对象。德国问题因无法回避而连接在一起的、长久以来一直存在的东方问题，既可被理解为是历史实在的表达，也可以是在数世纪的社会与经济结构发展之后，所产生出的带有敌对政治结构的两种相异社会之表达。但与此同时，东方问题也可以被视为是历史实在之建构物的一部分。很明显，思想与实在这两者无法被分开。理念不仅只是思想的产物，也有在现实世界中的根基，它不只是理解世界的方法之一，它也通过影响历史的选择而形塑世界。因而东－西冲突就不只是抽象理念的产物、各种文明或不兼容的世界观之间的斗争，更是在社会、政治与经济的冲突中得到了再生产。东方与西方的相互敌对总是聚焦在被迫承担历史责任的特定团体上。值得关注的是让现实的文化表现在奠基于种族范畴、民族仇外神话和蒙昧反理性主义之上的各种倒退性认同结构中得以实现的过程。

欧洲理念无法消除这些偏见。当战争的罪恶感成为德国民族认同的一个问题时，欧洲理念则洗净了历史，而被改造成用于未来的计划。欧洲理念变成了乌托邦，而非对往昔的浪漫化。然而，作为西方受到严峻考验之地，欧洲也是美国的东方边境，以及为了对抗共产主义而重建的势力集团。因此，欧洲在短时间内就成为曾经在国家社会主义中露出真面目的民族主义之替代物。

东方与西方的根本性的二元对立，是以欧洲文明结构作为基础的，并未在战后产生根本上的改变。对西欧而言，这标志着美国时代以及与中欧遗绪一点关系都没有的新文化之到来。欧洲在实际上成了美国的东方边界。冷战把欧洲分裂成两个敌对的阵营，即西方自由民主国家，以及起源自第二次世界大战之环境中的东欧共产主义国家。导致冷战出现的，说到底正是德国国家社会主义的扩张野心。了解这点是很重要的，因为冷战并不是像西方保守派雄辩家所一直坚称的，是由苏联创造的。它是通过资本主义的过度生产、德国在东欧自我毁灭般的扩张，加上苏联红军对中欧的占领所产生的，而非共产主义。共产主义，一如西方自由民主主义，早已准备好勉强接受只能遏止对方势力的结果：当它甚为明显地渴望红军在1945年的西进中取得尽可能多的领土时，其主要动机其实仍是防卫性的。

"西欧"理念在新的东方边界之形成中，呈现出更重要的意义。在第二次世界大战期间丧失约莫五分之一人口的波兰，实际上被西移了数百千米，取得了之前属于德国的领土，但也在这过程中失去东边的疆域。新的德国－波兰边界变成奥德河－尼斯河线（Oder-Neisse line）。苏联也随着取得波罗的海诸共和国和波兰东边的疆域而向西更进一步。这是历史运动的一部分，借此新的西方即将登场，该运动要一直持续到1989年为止。随着"欧美"（EuroAmerica）的诞生，历史的天平更加往大西洋倾斜，而整个东方边界也就相应地再一次转移了。新结构的政治特质，明显来自雅典和维也纳，而非古老的多瑙河畔中欧大都会核心，即布拉格与布达佩斯。甚至连安卡拉*都成了新欧洲名义上的成员。

作为冷战建构物的欧洲，从属于范围更加广泛的东西对立。欧洲的东方边界向后退至易北河一带，而东欧则变成苏联的半边缘地带。公然将政治因素伪装成地理因素的举动，在把以色列和日本也算进"西方"这点上是再明显不过了。一个新的历史范畴，即北大西洋诞生了，而且欧洲是从属于它的。随着其中心被牢牢锚定在大西洋的某处，欧洲被缩减为资本主义国家间的经济共同体，以及对抗共产主义的东方碉堡。古老且失去功能的中欧（Mitteleuropa）消逝了（至少持续了一段时间），而中欧消失所产生的政治真空，使得西欧更进一步地向东迁移，把古老的中欧之中心维也纳也包括进来。

冷战一词，其根源深植于中世纪基督教世界与伊斯兰教之间的冲突之中，在第二次世界大战结束后的短暂时间内，由沃尔特·李普曼（Walter Lippmann）再次创造出来，并被广泛地使用，作为新的以美国为首之国际主义的意识形态遮羞布。这种国际主义包括：世界银行的成立、国际货币联盟、杜鲁门主义、马歇尔计划，以及美国给英国的贷款。关键的不只是遏止苏联扩张的企图，这点被过分夸大了，更是美国霸权的全球布局。当第二次世界大战接近尾声时，罗斯福的战争目标在于边缘化欧洲（他察觉到欧洲是不稳定的主要因素），以及把欧陆分割成许多相对而言较无影响力的国家。这项安排被设计出来是为了创造一个恒久的超级强权，与苏联携手合作以确保世界稳定，其中不可或缺的部分，就是作为主要势力的德国之消失（Aga-Rossi，1993）。

冷战期间的欧洲建构，不只是被规划为与红军抗衡的滩头堡和对美国霸权的保障，更是为了预防第三帝国日后的复兴。盟军与苏联在战后的欧洲无法达成协议，最终导致了德国的分裂。战后的欧洲，绝不仅只试图抑

---

* 安卡拉（Ankara），土耳其首都。——译者注

制德国在欧陆之支配地位。是德国问题无解的本质支撑着冷战的架构。德国问题在超过百年的时间里决定了欧洲认同的政治结构，而这个问题的解决方式，除了分割德国外别无他法。这也会无可避免地把欧洲划分成两个集团，其各自的重心则位于欧洲之外。甚至在战争结束前，这两个军事集团就已经在德国内部找到各自的目标。两个德国和分裂的欧洲，是自德意志民族取得中欧的挫败中萌芽的，新的秩序就建立在这样的余烬之上。

　　假若中欧继续存在于潜意识中，它就像是对于已逝去的哈布斯堡王朝之旧政权的缅怀，而其更为不祥的形式，则是极右势力想重返1945年之前的国界线之野心。既然德国长期都跟中部欧洲一起形成巨型集团，那么一切有关德国国界的讨论，都会掀起关于欧洲认同的基本问题，也就没什么好惊讶了。在战后，这是一道德国或欧洲的单选题。欧洲似乎是让人更愉悦的选项，这并不意外。然而从战争之颠覆中出现的欧洲，注定要一分为二。欧洲的分化和遏止德国的问题，将法国置于西欧的舵柄上。新的缩略版的西欧，是由法国领导的欧洲，但根本的东西对立仍在。这时唯一的差别，在于这是更庞大的全球秩序之一部分。在某种程度上，这也是两个拥有不同且不相容的世界观之文明的战争。对苏联及其为数众多的东欧支持者的挫败，增强了可作为无神论共产主义世界之对照的西方基督教认同。新的对立是北大西洋与苏联。这在1949年北大西洋公约组织（North Atlantic Treaty Organisation，NATO）的成立，以及1955年华沙公约组织（Warsaw Pact Organisation）的成立里得到了具体呈现。早在丘吉尔于1946年所做的"铁幕"演说里，便已象征性地宣告它们的到来，并且在来年公开表示要遏止共产主义的杜鲁门主义之宣誓中亦可略见端倪。随着德国遭到瓜分，新的欧洲成为一种国际秩序，而核心不再聚焦于德国。1949年，作为"西德"的德意志联邦共和国正式成立，包含由盟军统治的三个行政区，而"东德"，即德意志民主共和国，则来自于苏维埃区，二者都于1973年成为联合国正式会员国。"西德"的建立，可以说是欧洲认同作为冷战建构物的缩影。美国通俗文化对欧洲有着同质化的影响力，后者在战后数十年间的文化工业与新的中产阶级物质主义中找到了新的认同。相同的文化，也就是美式思维方式和伦理观，从加州到维也纳都能找到。

但冷战是以怎样的方式形塑欧洲认同的呢？1945年后两个敌对的世界强权，表面上以置彼此于死地的方式对抗着。在某程度上，这是无法调和的东西冲突之表现。然而战后数十年间，一个新的领域进入东西百年以来的对立中：赢取第三世界霸权的竞赛。正是在这种氛围中，东西之间的冲突变得不仅仅关于冷战，更是关于第三世界的新殖民竞赛。如果这不是一场有输赢双方的真实战争，那冷战又到底是什么呢？从E.P. 汤普森或乔姆斯基等人的批判观点来看，冷战不全然是关于资本主义与共产主义的，冷战就是关于它自己的：对双方来说，它都是一种意识形态的工具，东西双方的工业战争经济都借此对自己的人民施加霸权并强化控制。故此，当诉诸另一边带来的威胁时，超级强权彼此都能行使反革命暴力以对抗激进分子，并分化自己领域里的劳工运动。正是这种"同构"（Isomorphism）导致了杜布切克*和阿连德**的下台（Thompson，1982，p. 23）。苏联压制东欧改革，与美国干涉第三世界并没有本质上的差别：两者都是反对无法被容忍的中立改革。根据凯勒多（Mary Kaldor，1991，p.35；1990）的研究，这两个体系"并非是冲突的，而是互补的，借由高额军事支出与恒久的外在威胁而紧紧绑在一起。双方的存在都为对方提供了正当性"。简而言之，是这种由来自外部之攻击的幻想所支撑的内部威胁，为冷战提供了框架。虽然表面上宣称战争经济所带来的巨大且史无前例的增长是为了国家安全的利益，但他们的实际目的则是为了"灭绝主

---

 *　杜布切克（Dubček），捷克斯洛伐克共产党第一书记，"布拉格之春"的推动者。——译者注

 **　阿连德（Allende），智利总统，被美国策动军事政变。——译者注

义"（Exterminism）战争做永恒战备。冷战及其对政治恐怖行动的修辞，是稳定政治之物，借此，西方与东方都建构出支配性的认同形式和军备竞赛的正当性。冷战提供给参与者双方稳定的支点，以巩固反革命的大国集团。西方在战争带来的全面毁灭之威胁，以及可能难分胜负的科技体系中找到了自己的新认同。这场零和游戏是欧洲认同最终极、最具毁灭性的表现，并且与已渗进双方社会制度核心的敌对体系合而为一。这是人类社会史上的第一次，战争的工业技术成为上层建筑在霸权控制的巨型框架之形成中的不可或缺的一部分。显然地，作为基督教人文主义西方的真正欧洲认同，变成了迈向战争工业化之驱力的一部分，两个文明在这种战争工业化中正面交锋。在这二元论中，两场革命的遗绪对处理国家运用暴力的体系产生了影响，其一是法国大革命，另一场则是俄国十月革命。因而数十年来，西方的自由民主主义及其对手共产主义，都被调用起来，以发动起庞大的压迫机制，以及潜伏进入社会所有领域和结构化的政治话语之中的支配机器。

对于无法在共产主义治下得到满足，因而将目光移向西方的异议者而言，共产主义同样为西方提供了主要的合法性。这些人聚焦在如人权这类不明确的政治议题上，尽管他们人数较少，但也为西方提供了主要合法性。在整个冷战中，他们总是刻意忽略有四个"西方"阵营的欧洲国家，除了民主，什么都有：西班牙、葡萄牙、希腊与土耳其。这四个国家均为军事独裁政体。西欧对1956年匈牙利革命之失败，以及1968年苏联入侵布拉格的态度，显露出将欧洲等同于西方的认识：既然声援捷克人与匈牙利人是因为其是受压迫的人民而不是欧洲人，那就强化了他们自己是欧洲人的认同，因为根据定义，欧洲人的身份即意味着免于受压迫（Finkielkraut，1985）。

作为市场的欧洲

然而正是冷战的意识形态框架，塑造了第二次世界大战之后的欧洲认同，其中一项最重要的驱力，就是经济民族主义的新浪潮。这两者当然是相关的：反共，为战后的增长时期中，席卷欧洲的新物质主义提供了强而有力的合法性支持，而资本主义变成了它自己的意识形态。法西斯主义的失败所造就的意识形态真空，促进了新的欧洲理念之巩固。战后出现的欧洲理念，是一种使其自身适应民族国家的理念，这反映在戴高乐"诸民族国家的欧洲"之信念中，每个国家都是在彼此协助的情况下，独立追求自己的目标（Milward et al., 1993）。这点同样反映在丘吉尔对"欧洲范儿"的谨慎支持中，英国与其至少有着外部的联系。英国取向让人猜不透，这是因为丘吉尔所构想的，有条件地"相伴却不属于"欧洲的政策，但当挑战来临时，它或许会站在大西洋这边（Radice, 1992）。战后英国的民族认同，在英联邦中找到了自己的化身，英联邦之于英国，就像欧洲之于西欧其他地区一般。

新的欧洲概念跟缅怀柏林和维也纳的欧洲一点关系都没有，而是日益成为以布鲁塞尔为中心的官僚实体。官僚集中制（bureaucratic central-ism）和西欧作为顺应冷战而组织的贸易集团的意识形态之巩固，被视为是这方面更进一步的发展。新的政治机构之出现，协助了新的且被缩减的欧洲之成型：1948年成立的欧洲经济合作组织（OEEC）[即为日后的经济合作与发展组织（OECD）]、1949年出现的欧洲理事会（Council of Eu-rope），以及1957年成立的欧洲原子能共同体（Euratom）。1958年时，欧洲经济共同体（EEC）诞生了。尽管有着美国的援助，它仍反映出法国想要取得欧洲政治领导权的野心，而无须负担国防经费的德国则提供了必要的经济力量。这当中没什么新鲜事，自从查理曼向西扩张以来，欧洲的特色就一直都是处于德法争夺欧洲其他地区霸权的斗争中。

随着欧洲共同体的创立，欧洲理念呈现出新的面向。它明显不是政治的共同体，而是经济的共同体，这点并非偶然。从政治上来说，欧洲认同是由一堆偏见与冷战产生的偏执妄想所形塑的。欧洲不再只是有关政治，更是关于"共同市场"与战后重建的新消费主义的概念。在战后，作为精神与哲学之工程的欧洲已然结束，这点获得了普遍接受（Patocka，1983）。战争使欧洲文化作为心灵生活的名声蒙尘；新欧洲是物质主义的，除了由资本主义现代性提供的正当性之外，不另作他求。"共同"市场，正如一项对它的批评所言，是"对那些付账的来说才是共同的。而且这笔账与其说是以经济单位来记的，毋宁说是以政权单位来记的"（Galtung，1973，p. 17）。在汤普森（E. P. Thompson，1980，p. 85）的笔下，"走进欧洲"对英国中产阶级而言是"有关温饱的。一个市场是关于消费的。而共同市场则被想象成一个鼓胀的胃：一个有各种陷阱、消化房室与税收胃酸的大器官，吸收着油腻的消费商品"。

有些作为经济共同体的新欧洲的理念，对于急着想要切断与旧的且名声扫地之欧洲理念之间联系的社会民主党而言，是关注焦点。民族主义的意识形态枯竭，是激活新政治纲领的完美机会。西德人得以更容易认同一个造成他们国家分裂的关于欧洲的概念，使得他们的国家与以其名义造成大屠杀的纳粹德国区别开来。对美国来说，欧洲一体化的计划是一种方法，以解决自1919年诞生以来的失败民族国家（failed nation-states，不具有某些主权政府应有的基本条件的国家和未能履行责任的国家）所制造出的问题。以一种特殊的方式来说，德国就是失败国家的极端例子。为了使魏玛共和国的灾难绝不再次发生，抑制旧的欧洲民族国家便被认为是不二法门。

为了遏止德国，以及更重要的，为了打造一个政治稳定的欧洲以作为对抗共产主义的堡垒，由美国领导的新全球秩序鼓舞了欧洲联邦的形成，但这并不会被认为超出了欧洲民族国家之间合作体系的范畴。以美国为榜样的联邦模式，绝不是一个代替事实上已复国之民族国家的可行方案。美国百分之百不会是欧洲的榜样，后者是数不清的语言族群的发源地。然而，这些族群显然并非全都具备民族主义的传统，甚至无法在政治上进行动员；尽管如此，他们仍可以被认定是在政治框架中作为文化实体的存在，其瓦解意味着冲突的到来。再者，美国联邦体系所兴起的社会环境是与欧洲的历史经验环境迥然不同的。西德是唯一能够成功移植这种体系的国家。可是它是异例，而且联邦德国宪法是在打了两次世界大战后，由外部强加的。尽管瑞士的例子意味着联邦理念对欧洲经验来说并不陌生，但欧洲当代史上并没有什么迹象表明，联邦政府体系能够以高于民族国家层级的美国模式强加给欧洲。

然而，欧洲不只是基于自主民族国家之上的经济合作组织。它也是道德—政治的共同体，欧洲经济共同体在一段时间后变成欧洲共同体，而在1993年后，当共同体神话为人遗忘时，欧洲联盟来了。关于欧洲作为自由民主共同体的理念，基本上是作为追求新的政治纲领和经济工程的陪衬品，因为经济是无法仰赖伦理和政治来运作的。关于历史终结时共同体的假设，深深根植于欧洲知识分子的传统中。是共同体而非社会，才是国家或民族长久以来渴望的历史目标。这种理念对基督教、文艺复兴时期的乌托邦思想、民族主义与共产主义来说都是不可或缺的。

大部分想要建立欧洲文化认同的尝试，在文化工程的部分都乏善可陈：欧洲歌唱大赛（Eurovision Song Contest）、欧洲迪士尼（Euro-Disney）、欧洲货币单位（ECU）、年度欧洲文化之城（Annual European City of Culture）以及新制度中的文化机器。这些都不足以从中建立新的符号结构。欧洲文化普遍来说指涉往昔的文化，而非国家的文化。官僚体系的同化和制度的建立因而只有一种将之具体化的效果。可能也是出自相同的理由，欧洲共同体的主题曲——《贝多芬第九交响曲》第四乐章[*]——也有着将其具体化的音调。20世纪80年代，创造官方的欧洲文化的尝试注定是失败的，因为将较早期的欧洲统一概念，翻转为带有最低限度政治统一的经济概念此一冒险之举，可以施力的点不多。讽刺的是，在企图超越民族主义这方面，欧洲共同体却试着以十足民族主义的工具来打造欧洲认同：旗帜、主题曲、护照、组织名称和共同历史的意识。然而，不若民族认同，欧洲认同的政治要从资产阶级高等文化中寻找合法性，像是主题曲的选择及其献给"文化之城"的题词等诸如此类。相反，民族认同是传统地从乡村寻求灵感，而非从城市，并且它试图用以定义民族的文化，总体来说是语言学的。当共同体在许多层次上都是可能的时候（Gusfield，1975），欧洲主义之政治，则被证实为无力创造可以提供有别于民族且有聚合力的共同体之认同。

那么到底什么是欧洲文化呢？根据乔治·史坦纳（George Steiner，1992，pp. 43–44）的研究，最好的例证是像咖啡馆之类的风尚，这在他的观点中是被定义为"大略自西边的葡萄牙开始，一条沿着列宁格勒、基辅与敖德萨[**]之界线以南一带的历史场域"，但明确地把莫斯科排除在外。可是这产生什么意义呢？咖啡馆的风尚是阿拉伯式的，并且在整个北非从丹吉尔到亚历山大里亚都能找到；这个风尚可能真的在莫斯科仍不流行，但它同样也在英伦诸岛乏味的文化中缺席。对帕托什卡（Patocka，1983）而言，欧洲文化是在柏拉图所开创的形而上学思辨之哲学传统中寻得的。这种拥抱精英文化的欧洲文化，同样也能在塞斯·诺特博姆（Cees Nooteboom）所召唤的大都会生活风格中找到，但与前者有着相当显著的差

---

[*] 即《快乐颂》。——译者注
[**] 敖德萨（Odessa），乌克兰港口。——译者注

异，这也就是这位荷兰作家所强调的，民族认同本身即为超越民族的文化影响之熔炉，而欧洲主义仅能在肯认异中有同的情况下存在。美国可被视为是一种生活方式，但欧洲不行，除非当欧洲人到美国旅游时，突然发现了他们自己身上的欧洲特质。我所思考的是一种终极的考察，也就是至今仍然没有欧洲劳工运动，甚或政党是真正属于欧洲人的（Papeke，1992，p. 66）。唯一值得注意的例外或许是生态运动，然而该运动并非诉诸整合的统一神话，反而是在以新的态度面对自然时寻找自己的认同。

结论

在1945年之后，民族国家不再是欧洲理念的衡量标准，而变得与新的现实紧密相连。然而，这并不意味着欧洲成为新的政治认同之基础。关于西方的理念，对实际上成为美国之东方边界的欧洲来说才是新的衡量标准。欧洲古老的民族－文化主义因此得以在敌对的冷战政治，以及它所遭受的文化暴力中幸存。欧洲共同体将西欧国家整合起来，并垄断了欧洲理念：欧洲就是西欧。其象征为冷战的人造制品"西德"，这一直要到冷战于1989年结束才终结。1989年，这个温馨的世界崩塌了，欧洲随之成为自由民主的西方。

第八章　冷战之后的欧洲

冷战共识之瓦解对于欧洲理念的意涵探讨

理论观点

本章主要关注冷战结束之后，与欧洲认同有关的后续发展。有五项议题要特别提出来讨论，它们全都与冷战的终结有关：德国统一问题、中欧的再发现、前共产主义世界从共产主义到资本主义和西方自由民主主义的双重转型问题、西欧迈向统合运动，以及遍布全欧洲的民族主义和种族主义之兴起。

1989年，是欧洲史上的转折点，其象征着与以1917年共产主义革命为开端的时代之断裂（Hobsbawm，1991d）。由于1989年的革命，关于欧洲的新定义出现了：古老的东欧与西欧之两极对立，遭到作为政治纲领和理想而复苏的中部欧洲之挑战。一直到1989年，欧洲理念都与关于西方的理念一样，都是通过假想的共产主义威胁得以确保的。但既然想象中的旧敌人消失了，那便会有个殚精竭虑的企图，想打造新的巨兽，让欧洲认同能够在多极并存的世界中重新定位自己。取代旧的东西两极对立的，是新的南北两极。在这转换中，"东方"并未消失；它只是向南移并含纳了伊斯兰教世界和第三世界。1979年的伊斯兰教革命打响了新敌对体系成型的第一枪，并在1991年的海湾战争达到了高峰。正是在这种文化冲突的背景下，"欧洲堡垒"显得尤其重要。

我在本章的目的，是要记录下列这个过程，即欧洲理念使自己与冷战的两极对立体系脱钩，并将自己与基于"欧洲堡垒"概念之新的政治合法性联系起来。一直到迎向冷战终结的1989年革命之后，欧洲理念才不再作为"西方"的文化参考模型。虽然"西方"的意涵并未全然遭到遗忘，但在后冷战时期，对"欧洲"的强调却是与日俱增的。这意味着欧洲理念应被看作是政治合法性的一部分，并且可在当代社会的某些结构和利害关系中被发现。

然而，对于当前是什么构成了欧洲的这个问题，显然少有一致的看法。考虑到后冷战时期，欧洲那多样化和高度分裂的特质，欧洲理念确实促进了样式繁多的认同计划的产生。正是在这背景下，我将查明中欧计划之重生的起源，这可视为是某种"反欧洲"的计划。在此意义上该计划为达成目标而采用的欧洲主义概念，与欧洲联盟采用的欧洲主义有所不同。所以虽然从全球范围来看，欧洲理念被迫与"欧洲堡垒"绑在一起，但在欧洲的背景中，却是这些各有千秋的民族文化支撑了欧洲理念。因此我们便能理解，一旦文化理念进入政治框架中，它将如何遭到工具化，并且成为认同建构之计划的焦点。我在本书中早已一再强调民族认同与欧洲认同之间的联系：当区域性的和传统性的认同在19世纪由民族认同所取代时，现代化参差不齐而又矛盾的特质便确保了传统变成新传统（并且更十分常见的，是变成一点传统成分都没有的认同）而存活下来。相仿地，随着欧洲认同的降临，自1945年以来便一直蛰伏的旧民族认同，便以崭新的伪装，伴随着欧洲主义与民族主义在各自计划过程中彼此牵连的结果，再次浮上台面。

另一方面也不应忽略。考虑到资本主义的危机特质，将像欧洲这样的文化理念，在主要以经济利益为中心而组成的政治组织中予以制度化，可能会导致合法性危机的结果，除非有个与之呼应、基于稳定的民主规范系统的集体认同之存在。大部分的新种族主义浪潮，并不是真的与敌视外来者相关，而是暗示着更深层的不满。仇外情绪和种族暴力的爆发，据我推测，乃是涂尔干所谓"失范"（anomie），也就是社会凝聚力和团结的崩溃的症候。这是种更深层的趋势，也是哈贝马斯（1987）所说的"生活世界之殖民化"，由不再处于社会行动者控制之下，并有着侵蚀价值体系之效果的客观结构所造成。这就跟我的欧洲主题有直接关联了。当代打造新的巨型欧洲之尝试，是被设想为政治和经济工程的重大演习，将持续对传统的生活方式施加前所未有的压力，而传统生活方式则只能在病态的认同中找到它们的表达方式。鉴于这个剧本正逐步成为真实，把"社会的欧洲"（Social Europe）与自主的社会－文化场域从新自由主义的议程中拯救出来便显得十分重要。在超过3亿4000万人口的欧洲共同体内，有大约300万人无家可归，5000万人可称为贫穷，约莫1500万的移民则生活在社会边缘环境中。当我们把许多人即将爆发的不满加到决策过程中，将会发现这些被权力影响最深的人，声音却是最小的。欧洲计划所冒的风险，就是成为潜在的民粹主义风潮之熔炉。问题的核心在于，欧洲理念并未形成服膺于民主规范及文化宽容的集体认同基础。

造成这场失败的原因来自下列事实：今日所追求的欧洲认同之主流概念是以国家为模型的概念。它所提倡的整合机制是建立在增强官僚控制、政治集中化和经济危机管理之上。显然，对于集体认同的需求不只是支持建立机构而已。在缺乏这样一个后民族的集体认同情境下，民族认同将会得到强化，只不过是因为欧洲主义既缺乏传统也不具生活世界之背景，其结果就是诉诸民粹主义的情感，民粹主义就这样再一次被占用来当作集体认同。正如同民族主义在19世纪时重新创造并再次篡夺旧有的文化与民族传统，今日的欧洲主义正在重新创造民族主义，这已成为一种对欧洲传统的具体化。然而不仅于此。在过去，就像史料已翔实记载的，民族主义者在说服群众属于"民族"这点上，遭遇了相当大的困难。这种处境在今日并未有何不同。主要的难处在于，被称作欧洲的"地理整体"简直巨大又抽象到难以在任何重要意义中想象。问题的核心是它并没有情感上的价值。因此欧洲是被"想象"或"创造"为无记忆的宏大官僚体系之整体，用以保护以各种消费与福利模式为中心所组织而成的生活世界，而其缺乏的合法性则由民族主义作为必要的情感替代品来弥补（Smith，1992）。因而，今日的欧洲理念产生了一项矛盾：一方面是政治、经济与军事的整合，而另一方面却是社会和文化的碎裂化。

冷战共识的终结

在1989年之前，欧洲东部边界的问题似乎得到了解决。冷战稳固了西欧的疆界。随着"铁幕"牢牢地横亘在波罗的海和亚得里亚海间，毫无疑问，这就是西欧的极限了。出于认定自己就是西方的信心，"西部"一词遭到抛弃，而西欧则变成纯粹的"欧洲"或"欧洲共同体"。40年来，冷战为西欧认同提供了稳固的框架，该认同声称其目标是收复东欧并复原一个据说是"历史的"欧洲。在德国的外交政策中，这叫作"正常化"，也就是所谓的东方政策（Ostpolitik）之目标。但令人放心的是，这是不可能的，在冷战表象下团结的西方，正满足于历史天命之重担与其同在的幻想。

冷战及其维持的政治态势之崩解，对西方来说并不是值得庆祝的理由。随着假想敌的陨落，西方失去了其敌人及其带来的大部分稳定之基础。对欧洲来说，为了继续保有主流意识形态，便必须在冷战结构被拆解后，动员一项崭新的重建计划。

1989年对东欧来说尤其是个转折点。该年暮夏发生的一连串事件，以及在圣诞节前夕达到的高峰，着着实实是革命性的，并且在它们的世界中，其历史重要性足以与1917年的十月革命比拟。这是场革命，与改革截然不同的运动，目标是要推翻现存的国家，尽管它更像是倒转的革命，而非前行的革命，因为就像哈贝马斯（1991）指出的，它的一项独有的特点在于：它全盘缺乏革新理念。它不只打算否定1917年的遗产，更是一种迟到的想赶上西方之企图。失去可供倚靠的苏联备用武力，东欧共产党政府在最后关头便无法维持国家机器了。

但旧的敌人消失后，随之而来的是什么呢？冷战真的被证明是正当的吗？西方接下来遇到的合法性危机，与如今或许可称为不复存在、古老的东方边界问题有很大的关联。我认为，谈论哈贝马斯（1976）稍早前所定义的合法性危机并非夸大。很明显，西欧的情况没东欧那么严重。作为1989年与1990年翻天覆地变化的结果，西欧并没有国家垮台，但政治体系得以建立的根深蒂固的假设，在一瞬间就被夺走了一切意义。这点在西方对东欧国家倒台的形形色色的反应中是相当明显的。短短数年的空隙里，传统的左右两极瓦解了，新的政治词语产生了。旧的东欧共产主义政治阶级和苏联变成了"右翼"，而资本主义现代化阶层则是新的"左翼"。在意大利，冷战共识的崩解在1994年基督教民主党的消失，以及选举了一个与新法西斯主义者结盟的"后现代主义"政党来执政的过程中，得到最极致的展现。

固有对立两极的崩塌，意味着必须演化出新的战略。1989年以降的欧洲认同是不确定的，并且对于会导出什么结果一点头绪也没有。然而，有一些趋势是可辨别的。随着冷战解体而来的东欧之颠覆，见证了欧洲认同的重要重建。这在德国统一的案例中特别明显。

直到1989年柏林墙的倒塌和来年的德国统一，欧洲东部边界的问题才似乎有了明确的安排。到1989年之前，对于西欧的边界在哪里，并没有多少问题。历史上有些边界是较为明显可见的。"亚洲就在易北河边"，阿登纳*在1946年时如此评论（Garton Ash，1993，p. 50；Weidenfeld，1976）。战后德国的分裂是欧洲裂变为两个武装阵营的缩影，而德国统一的结果则带来了关于欧洲认同本身的重要问题。"西德"从地图上消失无异于"西"欧自身的丧失。冷战制约下的战后体系，是建立在遏止德国问题的基础上的。但德国并不是那种挥之即去的事物，德国的统一无可避免地会唤起新的欧洲被德国化之幽魂。尽管并没有多少人真的相信，德国想要重返1945年以前边界的欲望将再次引发东方问题，但德国统一仍被许多人，特别是东欧人视为某种隐忧。

不像其他西欧的民族国家，德国的民族认同在历史上是与其东方边界问题紧紧绑在一起的。对许多波兰人而言，德国统一的事实给波兰的生存带来了问题。"西里西亚依然是我们的"，20世纪90年代初期的德国人经常听到这句话。波兰人的担心并不是空穴来风，因为德国有些团体的确是怀着想要收复1945年的失土的野心。再者，在德国统一的相关讨论中，针对这个新国家是"再统一的"德国，或更谨慎点是"统一的"德国，这一点一直都不明确。"再统一"这个矛盾概念，总是在收复旧有边界之渴望中，带有关于过去的弦外之音。比起构成不到百分之五投票人口的极右翼的声明，更让人担心的是从中间偏右到极右翼的主流政党在相关领土议题上所表现出的矛盾态度。

然而，这在今日是另一回事了，此时，德国的民族认同更聚焦于以出口依赖型的经济维持高生活水平的能力。德国在金融市场方面的主宰才是真正令人担忧之所在。战后的德国民主制是世界上最稳定的民主制度之一，如今也没有几个国家具备比德国更强健的民主政治文化。德国于

---

* 阿登纳（Adenauer），西德第一任总理。——译者注

1990年统一时所处的环境氛围，与1871年俾斯麦在同丹麦、奥地利与法国作战后所统一的德国是大不相同的。对德国统一最初的反应，透露出冷战的终结是一种矛盾的发展，尽管有少数言论像奥布莱恩（Conor Cruise O'Brien）在《星期日泰晤士报》（*Sunday Times*）上"兴起中的第四帝国"之抨击一样偏激（James and Stone，1992）。冷战毕竟是由德国的分裂造就且维持的，即便如此，当德国的战争状态最终于1951年暂时画下休止符后，德国就不再是冷战的焦点了。考虑到德国的象征意义以及两次世界大战的记忆，德国统一的问题会挑战诸多战后重建的预设，也就不令人意外了。

在欧洲认同的重建中，最具意义的发展之一，或许是新的欧洲主义概念在前东欧的萌芽。尽管在共产主义看来，欧洲主义是资产阶级堕落的表现，如今它却成为大部分前共产主义国家政治议程上的议题。被排除在欧洲之外40余年的各个民族，之所以能够挑战冷战时期将西方等同欧洲的认同，乃是对于哈布斯堡王朝的旧欧洲神秘性之怀旧所致。布拉格和布达佩斯迅速成为新的欧洲文化大城，而柏林则不再是西方的图腾。事实上，欧洲已向东前进了数百英里之远，柏林被重新定位为统一德国的首都，是这场迁移的缩影。随着列宁格勒再次被命名为圣彼得堡，这座城市试着取回它那失落的欧洲认同。

但是，"欧洲"，在一方面缩短了多少距离，也就在另一方面拉开了多少距离。欧洲理念变成了一颗政治足球，各种群体都可借此区分出他者。对欧洲的喜好是东欧政治重建的显著面向之一。今日对欧洲理念之诉求的，特别是在东欧地区，可以与第一次世界大战终末时的民族诉求相比较。1989年、1990年的变化，与俄国十月革命的影响以及哈布斯堡、霍亨索伦、罗曼诺夫和苏丹等王朝于1918年的垮台是十分相似的。使人困惑的民族性和欧洲主义等概念，作为一种遭扭曲的现代性的表达方式，浮现于欧洲最后一个帝国瓦解的余波中，这并不令人意外。根据1994年的民意调查，大约30%的俄罗斯人想要回到罗曼诺夫王朝，而墨索里尼的幽灵则在意大利重现了。

如今东欧人视自己为"欧洲人"。但他们所向往的欧洲是西欧核心的大都会。这当然是某种与西方大城市有关的理想化的欧洲。真相则是大部分的"欧洲人"并不住在伦敦、巴黎或阿姆斯特丹之类的"大城市"，而是在与欧洲或欧盟的关系时好时坏、中等规模的工业城市里。现今的欧洲主义与乡村地区的联系程度，与大城市是一样高的。假若欧洲主义意味着对欧盟政治的狂热，那么西爱尔兰可能要比那些家乡诸郡*来得还要欧洲。出于其他理由，对"欧洲"的爱好亦是矛盾的。

例如，对捷克共和国来说，将自身归属于欧洲的观念是让它与斯洛伐克拆伙的手段。将波西米亚和摩拉维亚也算在内的捷克斯洛伐克西半部，作为曾属于奥地利司法管辖权治下之结果，在历史上是要更亲近西欧的，而东边的斯洛伐克则与匈牙利传统较为紧密，尽管事实上他们并不是斯拉夫人。自1993年捷克斯洛伐克解体后而形成的捷克共和国，因而能够声称自己具有欧洲主义传统，以便将自己与工业化程度较低的斯洛伐克区分开来，后者有大约60万匈牙利裔少数族群作为潜在的麻烦而居住着（Draper，1993）。当然，西欧并不总是以相同方式看待这些事情。张伯伦对捷克斯洛伐克的无视是出了名的，"那块远到我们根本不知是啥的地方"，但一年后英国就为了波兰的利益出兵了（Glenny，1990，p.70）。1945年的波兰之役是场注定失败的行动，而且西方正在跟苏联针对希腊的控制权讨价还价。欧洲理念往往是选择性运用的。

前南斯拉夫联邦的情况并没有明显差别。斯洛文尼亚和克罗地亚，这两者都比奥斯曼帝国统治下的塞尔维亚和黑山共和国，在历史上更接

---

* 　家乡诸郡（Home Counties），环绕于伦敦周边的地区。——译者注

近西欧的宗教与政治文化传统。近年来的欧洲主义，因而变成了斯洛文尼亚跟克罗地亚用于卸下自身之南斯拉夫理念的一种政治认同策略（Hobsbawm，1991c）。尽管这两国都属于拿破仑的伊利里亚共和国之一部分，稍后也都是奥匈帝国的省份，但两国间却有着明显的重要差别。斯洛文尼亚可以比克罗地亚更强烈地声称自己具有欧洲主义的传统，因为前者曾是奥地利的省份，而后者则是由布达佩斯统治。斯洛文尼亚人如今开始以维也纳比贝尔格莱德更接近卢布尔雅那*这点为荣。对波罗的海三小国而言亦然，作为欧洲成员的身份，是一种使它们跟俄罗斯区别开来的手段。简而言之，欧洲认同有其使用方式。得到强调的很可能是那些能把一个群体从其他群体中分离出来的特点，而非全体共有的特色。

在紧接着柏林墙于1989年倒塌而来的兵荒马乱中，新的欧洲定义以惊人的速度浮上台面。很快便显而易见的是，欧洲并非对每个人来说都是一样的。对许多人而言，中部欧洲计划是一种潜在的"再欧洲化"以及再次导入某些已遭苏维埃体系铲除的价值与抱负之手段，（Schöpflin，1989，p. 27）。恢复历史的观念十分强烈，然而对戈尔巴乔夫（1987，pp. 194–195）领导的苏联来说，"欧洲是我们共同的家乡"，这同时也在意识形态上赋予了改革（perestroika）合法性。当英国、爱尔兰和斯堪的纳维亚论及"进入欧洲"时，东欧所谈的是"重返欧洲"。贯穿整个欧洲历史，欧洲主义的定义往往出现在来自边缘和半边缘地区的挑战之中。在大都会的核心，例如巴黎、米兰与苏黎世，欧洲认同相对来说是得到确保的，并且无须持续验证——除非是在与边缘地区对立时。然而在边缘地区，政治与文化认同更为脆弱且不稳定，在那里，欧洲主义是相当有争议性的。随着东欧努力地承担起欧洲之责，20世纪90年代西欧大都会中心见证了对于欧洲主义的反动，也就不令人意外了。甚至传统上是自由且开明的国家如

　　＊　卢布尔雅那（Ljubljana），斯洛文尼亚首都。——译者注

丹麦，也对欧洲统合的新展望有着强烈的反对，然而相对保守的国家例如爱尔兰，倒是全心全意地拥抱"欧洲"这个套装组合。

中欧（*Mitteleuropa*）再次浮上台面，为欧洲的认同问题增添了新的面向。西欧不再只是简单地与"东欧"对立，如今还有中欧（Central Europe）。米兰·昆德拉（1984）说欧洲作为"与'西方'同义词的精神之整体"，并肯认它也是波兰人、捷克人与匈牙利人的文化根源，他们都属于"深植于罗马天主教的欧洲之一部分"。中欧理念的拥护者，像是昆德拉便表明俄罗斯是非欧洲的。考虑到习惯上被称为东欧的地方如今被叫作中欧，这就引发了东欧的确切范围到底在哪里这种棘手的问题。俄罗斯是现在的东欧吗？如果边缘并不存在的话，那为了有个中央，也非得创造出来不可。

中欧理念不仅是献给未来的乌托邦，也是对想象的过去之缅怀。再次激发中欧（*Mitteleuropa*）的旧欧洲精神之计划，所带来的问题在于，被重新引入的实际上并不是旧欧洲的文化。这不但是不可能的，而且更是不可欲的。"中欧计划"是个有着潜在危险的理念，并且无法不与意图扭曲民主改革的民族主义和蒙昧主义之暗潮联结在一起。就算作为"乌托邦"，它也是个危险的理念，并暗示着达伦多夫（Dahrendorf，1990，p. 56）所谓的"总体社会"（total society）。正如我之前所主张的，过去从来就不是历史的过去，而是与现在紧密连接的。复原过去的计划，充其量也只是个极其矛盾的策略，因为它所谓的过去，永远是选择性的过去，这通常是民族沙文主义的最显著标志。

当东欧大部分地区试着通过创造中欧（*Mitteleuropa*）来"重返欧洲"时，却也在前东欧的两个构成部分——东南欧和今日主张己身为中欧的区域——之间制造了新的冲突。一道醒目的区别如今出现在边缘与半边缘地区之间。波罗的海三小国、波兰、前捷克斯洛伐克、匈牙利和斯洛文尼亚已经历过相对平顺的朝资本主义及自由民主主义的转型阶段。考虑到它们与主流欧洲传统浓厚的历史关系，这些作为半边缘地区的国家，与西欧有不同程度的整合，但总体来说要大于那些更加边缘的地区，其中包括保加利亚、罗马尼亚、阿尔巴尼亚和前南斯拉夫，斯洛文尼亚可能是半边缘地区的例外，它可以声称正在从巴尔干半岛走向中欧的路上。

那么，我们便能论及两个习惯上被称为"东欧"的历史区域。也就是中欧诸帝国的半边缘地区及奥斯曼帝国的半边缘地区。将这些地区看作组成了一个无差异的东欧是错的。这两个地区的历史经验，差异大到让上述的主张根本站不住脚。罗马尼亚跟波兰或捷克共和国有何共通之处？我确定不会比爱尔兰跟希腊还多就是了。这方面的观点或多或少会因人而异，但试图把基于可疑的历史理论的全面性结构强加到如此不同的整体上，是十分荒谬的。正是因为这个缘故，在宣扬中欧计划的概念时应特别谨慎。中欧理念与西欧或东欧类似，都是被创造的建构物。再者，对它的狂热往往会伴随着对俄罗斯与东南欧的敌意（Neumann，1993）。许多国家，如波兰、匈牙利、前捷克斯洛伐克，都将它们自己视为数以千计的乌克兰人、俄罗斯人以及其他来自前苏联地区之移民的欧洲候车室（Carter，1993，p. 477）。

但中欧也是一个规范性理念，区分了西方消费资本主义与苏维埃共产主义（Kumar，1992）。这就是为什么康拉德（Konrad，1984）把中欧称为是"反政治的"。对其他人来说，这是基于市民社会之复兴的文化概念（Schögel，1986）。旧的中欧理念曾在共产主义统治时期重现过，与市民社会理念一道成为反抗的意识形态，它们同时也是1989年与1990年的动荡时期中自由主义改革的主要空白地带（Glenny，1990，pp. 185-187）。然而这些理念能否持续具备与它们在共产主义时期相同的反抗意义，这是令人高度怀疑的（Kumar，1993）。以任何有意义的方式来使用"中欧"

一词都是困难的，因为它已变成一颗政治足球。举例来说，在统一前的德国，该词是作为东方政策的一部分为20世纪80年代的保守派政治人物所使用，然而对社会民主党人而言，这是一种疏远美国同盟的方法（Garton Ash，1993，pp. 316–317）。而瑞士，几乎不曾在中欧论辩里被提及，因为该地指涉的似乎是更加古老的哈布斯堡王朝疆域。

在从共产主义到资本主义的变迁过程中，东欧事实上已有部分被西欧吸收了。这在德国的案例中尤其明显，有五个前民主德国的邦（federal state）就这么变成了一个民族国家里的贫穷地区。统一的代价纯粹是随着各邦的地区差异而增加的。1989—1990年变化带来的直接结果是，民族跟地区紧张关系的恶化。朝资本主义的变迁和西方企业于东欧的渗透，在这些国家中产生了程度不一的现代化。从中出现的结构碎裂，导致了某些地区多少都被"西方化"，而其他地区却陷入了全然未知的命运中，这些全都与恐外的民族主义以及种族和地区之冲突有所联结。正是这种场景，造就了福山（Fukuyama，1992）那荒谬的自由民主取得世界胜利之论点。我的主张是，冷战共识崩解后所出现的是意识形态真空，其中产生了新的意识形态斗争，而且新自由主义的晚期资本主义对前共产主义世界之渗透，无法发展成关于西欧标准之内在价值的基本共识。如果现状真的具有任何特质的话，那也是不确定的特质，而非意识形态之终结。

苏联的解体也引起新的欧洲认同问题。古老的东方边界问题再一次于这些新国家的建立过程中浮现。外高加索属于欧洲吗？就西欧而论，乌克兰和白俄罗斯的地位如何？这些地区都被认为是一半欧洲一半俄罗斯吗？隐藏在这些问题之下更基本的议题是：我们如何看待俄罗斯？根据地理标准，从俄罗斯到乌拉尔山的这些边缘地区，都属于欧洲大陆。但欧洲真的延伸到了乌拉尔山脉那么东边吗？我相信，这场关于欧洲的争论绝对与同西欧和俄罗斯这两极相关的边缘与半边缘地带之形成脱不了关系。然而在惯常被称为东欧的地方，区别边缘和半边缘地区是有其说服力之理据的，更进一步，辨别东欧的半边缘地带和苏联的边缘地带亦然。宗教和族群认同在这些边境地带的欧洲认同问题中，是相当复杂的因素。

一千年来，西欧认同都是由基督教所形塑的，然而对许多欧洲边缘地区产生最大影响力的是伊斯兰教。它很可能是形塑21世纪最强大的力量之一。1992年，独联体中的四个亚洲共和国成员吉尔吉斯斯坦（Kirghizistan）、乌兹别克斯坦（Uzbekistan）、塔吉克斯坦（Tajikistan）与土库曼斯坦（Turkmenistan），和伊朗、土耳其与巴基斯坦一同成立了泛伊斯兰贸易集团。对21世纪来说，重要的问题将是欧洲能否接纳伊斯兰教认同。今日的现实是，自中世纪以来首次，有个广大的伊斯兰教世界正在欧洲的边缘成型。在欧洲的半边缘地带里，阿塞拜疆（Azerbaijan）尤其是有趣的例子。它是外高加索中占地最广的共和国，拥有700万人口，以穆斯林为主且在文化认同上较靠近土耳其和伊朗。它也是个复杂的案例，因为它的穆斯林人口以什叶派为大宗，与同样以什叶派为主的北伊朗有着紧密联结，而不若土耳其以逊尼派为主。俄罗斯自己也包含四个穆斯林地区：中伏尔加河流域（mid Volga region）、克里米亚（Crimea）、北高加索（Northen Caucasus）以及穆斯林外高加索（Muslim Transcaucasia）（Bennigsen，1972）。

白俄罗斯、摩尔多瓦跟乌克兰在地理上同样属于欧洲，一如俄罗斯。但它们之所以属于欧洲一方，只是靠着让自己与更东边的邻居有所区别的能力吗？乌克兰是占地最广的欧洲国家，拥有欧洲第五多的人口（5100万），可不能随便忽视它。同样是重新出现的摩尔多瓦，在历史上是奥斯曼疆域的一部分，而今日在奥斯曼疆域上还形成了罗马尼亚。这两国在族群上是紧密相连的。

1989—1990年间的变化使共产主义在东欧消失了，而苏联在1991年12

月的垮台则可能为新的欧洲认同提供了基础。然而这种情况并未发生，苏联的解体仅仅强化了西方的沙文主义。各种价值并未汇聚；相反，东欧沦为了西方的贫穷边缘地带，其结果是某种"反欧洲"的形成。隐藏在此项发展背后的，是把欧洲理念跟现代化画上等号的普遍趋势。包含大部分东欧地区的现代化社会工程已然失败，而某些人所主张的作为全球现象的现代化，事实上在后共产主义世界中也早已崩毁（Kurz，1991）。

欧洲单点（EUROPE A LA CARTE）*

1989年有两种相互抵触的发展。首先是冷战的终结和相应进行中的德国统一，紧接着是东欧共产主义政府的下台，以及最终苏联的瓦解。其次，在共产主义退出后的期间，欧洲共同体内部迈向整合的过程越来越快。欧洲在1989年有34个国家，到了1992年有54个，与此同时全世界大约有170个国家，这项发展引出对于"新中世纪主义"**的猜想。欧洲社会的危机是从如下诸多事件之结合中萌芽的：东欧解体之时正是西欧整合之刻，这真是讽刺。当冷战出人意料地结束时，欧洲正全速进行整合之事实，导致了欧洲认同的不确定性之增加。欧洲不只发现自己作为"西欧"的认同，由于"另一个我"（alter-ego），即"东欧"的消失而遭到挑战，而且来自西欧民族国家内部，以民粹主义和新民族主义之姿出现的抗拒，也提供了有别于欧洲主义的另一项选择。

然而，重要的是要注意到民族主义并不必然暗示这是一种对欧洲主义的排斥。新民族主义的重要面向之一，即是它的可塑性，它拥有扮演多重

---

* "单点"是相对于套餐的概念。西式餐厅点餐可选择套装组合或分开点前菜、主菜、汤或甜点，作者此处使用这个词语譬喻欧洲就像是可以供人分开取所需部分，而不是一整套的集合。——译者注

** 新中世纪主义（Neo-medievalism），国际关系从近代发展到现代，在新的条件下重现中世纪时期西欧国际关系的基本景象。——译者注

角色的才能。它本身无其新意，因为民族主义一直是变化多端的现象。过去的地域认同和民族认同一起留存下来；今日的民族认同则要重新适应欧洲主义，用自己的词语对其重新表达。

1989年危机的波及程度之广，一直要到1992年的三项发展变得明朗时，才显明起来。首先，随着《马斯特里赫特条约》纳入大多数会员国的议程，迈向欧洲整合的过渡期伴随着区域民族主义的高涨，以及更强烈的来自民族国家本身的抵抗。由布鲁塞尔所提倡的，作为新形态官僚爱国主义的"欧洲民族主义"（Euro-nationalism），只起到了对沉眠已久的区域和民族主义运动煽风点火的作用罢了。这点是可理解的，因为许多人对布鲁塞尔的官僚权力集团将日益增强的行政集中化和财政权握于手中所带来的后果忧心忡忡。民粹主义运动反映出民族主义运动和公民抗议运动的宽广光谱，它能够充分利用必然牵涉到的民主制度的不足之处而加以发挥。

其次，大部分西欧国家的政治领导权丧失了。自由民主正处于低潮期。社会民主党正在经历选举吸引力的快速流失，保守党则发现解决资本主义重大危机的难度越来越高，失业率达到了历史新高，而经济衰退则准备登场。

再次，共产主义退场立刻带来的结果，是大量来自东欧之移民所带来的威胁感受。这些移民在柏林墙倒塌最初带来的狂喜退去之后，变成西德公众歇斯底里情绪发泄之对象。这种情况与全球范围内移民普遍增加一同发生，更是让西欧迅速发作的妄想症更加恶化了。

这就是新登场的抗争，与原来的设想相对立。1989年后的欧洲愿意接受新的定义。一如在东欧，欧洲理念指涉的内涵跟西欧不尽相同。新的欧洲理念是一种单点式的欧洲：这是选择问题。由于所谓的共同市场，一个人可以在名为欧洲的菜单里头，选择各式各样的菜。这股把欧洲打造成以经济为中心而与国家对立的潮流，当然是自开端始就内在于欧洲共同体中的。关于欧洲统一体的理念，如同我已论证过的，总体而言，是为了最有效率地追求国家利益之故，而被规划成最小限度的统一：民族国家从来就不在考虑范围内，这种统一体还被视为是新的欧洲和平协同之基础。欧洲共同体仅仅倾向于进行晚期资本主义的危机管理，提供必要的掌控力，以及让各会员国可以追求它们那互斥之目标的方法。就欧洲理念本身而言，它一直都是冷战共识中永续计划的一部分。欧洲理念在有助于必须贯彻的国家计划之程度上，是被容许的。作为文化理念，它是被用于整合政治机制的工具，以及一种把控资本主义方向的手段。

然而，随着1992、1993年间的马斯特里赫特辩论，当运动朝向加强整合而呈现出新的动力时，关于是什么构成欧洲的共识崩毁了，民族国家于极右派势力的抬头中再次得到了强调。欧洲统一越即将成真，就越不受欢迎：作为抽象目标或实现其他计划的手段，统一可能是有吸引力的；但作为现实，它明显是不受欢迎的。真相是，20世纪末的欧洲，没有任何一处要比1815年维也纳会议所建立的欧洲协调机制来得更接近统一。19世纪时除了美国、俄罗斯与奥斯曼帝国，在世界上绝大部分地区旅游是无需护照的。直到第一次世界大战前，在西欧旅行也并没有法律上的限制（Barzini，1984，p. 23）。

"整合的"欧洲之盛大演出，遭遇的不只是来自极右派以"民族认同"为名的反对，还有更根植于社会和经济现实的疑虑。"整合的"欧洲，一般来说并不被当作是"统一的"欧洲，这只是因为，作为贸易集团而言，它太小了，以至于无法为每一个会员国提供平等进入市场的机会。一个"整合的"欧洲无可避免地会使一群经过挑选的特权国家集团受益，在它们当中，甚至还有更特权的核心，以及相应而生的极度贫穷的边缘地区之高失业率。

今日许多人也担忧着，以"欧洲"之名发言而具备合法性的非人性化的官僚机构将权力集中在手中的后果。欧洲的修辞为对调动新形态权力的政治策略的追求提供了合法性，若没有这些词语，它将毫无合法性可言。人们不应被下列事情哄骗，即相信欧盟的欧洲因其固有价值而已然来到。精英们的理念由于其维持或贯彻权力体系的功能性价值而得到提倡。在欧盟的例子中，这是一个关乎确保资本积累和资本自由流动的最佳状态，以及让西欧能在全球层面具备竞争力的问题。现今的欧洲理念日益成为一种同质社会的表达方式，成为资本主义通过市场和资本积累的动力所强制达成的经济一致和社会凝聚之趋势。与之相关的是隐藏在正式且表面的民主机制下，新的非正式决策组织的兴起，而这种组织可能变成威权主义国家机器的基础（Bunyan，1991）。

欧洲主义并不是国际主义或泛欧洲统合的同义词。20世纪90年代的欧洲主义，很有可能是种用来表达仇视和沙文主义的意识形态策略。这是因为，在不同的背景中，欧洲对不同人有不同的意义。欧洲主义并不是一组固定的理念或理想，可被单方面地作为民族沙文主义和仇外情绪的另一种选择而为人向往。它是一种话语策略，由不断变化的相关词语所组成。当我们看见隐藏在国际主义修辞表象之下的真相时，总是会发现被薄薄地掩盖着的权力话语。要发掘一些可拿来做说明的例证，并没有那么困难。

在意大利，对欧洲的狂热一般来说是相当强烈的，欧洲主义有它的用处。对于北方联盟*来说，意大利北方是属于欧洲的，而南方则是非洲的。在意大利北方，对中欧的怀旧相当受到欢迎。对梅特涅那著名的意大利只是一种"地理表达"的评论，意大利北方新生的民族主义已经完全逐字逐句地接受了。这种发展带出一个问题，即意大利作为统一的政治整体，其真正意涵为何？重新发现哈布斯堡王朝的遗绪与中欧的神秘特质，是个可用来对抗罗马与南意大利的强大意识形态工具。

---

　　*　北方联盟（League of the North），意大利极右翼政党。——译者注

在20世纪70年代与80年代，欧洲理想对希腊、西班牙与葡萄牙来说，意味着从独裁政体中复苏，并迈向民主政体的手段。对希腊来说，欧洲还有着额外的吸引力，也就是作为对抗土耳其的便利工具。希腊主张一种经过精心选择的欧洲主义传统，而土耳其则被描绘成半东方的专制主义。在西班牙，欧洲化在更早之前就已是一个工具了，是用以阐述基于"欧洲将会从外来者手中拯救我们"此一原则的西班牙认同（Del Corral，1959，p. 64）。这就跟日本使用欧洲主义的方式不同了，它是把日本从亚洲当中脱离出来*（Kishida，1992）。

法国是一直支持欧洲主义的，一般来说，历任法国政府都把它当作是法国雄心壮志的同义词。只要欧洲仍意味着法国之志向，它就是可接受的。对欧洲而言，特别是就英法二国而言，最重要的任务仍是遏止德国的发展。从德国人的角度来看，他们是最不惧怕欧洲的，因为他们现在占有一块比以前更大的疆域。在英国内部，欧洲主义可用于各式各样的政治策略。20世纪80年代时，它普遍被理解为反对撒切尔主义的政治声明和马岛战争时的帝国主义侵略政策。在苏格兰和威尔士，欧洲主义的许诺呈现出对英格兰强烈的敌视态度，尤其直指伦敦的托利寡头集团。苏格兰民族主义党的主要政纲即是"统合欧洲中的自由苏格兰"。在这个意义上，欧洲主义因而能跟民族主义兼容。在爱尔兰，欧洲主义一般来说是象征着对传统天主教的反抗和民族主义民粹运动，然而对许多人而言，欧洲经常被视为是军国主义的遮羞布，并且是对国家官方军队中立性的一种威胁（Maguire and Noonan，1993）。反欧洲主义也可以是微妙的新民族主义策略，用以阐述试图卸下北爱尔兰问题之重担的新民族主义认同。这种反军国主义的理念也是"北欧认同"的基本成分，它是奠基在反军国主义社会的概念上的，而军国主义社会在西欧则占有主导地位：北欧认同从定义

---

* 即福泽谕吉所主张的脱亚入欧论。——译者注

上来讲是与欧洲认同对立的，后者被看作是分裂且高度武装的（Waever，1992）。

欧洲主义也能兼容社会民主主义（Dankert，1989）。总的来说，建构于20世纪70年代的欧洲共产主义传统之上的左翼是欧洲理想最狂热的支持者。有别于可以说是80年代特色的政治新自由主义，欧洲主义经常被视为另一种选择；而自1989年以来，随着民族主义兴起和极右翼在选举中不断攻城略地，欧洲主义也暗示着是不同于成型中的民族主义的另一条道路。然而如果这是真的，欧洲主义也日益成为传统左右两极对立的替代物。它也与新生的中产阶级和新的管理阶层精英相连接，对他们来说，欧洲理念是通往权力与财富的终南捷径。对梵蒂冈而言，欧洲亦有其用途：共产主义的失势和欧盟的扩大，呈现出以罗马天主教支配计划为模板的新"基督教欧洲"之前景（Chenaux，1990；Kettle，1990）。

欧洲可以指涉一切人们想要它指涉的东西。它是种话语策略（Chilton and Ilym，1993）。历史上从未有任何时候比今日的人们更频繁地谈论"欧洲"。几乎没有什么话语能这么快就从政界传到市井成为谈资。休·邓肯（Hugh Duncan，1972，p. 23）曾论述过"名称"（names），也就是那些将权力合法化的符号形式的力量："谁创造或控制了这些名词，谁就控制了我们的生活。"他的"社会剧"（sociodrama）概念，解释了符号话语通过得到认同和合法化的过程，而具备创造实在之力量的方法：它参与一种话语，而当该话语本身得到了合法性时，便取得其最大的权力。欧洲就是这些符号名称之一，它们唤起了超越民族国家的超验统合观念（transcendent point of unity）。如此它便有了社会整合的权力；它所传达的既是一种空间之神秘性，也是一种关于历史的哲学神话。权力在唤起一个除了自身便不需要其他合法性的能引起共鸣的名称时，获取了自己最大的合法性。今日，欧洲理念正呈现着这样一种超验的与终极统合的特质，而这只需它信仰自己的合法性即可。每个人都会因为"支持"或"反对"欧洲而遭到谴责，而今日正在论辩的重大问题都是以欧洲之名进行的，而非在晦涩的历史范畴中进行。这意味着欧洲理念可被理解为是一种创造新的政治主权原则的尝试，并与之一同将出现于晚期资本主义的新权力予以合法化。

在这样的背景中，它可被视为是一种新的令人费解之物，寻求一种对社会民主主义工程的激进背离，来达到支配性意识形态的地位。从另一种观点来看，新的社会运动的政治斗争正在这种新的霸权中寻找反抗的支柱。这是可能的，因为这是历史上第一次，欧洲在西方民族国家政体的政治及经济框架中被制度化了。对许多人来说，欧洲正在变成欧盟的象征，以及经济合作与发展组织（OECD）的对外部门，一种不受经济成长限制的符号，以及一种建立于不再与人类需求有任何关系的消费基础之上的生活模式之典范。在这种设想中，欧洲理念参与了对自然进行的大规模攻击，是阿多诺与霍克海默（1979）称之为"启蒙辩证"的最终表达：以文明之名宰制自然。今日的欧洲理念已从资产阶级的文化装置中脱离出来，并正成为国际金融资本主义的意识形态和逐渐取代资产阶级精英之新精英阶层的政治焦点。它是伪国际主义，归根究底是资本主义的，而非人类的国际主义。因而许多新社会运动在抵制新"欧洲"的技术－世界主义也就不令人讶异了。女性主义尤其不青睐欧洲理念，因为其所持的是那些属于男性认同的价值观。

欧洲主义的地缘政治学

西欧大部分的国家都有着南北差异，这算是老生常谈，无须娓娓道来，只要略举数例具启发性者即可。意大利是最明显的例子：北方为先进工业区，南方则相对不发达；最北部的区域与奥地利的中欧紧密相连，而在半岛另一端，西西里岛是欧洲与非洲间短短的跳板。英格兰也存在着巨大差异，北方充满着遭遗弃的旧式产业结构，繁荣的南方则是以金融资本主义为基底。宗教改革的遗绪在许多国家中都创造了持续甚久的清教北方与天主教南方之分裂：荷兰、德国与爱尔兰都是鲜明的例子，像苏格兰这样刚好颠倒过来的情况则是例外。最后必须要提的是比利时北方讲弗兰芒语的人口和南方讲瓦龙语的人之间的语言争议。从许多方面来看，这些分隔都反映出西欧内部更普遍的南北分裂。也不应遗忘地中海，对西欧来说，它一直都是比"铁幕"还要宽广的边界。

把西欧的地缘政治分裂拿来对照东欧的情况，是相当有启发性的。我们可以立刻观察到，那里主要的分裂并不是南与北，而是东与西。我已评论过捷克脱离斯洛伐克的过程如何成为这种现象的一道缩影。在大部分的国家，传统上对俄罗斯的敌视使它们加速向西转。然而在许多国家中，种族问题在区域分裂的形成过程中更为关键。这是因为东欧要比西欧在族群上更不具同质性，而且各族群往往分散在许多国家。这不禁令人想起在之前的章节中所提到的，这些认同是如何被边界的环境所形塑的。

在罗马尼亚，拥有200万匈牙利裔人口的特兰西瓦尼亚省，代表着与匈牙利之间冲突的主要焦点。这个居住着众多罗马尼亚人的省份，直到1918年都是匈牙利的一部分，但在战后却违背多数人的意愿而判给了罗马尼亚。尽管在推翻齐奥塞斯库后试图要更进一步地与西欧整合，但罗马尼亚内部仍有股强大的力量，不愿意断绝与俄罗斯的联系。然而保加利亚并没有显著的区域差异，该国的民族认同往往是通过敌视其东南方的邻居土耳其而形塑的。1989年，占境内全人口一成的土耳其少数族群问题，在强迫同化政策失败以及超过30万的土耳其裔保加利亚人跨越边境前往土耳其，导致国界被迫关闭的结果时，造成了危机。波兰相对来说是较为同质的，却也有着西边与东南边之间深刻的差异。在当前的背景中，一定要再提一下前南斯拉夫，那儿的区域差异明显地分别由塞尔维亚和克罗地亚所代表的东西为主，而波斯尼亚则是作为过渡性的悲剧地带。代表着"边境之地"的乌克兰，被区分为相对先进的东部和落后的西部，东部比西部要更加整合进苏联的产业经济中。这项区分也反映在宗教里，西部以东仪天主教会为主流，而东部则是东正教。东欧唯一明显有着南北分裂状况的国家是阿尔巴尼亚及其两个族群：北方的盖格人（Gegs）和南方的托斯克人（Tosks）。与希腊接壤的南方边境在其孤立政策中是居于首要地位的，特别是考虑到希腊声称拥有南方阿尔巴尼亚的领土所有权，而那儿居住着信奉东正教的希腊少数族群。但是东部边境同样有着特别的重要性，因为相当比例的阿尔巴尼亚族群在科索沃的塞尔维亚区中遭到了孤立。

在此可以做个总结了。当西欧的区域差异是由宗教改革，以及发展程度不一的资本主义南—北线所决定时，东欧则更重要是由一种更大程度的经济、政治及文化上的意义深刻的分裂所区隔的，它是介于西欧与俄罗斯之间，以及稍早的奥斯曼—拜占庭传统之边界环境的创造物。鉴于这种多样化的情境，作为单一且同质化理想的欧洲理念到底是什么呢？

表面上，它呈现出来唯一真的能够横跨如此分歧之社会的同质文化，就是通俗文化：西方形式的消费主义、广告、电视以及娱乐产业。某种程度上来说，它才是东欧的文化整合机制，而非传统意义上的西方政治文化。唯有在通俗文化的层面，才有着价值的交会点。然而这是矛盾的，在它突然出口到受到限制的东欧社会前，西欧自其成型阶段就暴露在文化工业之中已逾40年了。其结果为在东欧内部造成了巨大的文化断层，他们必须在新出现的且已经成熟的西方产物中寻得自己的身份。随着欧洲再次被创造于市场的想象中，许多只体验到由新自由主义造就的资本主义现代性之严峻性的东欧人，会在新民族主义政治中寻求认同也就不令人意外了

（Hockenos，1993）。

我们可于此背景中论及两种政治文化的相互冲突：以欧盟为象征的西欧核心地带的技术政治文化，以及与贫困地区有所关联的道德－政治文化（Lepenies，1992，p. 54）。冷战的终结并未明显拉近东西欧之间的距离。我在本书中一贯的论点是：欧洲理念是一种文化理论，一旦变成将政治合法化的政治框架中的一部分，它就会转而成为分裂制造者。欧洲理念的政治化，将发展为欧洲文化的"去差异化"，其必然会导致知识批判的丧失（Lepenies，1992，p. 54）。我相信，确保不让这种事情发生，并让欧洲理念自凌驾在社会与文化议题之上的经济与政治霸权考虑中脱离，是很重要的。这将涉及对于时下盛行的关于欧洲是由什么构成的定义的严重质疑。这些将在接下来的段落中做个总结。

第一，作为西方的欧洲。此处所指的欧洲仅只是大西洋秩序的一部分，并且从属于美国。如同我已论及，"小"欧洲的愿景已逐渐为人遗忘。第二，与20世纪80年代和平运动相关的欧洲理念（Hyde-Price，1993，p. 21）。基本上是指涉延伸到"铁幕"为止的西欧。它是反西方的欧洲概念，旨在使欧洲从美国的军事目的中脱钩。第三，作为欧盟的欧洲。这是主流的欧洲理念，并且是大部分前东欧地区所向往的。第四，一种把俄罗斯含纳为欧洲一部分的扩展了的欧洲理念。这种理念在战后的法国相当受到欢迎，尤其是跟戴高乐对于"从大西洋到乌拉尔山"的扩大版欧洲之愿景有所关联。这个加大版的欧洲概念规划着把美国排除在外。之后它成了戈尔巴乔夫"欧洲共同家园"之理念的基本要素。第五，将美国、俄罗斯及苏联加盟国也纳入的欧洲安全区域之理念。第六，则是作为有别于西欧的另一条路的中欧理念。

从此可见，欧洲理念是如何与政治合法性产生密切联系的（Garcia，1993）。潜藏在争夺合法性之斗争背后的，是更根本的文化认同问题。

欧盟无法代表斯拉夫欧洲；的确，除了希腊以外，几乎整个欧盟都是拉丁基督教的堡垒，而且还是全世界君主制国家最集中的地区之一。不意外的是，我们今日发现的许多想要提倡新的文化认同的企图，例如1991年在威尼斯举办的、可谓浮夸的凯尔特文明展，即为在欧洲范围内统一文化遗产之强而有力的声明（Lorenz，1994，p. 2）。1992年不只是欧洲"统一"之年，更是欧洲"发现"美洲的500周年（欧洲于1492年"发现"美洲）。1994年，令人印象深刻的诺曼底登陆50周年纪念，同样透露出提倡欧洲认同的企图。实际上，该纪念只是用来疏远那些振振有词地主张大战靠东边前线而获胜的东欧人，尤其是苏联人，后者在当时牺牲了大约2700万人。

接下来，我将专注于在后冷战年代中想要创建一种霸权性质的欧洲理念的尝试。在此我指的是替代旧"西方"意涵的"欧洲堡垒"。虽然它呈现的形式含糊不清，且欧洲理念也从未像这般引发争议，但从中还是能够辨别出某些趋势。

欧洲堡垒

当欧洲理念可能会成为民族国家相互竞争中的政治足球时，在某种程度上，我们就能够论及欧洲作为一种新形态的合法性之基础（Garcia，1993；Waever et al，1993）。这需要在全球背景下研究欧洲理念。今日欧洲理念既是一种统合的理想，也被用来设下界限以对抗第三世界。这是近期最不祥的发展，尽管它一向是冷战政治中不可或缺的一部分。古老的种族和民族认同问题再次于欧洲浮现，且欧洲统合之理念也随着正在侵占发达国家的、来自东欧，尤其是第三世界大量移民所带来的恐惧，而再次呈现出其重要性。"欧洲的统一"，根据利奥塔（1993，p. 159）的研究，

"也意味着与其所仇视之事物的统一"，种族主义和反犹主义便在其中。

未来20年内，欧洲将会变成移民的领域，这并非不可能，有点像美国在19世纪时那样。有史以来第一次，对欧洲的信奉意味着其将在对人口爆炸的恐惧中迎来终结。冷战保护了西欧，尤其是德国免于来自东欧移民的涌入。全球有超过九成的人口是在第三世界中成长的，往经济合作与发展组织国家移民的人数增加将是未来不可避免的趋势。鉴于目前的世界人口大约是54亿，到2010年时预计达到70亿，而2020年则是80亿，迄今为止所有在发达的西方国家里流行的政治意识形态，都将发现到它们正面对着全新形态的挑战，然而这经常是被夸大的情形，指出这点是重要的。自罗马帝国灭亡以来，欧洲最大规模的迁徙潮出现在第二次世界大战的余波中，当时有近5000万人成了难民。第二次世界大战终结时，西欧内部的难民人数要远远超过当前（Miles，1993，p. 21）。内部迁徙是欧洲史上不可或缺的一部分。欧洲人无论在种族上还是民族上都不具同质性，不管他们自己觉得如何（Huxley and Haddon，1935）。

随着苏东剧变，西欧认同得以不再沿着冷战路线而建构。由于无法唤起共产主义的威胁，西方发达国家再一次从伊斯兰教那边找到了敌人。法国民族阵线*领导人勒庞（Le Pen）所勾勒的幻想之一，就是法国人会被迫在清真寺外下跪乞讨的未来。这种恐外幽魂不光是针对穆斯林主宰的世界，更是对"欧洲伊斯兰教化"的恐惧。门外的敌人具有这种唤起欧洲对于东方的深层敌意之能力，这层敌意如同我们已理解的，有着悠久的历史。伊斯兰教的形象是通过强调其文化同质性和充满威胁的他者特质而得到形塑的："它被群众心理机制描述为一种令人厌恶的异国情调，该机制在反犹主义当中也扮演了十分相似的角色。"（Al-Azmeh，1993，

---

* 民族阵线（Front National），法国极右翼政党，于2012年总统大选第一轮创下近两成选票的历史新高纪录。——译者注

p. 4）根据齐泽克（Žižek）的研究（1993，p. 234），这可以在海湾战争与波斯尼亚战争相关的报道中得到证明（另见Mestrovic，1994；Ahmed，1992）。

　　欧洲历史边界的老问题，如今在随着冷战终结而浮现的意识形态真空中找到了新的语境，并且在创造后共产主义时代的敌人中得到了体现。随着伊斯兰教成为敌意的焦点，西方只不过是把极权主义的想象从共产主义阵营移到了穆斯林东方的身上（Diner，1991）。东方，就这么继续成了欧洲的敌意中心，唯一的差别在于，它更进一步地南移了。不出意外的是，苏东剧变后，西方立刻团结一致向伊拉克宣战。当然，伊斯兰教世界在经济上并未对欧洲造成严重挑战——西欧与美国经济大权的主要挑战者是日本与东南亚。对欧洲而言，伊斯兰世界的威胁在于道德方面。东欧问题与新法西斯主义对"穆斯林欧洲"的恐惧并非是各自独立的：意大利北方联盟的一位高层曾暗示，"文明的"欧洲，也就是西欧，应该利用"野蛮的"欧洲（也就是东欧）朝民族主义的日渐回归，使之成为"阻挡穆斯林入侵的边境警卫"（Judt，1994，p. 44）。正是在这种意义上，欧洲逐渐变成以直布罗陀海峡和博斯普鲁斯海峡作为护城河的堡垒，并且与第三世界保持着一定的距离，仍旧把它当成方便的垃圾掩埋场、垄断市场与廉价又可任选的劳动力市场（Nederveen Pieterse，1991，p. 6）。正在成为焦点的不是军事斗争，而是建立在确信文化不相容性这种毁灭性意识形态上的文化竞赛。

　　同一时间，遍及整个伊斯兰教世界的军事政权正持续向西方采购武器，从而使得它们继续处于被视为是西方之威胁而受抨击的处境中。在这心照不宣的阴谋中，许多温驯的顾客尽责地扮演着苏联在冷战游戏中的角色。西方的新英雄不再是已由俄罗斯平反的索尔仁尼琴，而是作为新的文明冲突之缩影的萨尔曼·鲁西迪*。就像冷战时期那些在据说是西方资本主义所固有的自由中寻求政治规范的异议人士那样，鲁西迪也象征着西方自由民主制度的合法性，许多人也把他当作西方发达国家所声称要捍卫之自由的斗士来支持。

西方遏阻阿拉伯民族主义于20世纪50年代兴起浪潮的努力失败了，这股浪潮见证了埃及、叙利亚及伊朗的变色。法国于1962年从阿尔及利亚撤军、1969年黎巴嫩君主制度垮台、伊朗革命于1979年的胜利和1991年美国在海湾战争中罢黜萨达姆·侯赛因的失败，这些事件带来的结果是阿拉伯势力的稳定成长。我们在20世纪90年代所见证的，事实上是西北与东方和南方间逐渐加大的差异。正是这点取代了冷战时期的东西欧分裂。今日成为议题的不仅仅是欧洲东方边界的问题，更是关于全部边界的问题。

正是在这种两极世界破灭的背景下，新欧洲的愿景逐渐成形。根据基欧汉（Keohane，1984；Wallerstein，1993）所指出的，今日的主要趋势之一为美国霸权的瓦解。大约从1985年开始，当美国不再是世界最大的债权国而变成最大的债务国，并仰赖着举债实现经济增长时，何处成为全球经济体，则新的权力中心便会在那兴起。新的中心是日本、东南亚和西欧。在这转型过程中，美国是唯一一个位处全球经济中的权力中心。1989年冷战结束所产生的政治真空，导致了关于欧洲的新定义重新浮上台面。旧的共产主义敌人已逝去，而东西之间最后的边界，铁幕，也不在了，至少在表面的政治形态中是这样。20世纪末最大的讽刺之一，就是当新自由主义市场经济学正在前共产主义国家实施时，欧盟却已借由共同农业政策（Common Agricultural Policy，CAP）在价格控制方面完成了成功的实

---

*　萨尔曼·鲁西迪（Salman Rushdie），1988年出版的《撒旦诗篇》，因有谴责伊斯兰教的内容，遭到伊朗精神领袖赛义德·鲁霍拉·霍梅尼下达追杀令。英国与伊朗交涉失败后，宣布与伊朗断绝外交关系。1998年两国恢复外交关系，作为复交的前提，以穆罕默德·哈塔米总统为首的伊朗政府宣布"既不支持也不阻止对鲁西迪的刺杀"。——译者注

验。东欧革命带来的铺天盖地之影响，以及苏联的解体和相应的美国世界霸权衰退之事实，意味着欧洲认同无须再以冷战共识作为基础。因而，我们得以察觉1989年以来欧洲认同的内在转变，也就不令人讶异了。正在被重新探索的欧洲理念，是与自俄国十月革命后处于支配地位的关于西方边界的意涵脱钩的。欧洲不再是美国的东方边界，而是正在进入一个多边的世界，正在成为新的强大势力。实际上，我们和冷战体系之终结一同见证的，是放弃了对整个战后社会与经济体系的重建。这点是与完全以左—右两极为基底之20世纪政治文化的瓦解一同出现的。即将迈入尾声的不是意识形态自身，而是以社会民主主义与自由保守主义间的联系所建立的特定政治传统。21世纪的政治情境将显现出全新的政治理念之特色，这点是可能的。宗教民族主义就相当适合作为新冷战的背景（Juergensmeyer，1993）。古老的战争精神病尚未痊愈，它不过是再次"借壳上市"罢了（Hedetoft，1993）。

欧洲不再是美国的哈巴狗，而是冷战的真正赢家。尽管东欧的重建带来了过度负荷，但握有超过世界三分之一贸易额的西欧，或许能在21世纪时让作为经济与政治权力集团的美国黯然失色（Kennedy，1993，p. 260）。从保罗·肯尼迪（Paul Kennedy，1993，p. 127）的观点视之，这比率将通过后冷战时期全球经济的新发展而有所提高，亦即是军事敌对和军备竞赛被经济敌对、技术竞赛和各式各样的商业战争所取代。

1989年，这一年是20世纪历史的转折点，可以与欧洲历史上那些辉煌的革命年代相提并论：1789年、1848年与1917年。这些革命引人注目的特色之一，就是从普遍性革命到反革命之反动的转变。这是以自由民主之名，对于既存政治秩序的革命性推翻，同时也与东欧想赶上西方的意图有关。在接受西方文化的过程中，东欧所被纳入的不只是幻想中的欧美世界。事实上它必须抗争的对象是新自由主义。苏东剧变正是在西方想放弃社会民主主义之时发生的。结束于1989年的冷战，使得正处于革命情境的东欧在那时重启了对民族主义和宗教的兴趣，而关于欧洲意义之论辩呈现出了新的动力，这并不令人意外。一直以来，欧洲认同在相当程度上都是由革命塑造的（Tilly，1993），尤其是造就20世纪认同的四大革命：1789年的法国大革命、1917年的俄国十月革命、1979年的伊斯兰教革命和1989—1990年间的苏东剧变。1989年的革命在意识形态上被设想为是否定1917年革命并试图重新拥抱1789年理想，然而在另一方面，导致伊朗巴列维王朝（Pahlavi Dynasty）之终结的1979年伊斯兰教革命，则被认为是与整个西方革命传统的断裂。很可能发生的是，在未来很长一段时间内，欧洲认同将会由1979年与1989年剧变的后续发展所塑造：这些发展的结果之一是肯认欧洲，而另一结果则对其予以排斥。

那些围绕着1989年以降欧洲内部重建过程的事件，已具体呈现在增强了的民粹主义认同之形成中。欧洲认同总是与一般的"人民"理念紧密相依的。有三项彼此冲突的政治认同，都奠基于相同的"人民"意涵。第一，是来自于法国大革命的"人民"理念，它成了对民主和公民自由之激进需求的基础。这个"人民"意涵基本上是在反抗专制主义国家的过程中得到定义的。"人民"代表着在与国家的对立中萌芽的公民社会。第二，1917年的俄国十月革命，将人民理念打造为群众无产阶级革命的基础。这个"人民"跟公民社会关系不大，而是涉及恒久的对抗资本主义势力的无产阶级革命。第三，起源自约19世纪中叶的欧洲文化民族主义传统，导致民粹主义的民族意识之成型。在这种语境中，"人民"指的是民族国家的历史共同体。跟其他"人民"意涵不同，这种构想可以算是与其他国家相对（vis-à-vis）的"人民"主权。"人民"并没有被定义成与国家对立，而是被定义成与其他民族共同体对立。这种人民的定义，实际上已经是被利用为定义欧洲的工具。玛格丽特·撒切尔（Margaret Thatcher）虽然坚定地反对欧盟，但是在把欧洲与其他文化，而不是与盎格鲁－撒克逊文化来进行比较时，她仍赞扬欧洲的成就："欧洲史经常被叙述成一系列永无止境的战争与纷扰。但从今日我们的观点来看，让我们感受最深的无疑就是我们的共同经验。例如说欧洲人是如何探索、殖民，以及（是的，当然不需要道歉呀）教化世上大部分地区的故事，这可是关于天分、技巧与勇气的杰出传说！"（Paul，1991，p. 53）

政治认同在极大程度上是奠基于这种将"人民"作为无差别的群众并聚焦在民族国家上的理念。在德国，这种巧妙的反转可在代表着反对前共产党政府的口号"我们即是人民"（*Wir sind das Volk*），被盛行于德国统一后的民族主义口号"我们是单一民族"（*Wir sind ein Volk*）所替换的过程中观察到*。这完美地概述了民主的人民主权意涵转变为民族沙文主义的权威主义和蒙昧主义理念的过程。

正是这和民粹主义的"人民"意识形态变成了欧洲今日的政治认同基础。这能在三项表达方式中得到理解。首先，如同1992、1993年间马斯特里赫特论辩所展现的，公众对欧洲整合的反对，主要是由以公民抗议运动之名而进行。这些大致上具备民粹主义运动原型特质的运动，一般而言是在议会的政治场域之外运作的。尽管本质上是反官僚的，它们仍与民族主义有着紧密联系。官僚主义与跨民族国家被视为在侵蚀着作为中产阶级生活方式保障的民族共同体。第二项关于"人民"的表达方式是新法西斯主义和极右翼的兴起。虽然到现在为止这些运动尚处于边缘状态，但它们提倡的新民族主义，是立基在特别强烈的人民是无差别群体的意义之上的。仇外情绪一般而言是指向外来者，但更确切地说是针对非欧洲人。第三，最明显的发展是白人中产阶级的民族主义的成长。避开了极右翼明显的种族主义，西欧主流政党在"人民"中找到新的声音。种族和民族已成为后

---

* people有人民跟民族的双重含义，德文Volk亦然。——译者注

冷战时期的政治主流题目。

在共产主义者缺席的情况下，想象的敌人由移民担纲演出，也就是异乡人、他者。由新种族主义添油加醋的民粹主义，正在成为20世纪终末时新政治的主要特色。这种关于财富的种族主义，以保护福利、工作、繁荣和所谓西方生活模式的文化准则之名发声。再次发现民族主义使用方式的特权阶级，需要用种族主义来限定权利与财富。这类由新右翼使之再次充满生气的种族主义跟旧种族主义唯一的差异在于，它并不诉诸历史，而是采取直接暴力。它不是建立在以血缘作为基础的种族优越性理念上，而是以更巧妙的文化差异作为辩词（Taguieff，1990；Balibar，1991b；Solomos and Back，1994）。新的温和种族主义具体呈现在非欧洲人移民的无法同化问题上，而且也不冠以种族之名，而是以民族认同和文化界线为名来发声。如此它便能将自己伪装成反种族主义。这是种含混的种族主义，既能以民族认同之名发声，也能以欧洲主义为名发声。今日我们正在目睹的，是欧洲理念再次成为政治认同建构过程的一部分，该过程寻求将欧洲理念与对文化差异和基于福利主义及消费的生活模式的捍卫联系起来。欧洲理念因此变得更聚焦于文化，而非国家。这是创造一种用于将政治合法化的集体认同的又一次尝试，并且与作为经济颠覆之后果的社会分裂有着密切关系。

结论

欧洲认同正迅速成为白人资产阶级的民粹主义，明确地与伊斯兰教世界和第三世界对立。当欧洲国家谨慎处理棘手的欧洲联邦问题时，关键在于欧洲理念是否有能力通过提供稳定的规范体系来整合各个民族。既然民族传统并不具备能够统合整片大陆的能力，统一的关键就会在欧洲以外找到。对不发达国家和伊斯兰教世界的敌意，为沮丧的欧洲提供了新的敌人。1989—1990年的苏东剧变，是测试欧洲能否发展出一种新的集体学习方式之能力的实例。但这并未发生，欧洲认同变得跟敌对架构绑在一起了。

结论

迈向后民族公民身份

本书的目标，并不在于证明欧洲理念是带有负面含义的理念。我也不愿暗示它应该被当作一种文化概念而遭到抛弃。它在许多意义上都是内涵不明确的集体概念，不应全盘否定。争论的要点在于，有许多个"欧洲"，而今天成为主流的那一个，是非常排外而不是接纳性的。我已强调从全球观点看待欧洲理念的重要性。我试图解构的，是聚焦于统一的概念，并且以现代化为模范的欧洲理念。在研究了数世纪以来的欧洲理念之后，并不难定论今日正在形成中的世界里无甚新意：我们这个年代的欧洲，并非是已放弃长久以来寻找敌人的传统的欧洲。冷战时代的"小欧洲"结束了，它所提供的幻象与浮华亦然。这不再完全是东西相对的问题，还存在着南北对立的问题。一个新的且更大的欧洲正诞生于已经变成欧洲与世界其他地区之间的主要冲突中，后者则身处在仇外民族主义的种族歧视痼疾兴起的状态中。白人资产阶级的民族主义已经在民粹主义的华丽政治修辞里找到新的表达方式。

然而乐观来看，必须承认的是，既然旧欧洲是在冷战背景中发展起来的，那么冷战所强加的限制如今也就跟着消失了：高度军备开销现在已无必要，也没有理由不让欧洲投身于社会和环境需求所决定的新目标（Freeman et al，1991）。关于欧洲的话语可被视为让新的需求得以阐述的场域。所以头脑简单地反对欧洲也可能是反民主的。正如阿兰·图海纳（Alain Touraine）所主张的："欧洲的建构提供给我们同时生活在各种层级的政治与社会组织之中的机会；如果我们不使用它，我们将会在普遍主义与排外主义之间被撕裂，或是把我们自己关进一种犹如亡命之徒的民族主义里。"（Touraine，1994，p. 22）

　　我也已经试着证明，无论是从理论还是实践方面来看，欧洲统合的理想在事实上并非是有别于民族国家的另一种选择。简短地重申本书的核心论点之一，当欧洲理念在文艺复兴后变得跟基督教世界观有所区别时，它便与正在萌芽中的民族国家紧密相连了，并且从那时起，撇开一堆不切实际的乌托邦理想来看，对欧洲理念的主流理解就已经是把它视为各个民族国家的欧洲。因此欧洲就不是有别于民族主义的另一种选项，而是对民族国家霸权的一种确认。实际上，欧洲是民族国家的一种功能，它同样也促进区域的民族主义。作为话语策略，它是个变幻无常的概念，借此便能排拒民族国家的一些丑恶面向，并保留其意识形态基础。去推测作为整体的欧洲指涉着超越民族国家排外主义的四海一家理想，坦白说是种妄想行为。一个没有民族国家，那实体化的欧洲是毫无意义的。事实上迈向欧洲统合的运动，可能会导致民族国家的强化，因为经济和政治整合机制已经在向欧盟转移了，在此基础上，合法性的重担也被移走了。欧洲是从民族国家间的不和中出现的，但最终却强化了这种不和。我已试着证明，甚至对保守派民粹主义者而言，反对欧洲理念这项议题，严格来说也不是反对欧洲本身。毋宁说，欧洲作为一种话语策略，是用来阐明各种政治观点的中心，而这些观点有逐渐汇聚成反对移民的趋势。在关于欧洲的话语中，相互对立的群体都可以在某个方面寻得为实施其计划所用的中心论点。假如不是在排除某些东西的话，欧盟这个概念其实并不具备什么意义。

　　我希望我已证明，未经思考的欧洲理念是危险的理念。欧洲理念体现了深植于欧洲历史的歧视。赋予欧洲其认同的思想，即基督教人文主义之西方和自由民主的这些理想，在统一欧洲这方面是失败的；至少我们不太可能相信类似欧洲现代性的教化权力这些概念。欧洲理念是无法与以其之名犯下的暴行脱钩的。瓦尔特·本雅明（Walter Benjamin，1973，p. 258）写下了对今日许多人而言是现实的文字："对文明和野蛮的记录是同体同命的。"从中世纪基督教世界的十字军种族灭绝、欧洲帝国主义对其他文明系统性的根除，到纳粹的毒气室和后冷战阶段新民族主义的种族清洗，欧洲理念是一脉相承的。欧洲历史并不是从文化导向文明、从差异到统一的；这些是我们不再接受的与旧论辩相关的词语。随着冷战终结而来的是我们今日正目睹或新或旧的边境之重建。自第一次世界大战后从古老帝国中解离出来之边境区域，如今正以种族民族主义作为猛烈的回报。西欧自第二次世界大战结束以来所享受的近50年之和平（在这期间战争实际上是被输送到第三世界中）如今随着旧裂缝的再现而结束了。简而言之，今日历史在新的自我与他者二分法之形塑中重演。许多发生在巴尔干半岛和外高加索之冲突的原因，就是来自于两次世界大战的阴影。当前这十年的欧洲历史之发展，已让欧洲人采取了孤立主义，并且导致了对历史的重新解读。然而这是欧洲人尚未与之妥协的过去。正如同欧洲的世界观在前现代阶段接替了基督教的世界观，它也接替了19世纪帝国主义的文化，欧洲法西斯主义在今日以各式各样的"净化"策略而得到复苏，不管是种族方面还是意识形态方面的。教训是显而易见的：我们必须对欧洲的失败和其崇高理想进行同等的评价。

当我们研究东欧的毁坏景象和冷战终结所引发的急遽重现的历史时，很难不做出作为纲领性理想的欧洲已经失败的结论。在最恶劣的状况下瓦解的波斯尼亚，是欧洲无法成为多文化政体的终极表现。波斯尼亚点出了关于欧洲认同的基本问题：无论穆斯林或东西方教会的基督徒，是否都能够在多民族的单一国家中和平共存？欧洲对此的答案是否定的。这个决定是始自西班牙再征服之过程的完结。波斯尼亚的分裂，为欧洲的失败提供了极端的表达方式，并通过已经作为欧洲认同的基础使达数世纪的战争精神病呈现了出来。尤其是萨拉热窝的悲剧，可说是欧洲作为多元文化文明之失败的概述。萨拉热窝曾经是四种宗教的家园——罗马天主教、东正教、伊斯兰教与犹太教（自15世纪以来，有相当多的犹太人从欧洲大部分地区遭驱逐至此）之教徒在这儿居住数世纪之久，并因其宽容与世界大同主义而声誉卓著。再者，几乎不用补充说明的是，欧盟通过共同行动把波斯尼亚从由基督教世界之黑暗力量所造成的悲惨命运中拯救出来的努力之失败，是对欧洲主义无法将自己与一种集体责任和团结的意涵联结起来的又一个令人担忧的证明。与欧盟对欧洲理念的垄断一致，欧盟倾向于把波斯尼亚定义成非欧洲的，也就因此合法化了它的无所作为（Ali and Lifschulz，1993）。波斯尼亚穆斯林相信他们会被许多欧洲人看作是穆斯林。人们不得不去猜测关于穆斯林攻击基督教在欧洲边缘地带的飞地之后果。许多西方名嘴谈论着伊斯兰教国家在欧洲的不可取。但也必须要说的是，欧盟与联合国在介入波斯尼亚战争上的无能，同样让许多欧洲人对他们的国际机构不再抱有幻想，欧洲认同则遭受了严重的动摇。

在关于欧洲的话语中，有什么内容能作为一种关于集体责任的政治的出发点吗？谈论历史上的"学习过程"是可能的吗（Eder，1985；Wehler，1988）？有什么东西能从欧洲理念中被拯救出来吗？我想利用对这议题进行的简短补述，把这本书带向结论。

我希望主张的论点是，除非欧洲理念能跟多元文化主义及后民族公民身份相连接，否则最好以怀疑论去看待作为政治概念的欧洲理念。我们必须通过其对待境内之少数派和非欧洲世界的态度来对欧洲进行评价，而不仅只根据民族国家的沙文主义准则。随着传统政治认同的瓦解，今日有着对于另一种集体认同的需求，而该认同并非奠基在民族国家所固有的不尊重事实之上。我对欧洲理念能够达成这点仍保持怀疑，但我不愿排除这个可能性，也就是欧洲理念能够提供一个场域，用以克服再度崛起的民族主义和新的民粹种族主义。为了成就这点，我相信，把关于民族－文化的欧洲理念与公民身份区分开来是相当关键的。这个区别是取决于普遍性的规范与文化价值间的差异，而这些规范和价值本身是相对性的。公民身份是规范性概念，而欧洲则是文化理念。公民身份与"本质主义的"欧洲理念之混合，不应有任何一丝一毫多于其与民族原则之混合。我希望已于本书中证明的是，欧洲对于普遍有效规范的主张，如果不是全盘胡扯的话，再怎么样也是有高度争议的。欧洲理念本质上是基于地缘政治整体的文化理念，而它被政治化为一种政治认同，无可避免地会带来扭曲且倒退的敌对价值体系之结果。脱离这种两难的唯一方式，是打破欧洲理念与民族－文化主义之间的联系，因为这个两难问题到目前为止一直都是奠基于此的。

相对于民族理念而言，欧洲理念还不是个有着倒退倾向的庞大概念，但是具备可用来促进新的自主政治的紧张关系和矛盾之特色。如果欧洲理念可以与欧洲历史上的进步力量结合，它或许会带有解放旨趣*的特色。当中某些特别相关的东西，是欧洲诸城的世俗和多元传统，以及与之相关的早期公民身份传统。公民身份的理想与抵抗中央集权暴政的自治城市的理想有着非常紧密的关联（Benevolo，1993）。关于公民社会多样性传统的记忆之复苏，能够提供强健的理想，足以与新民族主义的种族意识和现存的欧洲认同的规范进行斗争。这并不是不可能的愿景，因为民族国家越是黯然失色，城市就越光彩夺目（Castells，1994）。当关于各地区中新民族主义的讨论已汗牛充栋时，对于城市作为文化革新之源的潜力，倒是还

---

* 解放旨趣（emancipatory interest），哈贝马斯认为这是人对"解放"的基本兴趣，其价值指向为主体的诞生。——译者注

没那么多关注。

由欧洲统合问题和东南欧冲突所引发的最重要的议题之一，就是公民身份。21世纪所面临的问题，准确地说就是我们如何构思公民身份。贯穿19世纪与20世纪，关于公民身份的主流理念都是与民族国家挂在一起的。公民身份是从个人与疆域——也就是当代国家——之关系的角度被看待的。公民身份因此被铭刻在自由民主和专制王权的宪法里头。这种观点的公民身份，导致了一种信念，也就是宪法权利和公民权利只能在民族国家的范围内得到确保。未来的重要问题，则是是否有创造后民族公民身份的可能（Andrews，1991；Habermas，1992；Meehan，1993a，1993b；Vogel，1991；Welsh，1993）。社会一直以来都是作为法律与道德秩序的存在，但自从社会至少在当代总是与民族国家绑在一起后，遭欧洲统合削弱的民族国家主权，便会导致合法性危机的结果，除非能找到一种基于公民身份的普遍性共同体概念来作为新的合法性原则，以替代将社会作为道德和法律秩序的旧理念。

如果我们更仔细地观察出现在法国大革命期间的旧公民身份理念，就会发现，对于公民身份的革命性理解与激进民主和人民主权有着紧密联结。自决理念是早期公民身份概念的核心。个人首先要被认为是民主政体的公民，而非王权或教会的臣民。但随着公民身份转变成国籍，原初且激进的人民主权理念便丧失了。人民主权的缺失是与消极自由联结在一起的：该理念认为自由是免于受到压迫。公民身份划定一个公共领域，在其中个人自主得到免于国家专横侵扰的保证。这被普遍认为是公民自由或公民权利的定义，构成了广泛的人权概念之一部分。但公民身份的理念还包括积极的成分，即政治或公共自由。这与公共话语领域与自由集会原则有关：公民是政治行动者。我们还能区分出第三种自由，也就是福利权。这涉及国家的角色是社会服务，以及成为社会福利之基础的理念。这是采用马歇尔（T. H. Marshall，1992）将公民身份分成三种的著名分类：公民的、政治的与社会的。根据马歇尔的说法，自20世纪以降，这三种公民身份彼此变得有所差别，而且可能还跟特定时代有所关联：18世纪的公民权、19世纪的政治权与20世纪的社会权。

我的论点是，当代对于公民身份的主流理解，事实上是由国籍概念所塑造的，然后又反过来与纯政治性的公民身份理念相连接。这是公民身份的面向中甚少被讨论到的。民族国家已成为用来将公民身份制度化的框架。这是因为公民身份概念的起源是紧密地跟自由理念绑在一起的，而后者又跟国籍原则有很大程度的联系。在这种转型中，个人政治认同的塑造，比较而言，不是通过他或她与作为权力机器之国家的关联，而是通过与作为道德共同体的民族之关联来实现的。公民身份被缩减为民族身份后，就变成了一种手段，借此个人政治认同就会在民族间的边界划分过程中得到形塑。这模型中并不存在公民身份与民族爱国主义的明确区分：因为公民被转变成爱国者了。这是与出现在法国大革命时期，被认为是反抗高压国家的公民身份概念直接对立的。尽管公民身份的革命性概念中存在着这种矛盾，但是在公民身份的原初构想中，它与国籍之间并没有如此密切的联系（Sewell，1988）。当代国家的宪法并未在公民身份与国籍中做出明确区别。在大多数情况下，拥有公民身份的基本原则就是要具备国籍，但在一开始的革命性概念里，这对公民身份而言可以说是附属的次要事项。最终，它被缩减成由出生带来的特权——在某些例子中则是因血缘而得到的特权，例如在现代德国（Brubaker，1990）。一如旧秩序使自身适应资本主义现代性的环境，公民身份的模型也沿着19世纪的轨迹，变成了一种对资产阶级社会财产关系的反映：公民是奠基于父权制权力体系中财产所有权的经济能动者。随着普选权的出现，公民身份的意涵就从属于民主了。民主概念将公民身份缩减了，或说是使其屈从为次要考虑因素，这点因其狭隘性而必须予以否定：公民身份并不仅只是民主的附属物，而民主只能在积极的公民身份之基础上存在。观诸历史，将公民身份化约成国籍原则，无论如何都绝不会只是公民身份唯一的特征（Heather，1990；McNeil，1986）。

这种公民身份等于国籍的狭隘概念，正逐渐跟即将迈入21世纪的欧洲分道扬镳。公民身份的自由宪政理念已成为一种工具，借此，以民主和民族之名的欧洲得以关上并收紧其边界（Brubaker，1989）。这种公民身份已不再能满足20世纪晚期的要求。1970年时，联合国难民署（United Nations High Commissioner for Refugees，UNHCR）评估当年有250万难民，到1980年时则是800万人，1992年时全世界的难民数量上升到了1800万；而国际特赦组织（Amnesty International）则估计有3500万人居无定所。这并不令人讶异，那时的西欧国家正强制施行新的移民限制，对于民主的幻灭也在种族主义和仇外民族主义中找到新的发声管道，这问题也出现在大欧洲*中。例如，自从苏联解体后，超过2500万名俄罗斯人滞留在非俄罗斯国家中，并且没有明确的公民权。公民身份从普遍性权利中脱离了出来，并从属于国籍的特殊性。公民身份不应作为让欧洲确定其认同为白人资产阶级的民族主义之手段。今日，公民身份正处于被缩减成发达国家的民族沙文主义之状态，这是相当危险的。在这种退化中，"欧洲人"成了消费者、福利的接受者，以及游客。

如今，民族认同与公民身份间的联结，在面对大量移民的威胁时变得日益稳固。与其说这是作为保障难民、寻求庇护者、少数族群和无国籍者的手段，倒不如说它变成了保护国内多数派的手段。公民身份已成为国籍的同义词，成为民族主义仇外恐惧的合法性保障。它变成剥夺少数人群权利的工具，而非成为团结的方法和民主之基础。欧盟绝大多数政策的

---

*　大欧洲（Greater Europe），广义的欧洲，包括整个独联体。——译者注

后果，就是通过限制难民进入成员国的权利，从而限缩公民权利（Fern-hout，1993）。欧盟内部主流的统合概念是一种工具主义—技术官僚式的概念，没有办法被用来质疑作为公民身份之基础的民族国家。它最主要的失败就是没有意识到一国的成员资格并不意味着民族共同体的成员资格，后者则是国家赖以成立的基础。

后民族公民身份是有别于国籍这种有限制性意涵的概念的另一种选择。后民族公民身份的本质，在于公民身份既非由出身，也不是由国籍所决定，而是根据居住地决定。不若国籍，公民身份不应包含在国家的民族文化中。公民身份是国际性的，超越了关于文化和国籍的特殊性假设。它不仅只是政治—法律的原则，而且还涉及了对社会权利之肯认。打破公民身份与国籍之间的联结是很重要的，无论是在智识上还是在宪政上皆然。欧洲能够克服其政治模棱两可的唯一途径，就是重新界定基本政治单位与主权概念（Tassin，1992）。欧洲理念仍困在种族起源的神话中，后者在今日唯物沙文主义的新民族主义中找到了表达方式。移民法是欧洲认同的核心，但欧洲却把它当成工具，限制外来者的民主与公民权，以便将这些权利保留给特权者。除了新的移民法之外，我们还需要对盛行的欧洲认同形式提出根本的质疑。欧洲认同以及后民族公民身份的可能性，跟移民法问题之间的关联可谓千丝万缕（Lorenz，1994，p. 14）。只要公民身份仍跟国籍连在一起，这种观念就会一直存在，即公民法的存在是为了保障整体和主流文化的凝聚以免于外来文化的侵扰。唯一合格的欧洲理念，是与反种族主义联系起来的，并且要明确表态捍卫后民族公民身份。

后民族公民身份并非只是被理解为形式上的宪政权利。它更包括了赋予公民能够参与民主政体之权利的实质性的维度。在这意义上，它跟国家的公民身份有着根本的不同，后者是纯粹形式上的。纯粹形式上的公民身份概念是危险的，因为它使得其实质内容由民粹主义意识形态填补成了可能。公民身份应该成为用于制度建构的终极合法性基础，而不是含糊不清的文化认同。让它能够参与到正在创造中的新政治制度中来，这是很重要的。

这里的关键议题在于多元主义的制度化。公民身份不仅要带来与移民相关的法律的自由化，更要与文化自治权产生关联。这也包括创造让少数人群能够来定义自己，而非让主流意识形态来定义其身份的场域。后民族公民身份是离不开文化多元主义的，后者肯认少数族裔的文化自治权，而不强迫其整并进主流文化中，在大多数案例中，主流文化指的就是民族文化。这意味着否定盛行的同化理念，该理念现今已普遍被认为是失败的。因而后民族身份所包括的，是对于以后民族公民身份之文化为基础的多元主义的承诺，这将跟穆斯林有关，跟基督徒有关，跟其他重要的宗教有关，同样也跟无神论者、东欧人和西欧人、黑人和白人、女性和男性有关。

参考文献

Abaza, M. and Smith, G. (1988) 'Occidental Reason, Rationalism, Islamic Fundamentalism: A Critique', *International Journal of Sociology*, 3, 4, 343–64.

Abu-Lughod, I. (1963) *Arab Discovery of Europe: A Study in Cultural Encounters* (Princeton: Princeton University Press).

Abu-Lughod, J. L. (1989) *Before European Hegemony: The World-System AD 1250–1350* (New York: Oxford University Press).

Adorno, T. and Horkheimer, M. (1979) *Dialectic of Enlightenment* (London: Verso).

Aga-Rossi, E. (1993) 'Roosevelt's European Policy and the Origins of the Cold War: A Reevaluation', *Telos*, 96, 65–85.

Agnelli, A. (1973) *La Genesi Dell'Idea di Mitteleuropa* (Milan: Giuffre).

Ahmad, F. (1993) *The Making of Modern Turkey* (London: Routledge).

Ahmed, A. (1992) *Postmodernism and Islam* (London: Routledge).

Al-Azmeh, A. (1992) 'Barbarians in Arab Eyes', *Past and Present*, 134, 3–18.

Al-Azmeh, A. (1993) *Islam and Modernities* (London: Verso).

Albrecht-Carre, R. (1965) *The Unity of Europe: An Historical Survey* (London: Secker & Warburg).

Ali, R. and Lifschulz, L. (eds) (1993) *Why Bosnia? Writings on the Balkan War* (Stony Creek, Conn.: Pamphleteer's Press).

Alloula, M. (1986) *The Colonial Harem* (Manchester: Manchester University Press).

Alting von Gerusau, F. (1975) *European Perspectives on World Order* (Leyden: Sijthoff).

Amin, S. (1989) *Eurocentrism* (New York: Monthly Review Press).

Anderson, B. (1984) *Imaginary Communities: Reflections on the Origin and Spread of Nationalism* (London: Verso).

Anderson, M. S. (1988) *War and Society in Europe of the Old Regime 1618–1789* (London: Fontana).

Anderson, P. (1974a) *Passages from Antiquity to Feudalism* (London: Verso).

Anderson, P. (1974b) *Lineages of the Absolute State* (London: Verso).

Andrews, G. (ed.) (1991) *Citizenship* (London: Lawrence & Wishart).

Annoni, A. (1959) *L'europa nel pensiero italiano del settecento* (Milan: Marzorati).

Arendt, H. (1968) *The Origins of Totalitarianism* (New York: Meridian).

Arens, W. (1979) *The Man-Eating Myth* (Oxford: Oxford University Press).

Aristotle (1962) *The Politics* (London: Penguin).

Armstrong, J. A. (1982) *The Nation State before Nationalism* (Chapel Hill: University of North Carolina Press).

Athearn, R. (1986) *The Mythic West in Twentieth-Century America* (Lawrence, Kansas: University Press of Kansas).

Baechler, J. et al. (eds) (1988) *Europe and the Rise of Capitalism* (Oxford: Blackwell).

Baldry, H. C. (1965) *The Unity of Mankind in Greek Thought* (Cambridge: Cambridge University Press).

Balibar, E. (1991a) '*Es gibt Keinen Staat in Europa*: Racism and Politics in Europe Today', *New Left Review*, 186, 5–19.

Balibar, E. (1991b) 'Is there a Neo-Racism?', in Balibar and Wallerstein, op. cit.

Balibar, E. and Wallerstein, I. (1991) *Race, Nation, Class: Ambigious Identities* (London: Verso).

Balzaretti, R. (1992) 'The Creation of Europe', *History Workshop Journal*, 33, 181–96.

Banton, M. (1987) *Racial Theories* (Cambridge: Cambridge University Press).

Barker, F. et al. (eds) (1985) *Europe and its Others*, vols I & II (Colchester: University of Essex).

Barraclough, G. (1955) *History in a Changing World* (Oxford: Blackwell).

Barraclough, G. (1963) *European Unity in Thought and Practice* (Oxford: Blackwell).

Barraclough, G. (1976) *The Crucible of Europe: The Ninth and Tenth Centuries in European History* (Berkeley: University of California Press).

Bartlett, R. (1993) *The Making of Europe: Conquest, Colonization, and Cultural Change 950–1350* (London: Allen Lane).

Barzini, L. (1984) *The Europeans* (London: Penguin).

Bassin, M. (1991) 'Russia between Europe and Asia: The Ideological Construction of Geographical Space', *Slavic Review*, 50, 1–17.

Baudet, H. (1976) *Paradise on Earth: Some Thoughts on European Images of Non-European Man* (Westport, Conn.: Greenwood Press).

Baudrillard, J. (1988) *America* (London: Verso).

Bauman, Z. (1985) 'On the Origins of Civilisation: A Historical Note', *Theory, Culture and Society*, 2, 7–14.

Bauman, Z. (1989) *Modernity and the Holocaust* (Cambridge: Polity Press).

Bearce, G. D. (1961) *British Attitudes towards India 1784–1858* (London: Oxford University Press).

Beck, B. H. (1987) *From the Rising Sun: English Images of the Ottoman Empire to 1715* (New York: Lang).

Becker, M. B. (1988) *Civility and Society in Western Europe 1300–1600* (Bloomington: Indiana University Press).

Beloff, M. (1957) *Europe and the Europeans* (London: Chatto & Windus).

Belloc, H. (1973) *The Crisis of Civilization* (Westport, Conn.: Greenwood Press).

Benevolo, L. (1993) *The European City* (Oxford: Blackwell).

Benjamin, W. (1973) 'Theses on the Philosophy of History', in *Illuminations* (London: Fontana/Collins).

Bennigsen, A. (1972) 'The Muslims of European Russia and the Caucasus', in Vucinich, op. cit.

Berge, D. E. (1983) 'Manifest Destiny and the Historians' in Malone, M. P. (ed.) *Historians and the American West* (Lincoln: University of Nebraska Press).

Berger, P. and Luckmann, T. (1984) *The Social Construction of Reality* (London: Penguin).

Bernal, M. (1987) *Black Athena: The Afroasiatic Roots of Classical Civilization. Vol. 1. The Fabrication of Ancient Greece 1785–1985* (New Brunswick: Rutgers University Press).

Best, G. (1986) 'One World or Several: Reflections on the Modern History of International Law and Human Rights', *Historical Research*, 61, 212–16.

Betz, H.-G. (1990) 'Mitteleuropa and Post-Modern European Identity', *New German Critique*, 50, 173–92.

Bianchini, S. (1993) *Sarajevo le radici dell'odio* (Rome: Edizioni).

Billington, R. A. (1949) *Westward Expansion: A History of the American Frontier* (New York: Macmillan).

Bitterli, U. (1993) *Cultures in Conflict: Encounters between European and Non-European Cultures 1492–1800* (Cambridge: Polity Press).

Black, A. (1993) 'Classical Islam and Medieval Europe: A Comparison of Political Philosophies and Cultures', *Political Studies*, XLI, 58–69.

Blackburn, R. (ed.) (1991) *After the Fall: The Failure of Communism and the Future of Socialism* (London: Verso).

Bloch, M. (1962) *Feudal Society* (London: Routledge & Kegan Paul).

Bloomfield, J. (1993) 'The New Europe: A New Agenda for Research', in Fulbrook, M. (ed.) *National Histories and European History* (London: UCL Press).

Bohnstedt, J. W. (1968) 'The Infidel Scourge of God: the Turkish Menace as Seen by the German Pamphleteers of the Reformation Era', *Transactions of the American Philosophical Society*, 58, 9.

Boorstin, D. (1976) *America and the Image of Europe: Reflections on American Thought* (Gloucester, Mass.: Peter Smith).

Bowle, J. (1952) *The Unity of European History* (Oxford: Oxford University Press).

Bozeman, A. B. (1960) *Politics and Culture in International History* (Princeton: Princeton University Press).

Braudel, F. (1974) *Capitalism and Material Life 1400–1800* (London: Fontana).

Braudel, F. (1979) *Afterthoughts on Material Civilization and Capitalism* (Baltimore: Johns Hopkins University Press).

Braudel, F. (1980) 'The History of Civilization: The Past Explores the Present', in *On History* (Chicago: Chiacago University Press).

Braudel, F. (1990 & 1987) *The Mediterranean and the Mediterranean World in the Age of Philip II*, vols. 1 and 2 (London: Fontana).

Briffault, R. (1936) *Europa: A Novel in the Age of Ignorance* (London: Hale).

Briffault, R. (1937) *Europa in Limbo* (London: Hale).

Brubaker, W. R. (ed.) (1989) *Immigration and the Politics of Citizenship in Europe and North America* (New York: Lanham).

Brubaker, W. R (1990) 'Immigration, Citizenship and the Nation-State in France and Germany: A Comparative Historical Analysis', *International Journal of Sociology*, 5, 4, 379–407.

Buehler, W. (1968) *Europa – Ein Überblick über die Zeugnisse des Mythos in der Antiken Literatur und Kunst* (Munich: Wilhelm Fink).

Bull, H. and Watson, A. (eds) (1984) *The Expansion of International Society* (Oxford: Clarendon Press).

Bunyan, T. (1991) 'Towards an Authoritarian European State', *Race and Class*, 32, 3, 19–27.

Burke, E. (1967) *Reflections on the Revolution in France* (London: Dent).

Burke, P. (1980) 'Did Europe Exist before 1700', *History of European Ideas*, 1, 21–9.

Burke, P. (1985) 'European Views of World History from Giovio to Vico', *History of European Ideas*, 6, 3, 237–51.

Burns, C. D. (1947) *The First Europeans: A Study of the Establishment of Medieval Christendom AD 400–800* (London: Allen Lane).

Cahnman, W. (1952) 'Frontiers between East and West', *Geographical Review*, 49, 605–24.

Cairns, H. A. C. (1965) *Prelude to Imperialism: British Reactions to Central African Society 1840–1890* (London: Routledge & Kegan Paul).

Callinicos, A. (1991) *The Revenge of History: Marxism and the East European Revolutions* (Cambridge: Polity Press).

Carr, E. H. (1945) *Nationalism and After* (London: Macmillan).

Carr, E. H. (1964) *What is History?* (London: Penguin).

Carr, E. H. (1979) *The Russian Revolution from Lenin to Stalin 1917–1929* (London: Macmillan).

Carter, F. W. et al. (1993) 'International Migration between East and West', *Ethnic and Racial Studies*, 16, 467–91.

Castells, M. (1994) 'European Cities, the Informational Society, and the Global Economy', *New Left Review*, 204, 18–32.

Castles, S. (1984) *Here for Good: Western Europe's New Ethnic Minorities* (London: Pluto).

Castoriadis, C. (1987) *The Imaginary Institution of Society* (Cambridge: Polity Press).

Castoriadis, C. (1992) 'Reflections on Racism', *Thesis Eleven*, 32, 1–13.

Cerutti, F. (1992) 'Can there be a Supranational Identity?', *Philosophy and Social Criticism*, 18, 2, 147–62.

Chabod, F. (1961) *Storia dell'idea europa* (Bari: Editori Laterza).

Chadwick, H. (1990) *The Early Church* (London: Penguin).

Chadwick, O. (1993) *The Secularization of the European Mind in the Nineteenth Century* (Cambridge: Cambridge University Press).

Chenaux, P. (1990) *Une Europe Vaticane?* (Brussels: Ciaco).

Chiappelli, F. (ed.)(1976) *First Images of America*, vols. I & II (Berkeley: University of California Press).

Chilton, P. and Ilyin, M. (1993) 'Metaphor in Political Discourse: the Case of the "Common European House" ', *Discourse and Society*, 4, 7–31.

Chirot, D. (1985) 'The Rise of the West', *American Sociological Review*, 50, 181–95.

Christiansen, E. (1980) *The Northern Crusades: The Baltic and the Catholic Frontier, 1100–1525* (London: Macmillan).

Cohen, N. (1993) *Europe's Inner Demons: The Demonization of Christians in Medieval Christendom* (London: Pimlico).

Cole, R. (1972) 'Sixteenth-Century Travel Books as a Source of European Attitudes toward Non-White and Non-Western Culture', *Proceedings of the American Philosophical Society*, 116, 1, 59–67.

Coles, P. (1968) *The Ottoman Impact on Europe* (London: Thames & Hudson).

Compagnon, A. and Seebacher, J. (eds) (1993) *'L'Espirit de l'Europe*, 3 vols (Paris: Flammarion).

Conze, W. (1992) *Ostmitteleuropa von der Spätantike bis zum 18. Jahrhundert* (Munich: Beck).

Cornish, V. (1936) *Borderlands of Language in Europe and their Relation to the Historic Frontier of Christendom* (London: Sifton Praed).

Couloubaritsis, L. et al. (1993) *The Origins of European Identity* (Brussels: European Interuniversity Press).

Crankshaw, E. (1982) *Bismarck* (London: Macmillan).

Croan, M. (1989) 'Lands In-Between: The Politics of Cultural Identity in Contemporary Eastern Europe', *Eastern European Politics and Society*, 3, 176–97.

Crouch, C. and Marquand, D. (eds) (1992) *Towards Greater Europe? A Continent without an Iron Curtain* (Oxford: Blackwell).

Curio, C. (1958) *Europa: storia di un'idea*, vols I & II (Florence: Vallecchi).

Curtain, P. D. (1964) *The Image of Africa: British Ideas and Action, 1780–1850* (Madison: University of Wisconsin Press).

Dahrendorf, R. (1990) *Reflections on the Revolution in Europe* (London: Chatto & Windus).

Daniel, N. (1960) *Islam and the West: The Making of an Image* (Edinburgh: Edinburgh University Press).

Daniel, N. (1966) *Islam, Europe and Empire* (Edinburgh: Edinburgh University Press).

202

Daniel, N. (1975a) *The Cultural Barrier: Problems in the Exchange of Ideas* (Edinburgh: Edinburgh University Press).

Daniel, N. (1975b) *The Arabs and Medieval Europe* (London: Longman).

Dankert, P. (ed.) (1989) *Europe without Frontiers* (London: Mansell).

Dann, O. (1993) *Nation und Nationalismus in Deutschland 1770–1990* (Munich: Beck).

Dann, O. and Dinwiddy, J. (eds) (1988) *Nationalism and the French Revolution* (London: Hambledon Press).

Davies, W. (1983) 'China, the Confucian Ideal, and the European Age of Enlightenment', *Journal of the History of Ideas*, XLIV, 523–48.

Davis, R. H. C. (1988) *A History of Medieval Europe*, 2nd edn (London: Longman).

Dawson, C. (1932) *The Making of Europe* (London: Sheed & Ward).

Del Corral, L. (1959) *The Rape of Europe* (London: Allen & Unwin).

Diment, G. and Slezkine, Y. (eds) (1993) *Between Heaven and Hell: The Myth of Siberia in Russian Culture* (New York: St. Martin's Press).

Diner, D. (1991) *Der Krieg der Erinnerungen und die Ordnung der Welt* (Berlin: Rotbuch).

Dionisotti, C. (1971) *Europe in Sixteenth-Century Italian Literature* (Oxford: Clarendon Press).

Djait, H. (1985) *Europe and Islam* (Berkeley: University of California Press).

Domenach, J.-M. (1990) *Europe: Le Défi culturel* (Paris: Découverte).

Draper, T. (1993) 'The End of Czechoslovakia', *New York Review of Books*, 28 January, 20–6.

Drieu La Rochelle, P. (1927) *Le Jeune Européen* (Paris: Gallimard).

Droz, J. (1960) *L'Europe Centrale: evolution de l'idée de 'Mitteleuropa'* (Paris: Payot).

Droz, J. (1985) *Europe Between Revolutions 1815–1848* (London: Fontana).

Dubs, H. (1944) 'The Concept of Unity in China', in Pargellis, S. (ed.) *The Quest for Political Unity in World History* (American Historical Association).

Dudley, D. (1975) *Roman Society* (London: Penguin).

Dudley, E. and Novak, M. (eds) (1972) *The Wild Man Within: An Image in Western Thought from the Renaissance to Romanticism* (Pittsburgh: University of Pittsburgh Press).

Dukes, P. (ed.) (1991) *Russia and Europe* (London: Collins & Brown).

Duncan, H. (1972) *Symbols in Society* (Oxford: Oxford University Press).

Duroselle, J.-B. (1965) *L'Idée d'Europe dans l'histoire* (Paris: Denoel).

Dyson, K. (1980) *The State Tradition in Western Europe* (Oxford: Robertson).

Edelman, M. (1964) *The Symbolic Uses of Politics* (Urbana: University of Illinois Press).

Eder, K. (1985) *Geschichte als Lernprozess? Zur Pathogenese politischer Modernität in Deutschland* (Frankfurt: Suhrkamp).

Elias, N. (1978) *The History of Manners*, vol I. *The Process of Civilization* (Oxford: Blackwell).

Elias, N. (1982) *Power and Civility: The Civilizing Process* vol. II (New York: Pantheon Books).

Elliot, J. H. (1970) *The Old World and the New, 1492–1650* (Cambridge: Cambridge University Press).

Elliot, J. H. (1992) 'A Europe of Composite Monarchies', *Past and Present*, 137, 48–71.

Eliot, T. S. (1946) *Die Einheit der Europäischen Kultur* (Berlin: Habel Verlagbuchhandlung).

Eliot, T. S. (1962) 'Virgil and the Christian World', in *On Poetry and Poets* (London: Faber & Faber).

Eliot, T. S. (1978) 'The Classics and the Man of Letters', in *To Criticize the Critic* (London: Faber & Faber).

Enzenberger, H. M. (1989) *Europe, Europe: Forays into the Continent* (New York: Pantheon Books).

Epstein, F. T. (1973) 'East Central Europe as a Power Vacuum between East and West during the German Empire', in *Germany and the East: Selected Essays* (Bloomington: Indiana University Press).

Faber, R. (1979) *Abendland: Ein 'politischer Kampfbegriff'* (Hildesheim: Gerstenberg).

Fabian, J. (1983) *Time and the Other* (New York: Columbia University Press).

Fairbank, J. F. (ed.) (1968) *The Chinese World Order* (Cambridge, Mass.: Harvard University Press).

Fernhout, R. (1993) '"Europe 1993" and its Refugees', *Ethnic and Racial Studies*, 16, 493–506.

Finkielkraut, A. (1985) 'What is Europe?', *New York Review of Books*, 15 December.

Fischer, J. (1957) *Oriens-Occidens-Europa: Begriff und Gedanke 'Europa' in der Späten Antike und im Frühen Mittelalter* (Wiesbaden: Franz Steiner).

Fleming, D. F. (1961) *The Cold War and its Origins, 1917–1960*, vols I & II (London: Allen & Unwin).

Foerster, R. M. (1967) *Europa: Geschichte einer politischen Idee* (Munich: Nymphenburger).

Foucault, M. (1980a) *The Order of Things* (London, Tavistock).

Foucault, M. (1980b) *Power/Knowledge: Selected Interviews and Other Writing 1972–1977* (New York: Pantheon).

Fouracre, P. (1992) 'Cultural Conformity and Social Conservatism in Early Modern Europe', in *History Workshop*, 33, 152–61.

Frank, A. G. (1992) 'Economic Ironies in Europe: A World Economic Interpretation of East–West European Politics', *International Social Science Journal*, 44, 41–56.

Freeman, C. et al. (eds) (1991) *Technology and the Future of Europe* (London: Pinter).

Friedmann, J. B. (1981) *The Monstrous Races in Medieval Art and Thought* (Cambridge, Mass.: Harvard University Press).

Fritzemeyer, W. (1931) *Christenheit und Europa* (Munich: Oldenbourg).

Fuhrmann, M. (1981) *Europa – zur Geschichte einer kulturellen und politischen Idee* (Constance: Universitätsverlag).

Fukuyama, F. (1992) *The End of History and the Last Man* (London: Penguin).

Galtung, J. (1973) *The European Community: A Superpower in the Making* (London: Allen & Unwin).

Galtung, J. (1990) 'Cultural Violence', *Journal of Peace Research*, 27, 291–305.

Garcia, S. (ed.) (1993) *European Identity and the Search for Legitimacy*, (London: Pinter).

Garcia, S. (1993) 'Europe's Fragmented Identities and the Frontiers of Citizenship', in Garcia, op. cit.

Garton Ash, T. (1993) *In Europe's Name: Germany and the Divided Continent* (New York: Random House).

Gellner, E. (1983) *Nations and Nationalism* (Oxford: Blackwell).

Gerhard, D. (1958) 'The Frontier in Comparative View', *Studies in Comparative History and Society*, 1, 205–29.

Ghanoonparvar, M. R. (1993) *In a Persian Mirror: Images of the West and Westerners in Iranian Fiction* (Austin: University of Texas Press).

Giddens, A. (1985) *The Nation-State and Violence* (Berkeley: University of California Press).

Giesen, B. (1993) *Die Intellektuellen und die Nation* (Frankfurt: Suhrkamp).

Gillard, D. (1978) *The Struggle for Asia, 1828–1914: A Study in British and Russian Imperialism* (London: Methuen).

Gilley, S. (1981) 'Christianity and the Enlightenment: An Historical Survey', *History of European Ideas*, 1, 2, 103–21.

Gilman, S. L. (1985) *Difference and Pathology: Stereotypes of Sexuality, Race, and Madness* (Ithaca: Cornell University Press).

Gilpin, R. (1987) *The Political Economy of International Relations* (Princeton: Princeton University Press).

Gilroy, P. (1987) *There Ain't No Black in the Union Jack: The Cultural Politics of Race and Nation* (London: Hutchinson).

Glenny, M. (1990) *The Rebirth of History: Eastern Europe in the Age of Democracy* (London: Penguin).

Göcek, F. M. (1987) *East Encounters West: France and the Ottoman Empire in the Eighteenth Century* (Oxford: Oxford University Press).

Goldammer, K. (1962) *Der Mythos von Ost und West* (Munich: Reinhardt).

Gollwitzer, H. (1951) 'Zur Wortgeschichte und Sinndeutung von Europa', *Saeculum*, 2, 161–71.

Gollwitzer, H. (1964) *Europabild und Europagedanke: Beiträge zur deutschen Geistesgeschichte des 18. und 19. Jahrhundert* (Munich: Beck)

Gong, G. W. (1984) *The Standard of 'Civilization' in International Society* (Oxford: Clarendon Press).

Gorbachev, M. (1987) *Perestroika* (London: Collins).

Grahl, J. and Teague, P. (1989) 'The Cost of Neo-Liberal Europe', *New Left Review*, 174, 33–50.

Gramsci, A. (1971) *Selections from Prison Notebooks* (London: Lawrence and Wishart).

Greenberger, A. J. (1969) *The British Image of India* (London: Oxford University Press).

Greenhalgh, P. (1988) *Ephemeral Vistas: The Expositions Universelles, Great Exhibitions and World Fairs, 1851–1939* (Manchester: Manchester University Press).

Groh, D. (1961) *Russland und das Selbststerständnis Europas* (Neuwied: Luchterhand).

Gusfield, J. (1975) *Community: A Critical Response* (Oxford: Blackwell).

Habermas, J. (1976) *Legitimation Crisis* (London: Heinemann).

Habermas, J. (1984) *The Theory of Communicative Action*, vol. I (London: Heinemann).

Habermas, J. (1987) *The Theory of Communicative Action*, vol. II (Cambridge: Polity Press).

Habermas, J. (1991) 'What Does Socialism Mean Today?', in Blackbourn, op. cit.

Habermas, J. (1992) 'Citizenship and National Identity: Some Reflections on the Future of Europe', *Praxis International*, 12, 1,1–19.

Habermas, J. (1993) 'Die Festung Europa und das neue Deutschland', *Die Zeit*, May 28.

Hale, J. (1993) 'The Renaissance Idea of Europe', in Garcia, op. cit.

Halecki, O. (1950) *The Limits and Divisions of European History* (New York: Sheed & Ward).

Hall, S. (1992) 'The West and the Rest of Us', in Hall, S. and Gieben, B. (eds), *Formations of Modernity* (Cambridge: Polity Press).

Haller, M. (1990) 'The Challenge for Comparative Sociology in the Transformation of Europe', *International Social Science Journal*, 5, 183–204.

Hamm, B. (1992) 'Europe – a Challenge to the Social Sciences', *International Social Science Journal*, 44, 3–22.

Hammond, D. and Jablow, A. (1977) *The Myth of Africa* (New York: The Library of Social Science).

Hampson, N. (1984) *The Enlightenment* (London: Penguin).

Harbsmeier, M. (1985) 'Early Travels to Europe: Some Remarks on the Magic of Writing', in Barker, vol. I, op. cit.

Hargreaves, A. G. (1982) 'European Identity and the Colonial Frontier', *Journal of European Studies*, 12, 66–79.

Harle, V. (1990) 'European Roots of Dualism and its Alternatives in International Relations', in Harle, V. (ed.) *European Values in International Relations* (London: Pinter).

Hartley, J. M. (1992) 'Is Russia Part of Europe? Russian Perceptions of Europe in the Reign of Alexander I', *Cahiers du Monde russe et sovietique*, 33, 369–86.

Hauner, M. (1990) *What is Asia to Us?* (Boston: Unwin Hyman).

Hay, D. (1957) *Europe: The Emergence of an Idea* (Edinburgh: Edinburgh University Press).

Hay, D. (1980) 'Europe Revisited: 1979', *History of European Ideas*, 1, 1–6.

Hay, D. (1988) 'Italy and Barbarian Europe', in *Renaissance Essays* (London: Hambledon Press).

Hayes, C. (1946) 'The American Frontier – Frontier of What?', *American Historical Review*, 51, 2, 199–216.

Hazard, P. (1990) *The European Mind: The Critical Years, 1680–1715* (New York: Fordham University Press).

Heather, D. (1990) *Citizenship: The Civic Ideal in World History, Politics and Education* (London: Longman).

Heather, D. (1992) *The Idea of European Unity* (London: Leicester University Press).

Hegel, G. W. F. (1956) *The Philosophy of History* (New York: Dover).

Hedetoft, U. (1993) 'National Identity and Mentalities of War in Three EC Countries', *Journal of Peace Research*, 30, 3, 281–99.

Heller, A. and Feher, F. (1988) *The Postmodern Political Condition* (Cambridge: Polity Press).

Heller, A. (1991) 'The European Cornucopia', *The Irish Review*, 10, 81–90.

Herrin, J. (1987) *The Formation of Christendom* (Princeton: Princeton University Press).

Hess, A. (1978) *The Forgotten Frontier: A History of the Sixteenth Century Ibero-African Frontier* (Chicago: University of Chicago Press).

Hobsbawm, E. (1983) 'The Invention of Tradition', in Hobsbawm, E. and Ranger, T. (eds), *The Invention of Tradition* (Cambridge: Cambridge University Press).

Hobsbawm, E. (1991a) *The Age of Empire 1848–1875* (London: Cardinal).

Hobsbawm, E. (1991b) *Nations and Nationalism since 1780* (Cambridge: Cambridge University Press).

Hobsbawm, E. (1991c) 'The Return of *Mitteleuropa*', *The Guardian* (International Edition), 11 October.

Hobsbawm, E. (1991d) 'Goodbye to all that', in Blackburn, op. cit.

Hobsbawm, E. (1992a) 'Nationalism: Whose Fault-Line is it Anyway?', *New Statesman and Society*, 24 April, 23–6.
Hobsbawm, E. (1992b) 'The Crisis of Today's Ideologies', *New Left Review*, 192, 55–64.
Hobsbawm, E. (1992c) 'Ethnicity and Nationalism in Europe Today', *Anthropology Today*, 8, 1, 3–8.
Hobsbawm, E. (1993) 'The New Threat to History', *New York Review of Books*, 16 December, 62–4.
Hockenos, P. (1993) *Free to Hate: The Right in Post-Communist Eastern Europe* (London: Routledge).
Hodgen, M. (1964) *Early Anthropology in the Sixteenth and Seventeenth Centuries* (Philadelphia: University of Pennsylvania Press).
Hodgson, M. (1962/3) 'The Interrelations of Societies in History', *Comparative Studies in Society and History*, 5, 227–50.
Hoffman, H. and Kramer, D. (eds) (1992) *Das verunsicherte Europa* (Frankfurt: Anton Hain).
Holborn, H. (1951) *The Political Collapse of Europe* (New York: Knopf).
Honour, H. (1976) *The New Golden Age: European Images of America from the Discoveries to the Present Time* (London: Allen Lane).
Horne, D. (1984) *The Great Museum* (London: Pluto).
Horsman, R. (1981) *Race and Manifest Destiny: The Origins of American Racial Anglo-Saxonism* (Cambridge, Mass.: Harvard University Press).
Hourani, A. (1980) *Europeans and the Middle East* (London: Macmillan).
Hourani, A. (1991) *Islam in European Thought* (Cambridge: Cambridge University Press).
Hulme, P. (1986) *Colonial Encounters: Europe and the Native Caribbean, 1492–1797* (London: Methuen).
Husbands, C. (1988) 'The Dynamics of Racial Exclusion and Expulsion: Racist Politics in Western Europe', *European Journal of Political Research*, 16, 701–20.
Husserl, E. (1965) 'Philosophy and the Crisis of European Man", in *Phenomenology and the Crisis of Philosophy* (New York: Harper & Row).
Huttenback, R. A. (1976) *Racism and Empire* (Ithaca: Cornell University Press).
Huxley, J. and Haddon, A. C. (1935) *We Europeans: A Survey of 'Racial' Problems* (London: Jonathan Cape).
Hyde-Price, A. G. V. (1993) 'The System Level: The Changing Topology of Europe', in G. Wyn Rees (ed.) *International Politics in Europe* (London: Routledge)
Israel, J. (1985) *European Jewry in the Age of Mercantilism 1550–1750* (Oxford: Oxford University Press)
James, H. (1989) *A German Identity 1770–1990* (New York: Routledge).
James, H. and Stone, M. (eds) (1992) *When the Wall Came Down: Reactions to German Unification* (Routledge: London).
Jaspers, K. (1947) *Vom Europäischen Geist* (Munich: Piper).
Jennings, F. (1975) *The Invasion of America: Indians, Colonialism, and the Cant of Conquest* (Chapel Hill: University of North Carolina Press).
Johnson, P. (1993) *A History of the Jews* (London: Orion).
Joll, J. (1980) 'Europe – An Historian's View', *History of European Ideas*, 1, 7–19.
Jones, A. H. (1971) 'The Search for a Usable American Past in the New Deal Era', *American Quarterly*, 25, 710–24.
Jones, E. L. (1987) *The European Miracle*, 2nd edn (Cambridge: University Press).

Jones, W. R. (1971) 'The Image of the Barbarian in Medieval Europe', *Comparative Studies in Society and History,* 13, 1, 376–407.

Judt, T. (1994) 'The New Old Nationalism', *New York Review of Books,* 26 May, 44–51.

Juergensmeyer, M. (1993) *The New Cold War* (Berkeley: University of California Press).

Kabbani, R. (1988) *Europe's Myths of Orient* (London: Pandora Press).

Kaldor, M. (1990) *The Imaginary War: Understanding the East–West Conflict* (Oxford: Blackwell).

Kaldor, M. (1991) 'After the Cold War', in Kaldor, M. (ed.) *Europe from Below: An East–West Dialogue* (London: Verso).

Kant, I. (1957) *Perpetual Peace* (Indianapolis: Bobbs-Merrill).

Katz, J. (1980) *From Prejudice to Destruction: Anti-Semitism, 1700–1933* (Cambridge, Mass.: Harvard University Press).

Keane, J. (ed.) (1988) *Civil Society and the State* (London: Verso).

Kearney, R (ed.) (1992)*Visions of Europe* (Dublin: Wolfhound Press).

Keen, S. (1986) *Faces of the Enemy* (San Francisco: Harper & Row).

Keene, D. (1969) *The Japanese Discovery of Europe, 1720–1830,* rev. edn. (Stanford: Stanford University Press).

Kennedy, P. (1989) *The Rise and Fall of the Great Powers: Economic Change and Military Conflict from 1500–2000* (London: Fontana).

Kennedy, P. (1993) *Preparing for the Twentieth-First Century* (New York: Random House).

Keohane, R. O. (1984) *After Hegemony: Co-operation and Discord in the World Economy* (Princeton: Princeton University Press).

Kepal, G. (1994) *The Revenge of God: The Resurgence of Islam, Christianity and Judaism in the Modern World* (Cambridge: Polity Press).

Kettle, M. (1990) 'John Paul's Grand Design for Europe', *The Guardian,* 27 April.

Kiernan, V. G. (1969) *The Lords of Humankind: European Attitudes towards the Outside World in the Imperial Age* (London: Weidenfeld & Nicolson).

Kiernan, V. G. (1980) 'Europe in the Colonial Mirror', *History of European Ideas,* 1, 39–61.

Kishida, T. (1992) 'Europe and Japan', in Nelson, op. cit.

Koessler, R. and Melber, H. (1993) *Chancen internationaler Zivilgesellschaft* (Frankfurt: Suhrkamp).

Konrad, G. (1984) *Antipolitics* (New York: Harcourt Brace Jovanovich).

Kortepeter, C. M. (1973) *Ottoman Imperialism during the Reformation: Europe and the Caucasus* (London: University of London Press).

Kramer, J. (1980) *Unsettling Europe* (New York: Random House).

Kramer, J. (1988) *Europeans* (New York: Farrar, Straus & Giroux).

Kristof, L. (1968) 'The Russian Image of Europe', in Fischer, C. (ed.) *Essays in Political Geography* (London: Methuen).

Kumar, K. (1992) 'The 1989 Revolutions and the Idea of Europe', *Political Studies,* XL, 439–61.

Kumar, K. (1993) 'Civil Society: an Inquiry into the Usefulness of an Historical Term', *British Journal of Sociology,* 44, 3, 376–95.

Kundera, M. (1984) 'The Tragedy of Central Europe', *New York Review of Books,* 26 April, 33–8.

Kurz, R. (1991) *Der Kollaps der Modernisierung* (Frankfurt: Eichborn).

Kuzmics, H. (1988) 'The Civilizational Process', in Keane, op. cit.

Lach, D. F. (1965, 1977) *Asia in the Making of Europe*, vols. 1, & 2 (Chicago: University of Chicago Press).

Lambropoulos, V. (1993) *The Rise of Eurocentrism* (Princeton: Princeton University Press).

Larrain, J. (1994) *Ideology and Cultural Identity* (Cambridge, Polity).

Lash, S. and Urry, J. (1987) *The End of Organized Capitalism* (Cambridge: Polity Press).

Leibfried, S. and Pierson, P. (1992) 'Prospects for Social Europe', *Politics and Society*, 20, 3, 333–66.

Lemberg, H. (1985) 'Zur Entstehung des Osteuropabegriffs im Jahrhundert vom "Norden" zum "Osten" Europas', *Jahrbuch für Osteuropas*, 33, 48–9.

Lepenies, W. (1991) *Aufstieg und Fall der Intellektuellen in Europa* (Frankfurt: Campus Verlag).

Lewis, B. et al. (eds) (1985/6) *As Others See Us: Mutual Perceptions, East and West* (New York: *Comparative Civilization Review*, 13 & 14).

Lewis, B. (1993a) 'Europe and Islam', in *Islam and the West* (Oxford: Oxford University Press).

Lewis, B. (1993b) *The Arabs in History* (Oxford: Oxford University Press).

Lewis, (1993c) *Islam in History* 2nd edn, (Chicago: Open Court).

Leyser, K. (1992) 'Concepts of Europe in the Early and High Middle Ages', *Past and Present*, 137, 25–47.

Lively, J. (1981) 'The Europe of the Enlightenment', *History of European Ideas*, 1, 91–102.

Lomax, D. W. (1978) *The Reconquest of Spain* (London: Longman).

Lopez, R. S. (1980) *La Nascita dell'Europa Secoli V-XIV* (Turin: Giulo Einaudi)

Lorenz, W. (1994) *Social Work in a Changing Europe* (London: Routledge).

Louis, H. (ed.) (1954) 'Über den geographischen Europabegriff', *Mitteilungen der geographischen Gesellschaft in München*, 39, 73–93.

Lowenthal, D. (1990) *The Past is a Foreign Country* (Cambridge: Cambridge University Press).

Lucas, C. (ed.) (1988) *The French Revolution and the Creation of Modern Political Culture*, vol. 2, *The Political Culture of the French Revolution* (Oxford: Pergamon Press.

Luhmann, N. (1982) *The Differentiation of Society* (New York: Columbia University Press).

Lyons, F. S. L. (1963) *Internationalism in Europe, 1815–1914* (Leyden: Sythoff).

Lyotard, J.-F. (1984) *The Postmodern Condition* (Minneapolis: University of Minnesota Press).

Lyotard, J.-F. (1993) 'Europe, the Jews, and the Book', in *Political Writings* (London: UCL Press).

Macdonald, S. (ed.) (1993) *Inside European Identities* (Oxford: Berg).

MacKay, A. (1977) *Spain in the Middle Ages: From Frontier to Empire, 1000–1500* (London: Macmillan).

McNeil, W. H. (1963) *The Rise of the West* (Chicago: Chicago University Press).

McNeil, W. H. (1964) *Europe's Steppe Frontier, 1500–1800* (Chicago: University of Chicago Press).

McNeil, W. H. (1974) *The Shape of European History* (New York: Oxford University Press).

McNeil, W. H. (1986) *Poly-ethnicity and National Unity in World History* (Toronto: University of Toronto Press).

Magris, C. (1989) *Danube* (New York: Farrar, Straus & Giroux).

Maguire, J. and Noonan, J. (1992) *Ireland and Neutrality* (Cork: People First).

Malcolm, N. (1994) *Bosnia: A Short History* (London: Macmillan).

Mangone, G. J. (1954) *A Short History of International Society* (New York: McGraw-Hill).

Mann, M. (1988) 'European Development Approaching a Historical Explanation', in Baechler, op. cit.

Mann, M. (1986) *The Sources of Social Power*, vol. I, *A History of Power from the Beginning to AD 1760* (Cambridge: Cambridge University Press).

Mann, M. (1993) *The Sources of Social Power*, vol. II, *The Rise of Classes and Nation-States, 1740–1914* (Cambridge: Cambridge University Press).

Mannheim, K. (1979) *Ideology and Utopia* (London: Routledge & Kegan Paul).

Marcu, E. D. (1976) *Sixteenth Century Nationalism* (New York: Abaris).

Marcus, J. T. (1961) 'Time and the Sense of History: West and East', *Comparative Studies in Society and History*, 3, 123–39.

Marshall, P. J. and Williams, G. (1982) *The Great Map of Mankind: British Perceptions of the World in the Age of the Enlightenment* (London: Dent).

Marshall, T. H. and Bottomore, T. (1992) *Citizenship and Social Class* (London: Pluto).

Marquand, D. (1994) 'Reinventing Federalism; Europe and the Left', *New Left Review*, 203, 17–26.

Massarella, D. (1990) *A World Elsewhere: Europe's Encounter with Japan in the Sixteenth and Seventeenth Centuries* (New Haven: Yale University Press).

Mayer, A. (1966) 'Post-War Nationalism', *Past and Present*, 34, 114–26.

Mayer, A. (1968) *Politics and Diplomacy of Peace Keeping: Containment and Counterrevolution at Versailles 1918/19* (London: Weidenfeld & Nicolson).

Mayer, A. (1981) *The Persistence of the Old Regime* (London: Croom Helm).

Mayer, A. (1988) *Why the Heavens did not Darken? The "Final Solution" in History* (New York: Pantheon Books).

Mayne, R. (1972) *The Europeans* (London: Weidenfeld & Nicolson).

Meehan, E. (1993a) 'Citizenship and Community', *Political Quarterly*, 64, 2, 172–86.

Meehan, E. (1993b) *Citizenship and the European Community* (London: Sage).

Meinecke, F. (1970) *Cosmopolitanism and the National State* (Princeton: Princeton University Press).

Mennell, S. (1989) *Norbert Elias: Civilization and the Human Self-Image* (Oxford: Blackwell).

Mestrovic, S. (1994) *The Balkanization of the West* (London: Routledge).

Metlitzki, D. (1977) *The Matter of Araby in Medieval England* (New Haven: Yale University Press).

Meyer, H. C. (1955) *Mitteleuropa in German Thought and Practice 1815–1945* (The Hague: Martinus Nijhoff).

Meyer, J. W. (1989) 'Conceptions of Christendom: Notes on the Distinctiveness of the West', in Kohn, M. (ed.) *Cross National Research in Sociology* (London: Sage).

Miles, R. (1989) *Racism* (London: Routledge).

Miles, R. (1993) 'Introduction–Europe 1993: the Significance of Changing Patterns of Migration', *Ethnic and Racial Studies*, 16, 460–6.

Milward, A. et al. (1993) *The Frontier of National Sovereignty* (London: Routledge).

Mollat du Jourdin, M. (1993) *Europe and the Sea* (Oxford: Blackwell).

Mommsen, W. J. (ed.) (1992) *Der Lange Weg nach Europa* (Berlin: edition q).

Moore, R. I. (1987) *The Formation of a Persecuting Society: Power and Deviance in Western Europe 950–1250* (Oxford: Blackwell).

Morin, E. (1987) *Penser l'Europe* (Paris: Gallimard).

Moscovici, S. (1981) 'On Social Representations', in Forgas, J. (ed.) *Social Cognition* (London: Academic Press).

Moscovici, S. (1984) 'The Phenomenon of Social Representations', in Farr, R. and Moscovici, S. (eds) *Social Representations* (Cambridge: Cambridge University Press).

Mosher, M. (1993) 'Nationalism and the Idea of Europe: How Nationalists Betray the National State', *History of European Ideas*, 16, 891–7.

Mosse, G. L. (1978) *Toward the Final Solution: A History of European Racism* (New York: Fertig).

Mudimbe, V. Y. (1988) *The Invention of Africa* (Bloomington: Indiana University Press).

Mumford, L. (1991) *The City in History* (London: Penguin).

Münch, R. (1993) *Das Projekt Europa* (Frankfurt: Suhrkamp).

Münkler, H. (1991) 'Europa als politische Idee', *Leviathan*, 19, 4, 520–41.

Naumann, F. (1915) *Mitteleuropa* (Berlin: Georg Reimer).

Najam, E. W. (1956) 'Europe, Richelieu's Blueprint for Unity and Peace', *Studies in Philology*, 53, 25–34.

Nasir, S. J. (1976) *The Arabs and the English* (London: Longman).

Nederveen Pieterse, J. (1991) 'Fictions of Europe', *Race and Class*, 32, 3, 3–10.

Nederveen Pieterse, J. (1992) *White on Black: Images of Africa and Blacks in Western Popular Culture* (New Haven: Yale University Press).

Needham, J. (1961) *Science and Civilization in China*, vol. 1 (Cambridge: Cambridge University Press).

Nelson, B. et al. (eds) (1992) *The Idea of Europe* (New York: Berg).

Neumann, F. (1942) *Behemoth: The Structure and Practice of National Socialism* (London: Gollancz).

Neumann, I. B. (1992) 'Review Essay: Identity and Security', *Journal of Peace Research*, 29, 2, 221–6.

Neumann, I. B. (1993) 'Russia as Central Europe's Constituting Other', *East European Politics and Societies*, 7, 348–69.

Neumann, I. B. and Welsh, J. M. (1991) 'The Other in European Self-Definition: An Addendum to the Literature on International Society', *Review of International Studies*, 17, 327–48.

Neulen, H. W. (1987) *Europa und das 3. Reich* (Munich: Universitas Verlag).

Nolte, H.-H. (1992) 'Europe in Global Society to the Twentieth Century', *International Social Science Journal*, 44, 23–39.

Nooteboom, C. (1993) *Wie wird man Europäer?* (Frankfurt: Suhrkamp).

Novalis (1967) 'Christenheit oder Europa', in *Schriften*, vol. 3 (Darmstadt: Wissenschaftliche Buchgesellschaft).

Obolensky, D. (1971) *The Byzantine Commonwealth: Eastern Europe 500–1453* (London: Weidenfeld & Nicolson).

Okey, R. (1986) *Eastern Europe 1740–1985*, 2nd edn (London: Unwin Hyman).

Okey, R. (1992) 'Central Europe/Eastern Europe: Behind the Definitions', *Past and Present*, 137, 102–33.

发明欧洲

Ortega y Gasset, J. (1972, 1932) *The Revolt of the Masses* (London: Unwin).
Palmer, A. (1970) *The Lands Between: A History of East-Central Europe since the Congress of Vienna* (London: Weidenfeld & Nicolson).
Panikkar, K. M. (1953) *Asia and Western Dominance* (London: Allen & Unwin).
Papeke, S. (1992) 'Who Needs European Identity and What Could it Be?', in Nelson, op. cit.
Parker, W. H. (1960) 'Europe How Far?', *Geographical Journal*, 126, 278–97.
Parry, B. (1974) *Delusions and Discoveries: Studies in India in the British Imagination 1880–1930* (Berkeley: University of California Press).
Patnaik, E. (1990) 'Europe's Middle East: History or Invention?', *American Journal of Islamic Studies*, 7, 335–56.
Patocka, J. (1983) *Platon et l'Europe* (Lagrasse: Verdier).
Patocka, J. (1991) *L'Idée de l'Europe en Bohême* (Grenoble: Millon).
Paul, R. (1991) 'Black and Third World Peoples' Citizenship and 1992', *Critical Social Policy*, 11, 2, 52–64.
Pearce, R. H. (1953) *The Savages of America: A Study of the Indian and the Idea of Civilization* (Baltimore: Johns Hopkins Press).
Pegg, C. H. (1983) *Evolution of the European Idea 1914–1945* (Chapel Hill: University of North Carolina Press).
Pesonen, P. (1991) 'The Image of Europe in Russia Literature and Culture', *History of European Ideas*, 13, 4, 399–409.
Petrovich, M. B. (1976) *A History of Modern Serbia*, vols. 1 & 2 (New York: Harcourt Brace Jovanovich).
Phillips, C. (1987) *The European Tribe* (London: Faber & Faber).
Phillips, J. R. S. (1988) *The Medieval Expansion of Europe* (Oxford: Oxford University Press).
Pillorget, R. (1988) 'The European Tradition in Movements of Insurrection', in Baechler, op. cit.
Plato (1974) *The Republic* (London: Penguin).
Poliakov, L. (1974) *The Aryan Myth: A History of Racist and Nationalist Ideas in Europe* (New York: Basic Books).
Policar, A. (1990) 'Racism and its Mirror Images', *Telos*, 83, 99–108.
Pomian, K. (1990) *Europa und seine Nationen* (Berlin: Wagenback).
Postan, M. M. (1970) 'Economic Relations between Eastern and Western Europe', in Barraclough, G. (ed.) *Eastern and Western Europe in the Middle Ages* (London: Thames & Hudson).
Puzzo, D. A. (1964) 'Racism and the Western Tradition', *Journal of the History of Ideas*, 25, 579–86.
Rabasa, J. (1985) 'Allegories of the "Atlas" ', in Barker, vol II, op. cit.
Rabb, T. K. (1975) *The Struggle for Stability in Early Modern Europe* (Oxford: Oxford University Press).
Radice, G. (1992) *Offshore: Britain and the European Idea* (London: Tauris).
Rahimieh, N. (1990) *Oriental Responses to the West* (Leiden: Brill).
Raychaudhuri, T. (1988) *Europe Reconsidered: Perceptions of Europe in Nineteenth Century Bengal* (Delhi: Oxford University Press).
Raychaudhuri, T. (1992) 'Europe in India's Xenology: The Nineteenth Century Record', *Past and Present*, 137, 156–82.
Reuter, T. (1992) 'Medieval Ideas on Europe and their Modern Historians', *History Workshop Journal*, 33, 176–80.

Reynolds, S. (1984) *Kingdoms and Communities in Western Europe, 900–1300* (Oxford: Clarendon Press).

Riasanovsky, N. (1972) 'Asia through Russian Eyes', in Vucinich, op. cit.

Rijksbaron, A. et al. (eds), (1987) *Europe from a Cultural Perspective* (The Hague: UPR).

Robbins, R. (1991) 'The Mirror of Unreason', *Marxism Today*, March.

Roberts, J. M. (1978) *Europe, 1880–1945* (London: Longman).

Rodison, M. (1974) 'The Western Image and Studies of Islam', in Schlacht, op. cit.

Rodison, M. (1987) *Europe and the Mystique of Islam* (Seattle: University of Washington).

Rothenberg, G. E. (1966) *The Military Border in Croatia 1740–1881* (Chicago: University of Chicago Press).

Rootes, C. and Davis, H. (eds) (1994) *A New Europe? Social Change and Political Transformation* (London: UCL Press).

de Rougement, D. (1966) *The Idea of Europe* (New York: Macmillan).

de Rougement, D. (1983) *Love in the Western World* (Princeton: Princeton University Press).

de Rougement, D. (1980) 'L'Europe, Invention Culturelle', *History of European Ideas*, 1, 31–8.

Rousseau, G. S. and Porter, R. (eds) (1990) *Exoticism in the Enlightenment* (Manchester: Manchester University Press).

Rubin, M. (1992) 'The Culture of Europe in the Later Middle Ages', *History Workshop Journal*, 33, 162–75.

Saberwal, S. (1986) *India: The Roots of Crisis* (Oxford: Oxford University Press).

Saberwal, S. (1992) 'On the Making of Europe: Reflections from Delhi', *History Workshop Journal*, 33, 145–51.

Said, E. (1979) *Orientalism* (New York: Vintage).

Said, E. (1994) *Culture and Imperialism* (New York: Vintage).

Saitta, A. (1948) *Republica Christiana agli stati uniti di Europa* (Roma: Edizioni di Storia e Letteratura).

Sale, K. (1991) *The Conquest of Paradise: Christopher Columbus and the Columbian Legacy* (London: Hodder & Stoughton).

Salecl, R. (1993) 'The Fantasy Structure of Nationalist Discourse', *Praxis International*, 13, 3, 213–23.

Salvatorelli, L. (1964) *Miti e storia* (Turin: Giulio Einaudi).

Sarkisyanz, E. (1954) 'Russian Attitudes toward Asia', *Russian Review*, 13, 245–54.

Sartre, J.-P. (1978) *What is Literature?* (London: Methuen).

Sattler, R.-J. (1971) *Europa: Geschichte und Aktualität des Begriffes* (Braunschweig: Albert Limbach).

Schieder, T. (1962) 'Bismarck und Europa', in *Begegnungen mit der Geschichte* (Göttingen: Vandenhoeck & Ruprecht).

Schlacht, J. (ed.) (1974) *The Legacy of Islam*, 2nd edn (Oxford: Oxford University Press).

Schlereth, T. J. (1977) *The Cosmopolitan Ideal of Enlightenment Thought* (Notre Dame: University of Notre Dame).

Schlögel, K. (1986) *Die Mitte liegt Ostwärts: Die Deutschen, der verlorene Osten und Mitteleuropa* (Berlin: Siedler).

Schlorske, C. E. (1980) *Fin-de-Siècle Vienna: Politics and Culture* (New York: Knopf).

Schluchter, W. (1981) *The Rise of Western Rationalism: Max Weber's Developmental History* (Berkeley: University of California Press).

Schmidt, H. D. (1966) 'The Establishment of "Europe" as a Political Expression', *Historical Journal*, 9, 172–8.

Schmitt, C. (1990) 'The Plight of European Jurisprudence', *Telos*, 83, 35–122.

Schöpflin, G. (1989) 'Central Europe: Definitions New and Old', in Schöpflin and Wood, op. cit.

Schöpflin, G. and Wood, N. (eds) (1989) *In Search of Central Europe* (Totowa, New Jersey: Barnes & Noble)

Schulin, E. (1985) 'European Expansion in Early Modern Times: Changing Views on Colonial History', *History of European Ideas*, 6, 3, 253–65.

Schwoebel, R. (1967) *The Shadow of the Crescent: The Renaissance Image of the Turk, 1453–1517* (Nieuwkoop: de Graaf).

Scüzs, J. (1988) 'Three Historical Regions of Europe', in Keane, op. cit.

Sertina, I. V. (1992) 'The Moor in Africa and Antiquity: Origins and Definition', in Sertina, I. V. (ed.) *Golden Age of the Moor* (London: Transaction).

Seton-Watson, H. (1977) *Nations and States* (Boulder, Colorado: Westview Press).

Seton-Watson, H. (1989) 'What is Europe, Where is Europe? From Mystique to Politique', in Schöpflin and Wood, op. cit.

Shavit, Y. (1992) 'The "Glorious Century" or the "Cursed Century": *Fin-de-Siècle* Europe and the Emergence of Modern Jewish Nationalism', in Reinharz, J. and Mosse, G. L. (eds) *The Impact of Western Nationalism* (London: Sage).

Sievernich, G. and Budde, H. (eds) (1989) *Europa und der Orient 800–1900* (Berlin: Bertelsmann).

Sinnhuber, K. A. (1954) 'Central Europe, Mitteleuropa, Europe Centrale', *Transactions of the Institute of British Geographers*, 20, 15–39.

Sitwell, W. H. (1988) 'Le Citoyen/La Citoyenne: Activity, Passivity, and the Revolutionary Concept of Citizenship', in Lucas. C. (ed.) *The French Revolution and the Creation of Modern Political Culture*, vol. II (Oxford: Pergamon Press).

Smith, A. (1992) 'National Identity and the Idea of Europe', *International Affairs*, 68, 1, 55–76.

Smith, A. (1993) 'A Europe of Nations – or the Nation of Europe', *Journal of Peace Research*, 30, 2, 129–35.

Smith, B. (1985) *European Vision and the South Pacific* (New Haven: Yale University Press).

Smith, H. N. (1950) *Virgin Land: The American West as Symbol and Myth* (Cambridge, Mass.: Harvard University Press).

Smith, M. C. and Stirk. P. M. R. (eds) (1990) *Making the New Europe: European Unity and the Second World War* (London: Pinter).

Solomos, J. and Back. L. (1994) 'Conceptualising Racism: Social Theory, Politics, and Research', *Sociology*, 28, 1, 143–61.

Souleyman, E. (1941) *The Vision of World Peace in Seventeenth Century France* (New York: Putnam).

Southern, R. W. (1962) *Western Views on Islam in the Middle Ages* (Cambridge, Mass.: Harvard University Press).

Southgate, B. C. (1993) ' "Scattered over Europe" Transcending National Frontiers in the Seventeeth Century', *History of European Ideas*, 16, 131–7.

Spengler, O. (1971) *The Decline of the West* (London: Allen & Unwin).

Springborg, P. (1992) *Western Republicanism and the Oriental Prince* (Austin: University of Texas Press).

Steadman, J. M. (1969) The Myth of Asia (New York: Simon & Schuster).

Steiner, G. (1992) 'Culture – the Price you Pay', in Kearney, op. cit.

Stökl, G. (1965) Das Bild des Abendlandes in den altrussischen Chroniken (Cologne: Westdeutscher).

Strout, C. (1963) The American Image of the Old World (New York: Harper & Row).

Strydom, P. (1992) 'On the Concept of Europe: A Sociological Analysis of its Cultural Foundations', Working Paper (Cork: Centre for European Social Research, University College).

Sugar, P. F. (1977) Southeastern Europe under Ottoman Rule 1354–1804 (Seattle: University Press).

Szamuely, T. (1988) The Russian Tradition (London: Fontana).

Szporluk, R. (1990) 'The Eurasia House: Problems of Identity in Russia and Eastern Europe', Cross Currents: A Yearbook of Central European Culture, 9, 3–15.

Taguieff, P.-A. (1990) 'The New Cultural Racism in France', Telos, 83, 109–22.

Talmor, E. (1980) 'Reflections on the Rise and Development of the Idea of Europe', History of European Ideas, 1, 63–6.

Tanner, M. (1993) The Last Descendants of Aeneas: The Hapsburgs and the Mythic Image of the Emperor (New Haven: Yale University Press).

Tassin, E. (1992) 'Europe: A Political Community?', in Mouffe, C. (ed.) Dimensions of Radical Democracy (London: Verso).

Taylor, A. J. P. (1942) The Habsburg Empire 1815–1918 (London: Hamish Hamilton).

Taylor, A. J. P. (1988) The Course of German History (London: Routledge).

Tazbir, J. (1977) 'Poland and the Concept of Europe in the Sixteenth–Eighteenth Centuries', European Studies Review, 7, 29–45.

Tazbir, J. (1986) 'European Consciousness in Modern Times', Hemispheres, 5, 5–24.

Thaden, E. C. (1984) Russia's Western Borderlands, 1710–1870 (Princeton, New Jersey: Princeton University Press).

Thapar, R. (1971) 'The Image of the Barbarian in Early India', Comparative Studies in Society and History, 13, 408–36.

Thompson, E. P. (1980) 'Going into Europe', in Writing by Candlelight (London: Merlin Press).

Thompson, E. P. (1982) 'Notes on Exterminism: The Last Stage of Civilization', in Exterminism and Cold War, edited by New Left Review (London: Verso).

Tilly, C. (1990) Coercion, Capital, and the European States AD 990–1990 (Oxford: Blackwell).

Tilly, C. (1993) European Revolutions 1492–1992 (Oxford: Blackwell).

de Tocqueville, A. (1948) Democracy in America, vols 1 & 2 (New York: Knopf)

Todd, E. (1990) L'Invention de l'Europe (Paris: Seuil).

Todorov, T. (1993) On Human Diversity: Nationalism, Racism and Exoticism in French Thought (Cambridge Mass.: Harvard University Press).

Touraine, A. 'European Countries in a Post-National Era', in Rootes and Davis, op. cit.

Toynbee, A. (1954) ' "Asia" and "Europe": Facts and Fantasies', in A Study of History, vol. 8 (London: Oxford University Press).

Toynbee, A. (1949) Civilization on Trial (London: Oxford University Press).

Toynbee, A. (1953a) 'Islam and the West', in The World and the West (London: Oxford University Press).

Toynbee, A. (1953b) 'Russia and the West', in The World and the West (London: Oxford University Press).

215

Toynbee, A. (1962) *The Present-Day Experiment in Western Civilization* (London: Oxford University Press).

Treverton, G. F. (1992) *America, Germany, and the Future of Europe* (Princeton: Princeton University Press).

Trevor-Roper, H. R. (1953) *Hitler's Table Talk, 1941–44* (London: Weidenfeld & Nicolson).

Trotsky, L. (1971) *Europe and America: Two Speeches on Imperialism* (New York: Pathfinder Press).

Troeltsch, E. (1977) 'Der Europäismus', in *Gesammelte Schriften*, vol. 3 (Tübingen: Scienta Verlag Aalen).

Truettner, W. H (ed.) (1991) *The West as America: Reinterpreting Images of the Frontier, 1820–1920* (London: Smithsonian Institute Press).

Turner, F. J. (1921) *The Frontier in American History* (New York: Holt).

Ullmann, W. (1969) *The Carolingian Renaissance and the Idea of Kingship* (London: Methuen).

Umar, M. (1988) 'The Role of European Imperialism in Muslim Countries', *Islamic Quarterly*, 32, 2, 77–100.

Vajda, M. (1988) 'East-Central European Perspectives', in Keane, op. cit.

Valery, P. (1973) *Regards sur le monde actuel* (Paris: Vialetay).

Vaughan, D. M. (1954) *Europe and the Turk: A Pattern of Alliances 1350–1700* (Liverpool: University Press).

Vogel, U. (ed.) (1991) *The Frontiers of Citizenship* (London: Macmillan).

Voyenne, B. (1964) *Histoire de l'idée Européene* (Paris: Payot).

Vucinich, W. (ed.) (1972) *Russia and Asia* (Stanford: Hoover Institution Press).

Waever, O. (1992) 'Nordic Nostalgia: Northern Europe after the Cold War', *International Affairs*, 68, 1, 77–102.

Waever, O. et al. (1993) *Identity, Migration and the New Security Agenda in Europe* (London: Pinter).

Wallace, W. (1990) *The Transformation of Western Europe* (London: Royal Institute of International Affairs).

Wallace-Hadrill, J. M. (1985) *The Barbarian West 400–1000* (Oxford: Blackwell).

Wallach, R. (1972) *Das Abendländische Gemeinschaftsbewusstsein im Mittelalter* (Hildesheim: Gerstenberg).

Wallerstein, I. (1974) *The Modern World System* (New York: Academic Press).

Wallerstein, I. (1980) *The World System II* (New York: Academic Press).

Wallerstein, I. (1993) 'The World-System after the Cold War', *Journal of Peace Research*, 30, 1, 1–6.

Walvin, J. (1973) *Black and White: The Negro and English Society, 1555–1945* (London: Allen Lane).

Webb, W. P. (1952) *The Great Frontier* (Boston: Houghton Mifflin).

Weber, M. (1958) *The City* (New York: Free Press).

Wehler, H.-U. (1988) *Aus der Geschichte lernen?* (Munich: Beck).

Weidenfeld, W. (1976) *Konrad Adenauer und Europe* (Bonn: Europa-Union Verlag).

Weidenfeld, W. (ed.) (1985) *Die Identität Europas* (Bonn: Bundeszentrale für politische Bildung).

Weinberg, G. (1964) 'Hitler's Image of the United States', *American Historical Review*, 64, 4, 1006–21.

Welsh, J. M. (1993) 'A Peoples' Europe: European Citizenship and European Identity' (Florence: Working Papers, European University Institute).

Wieczynski, J. L. (1976) *The Russian Frontiers: The Impact of Borderlands upon the Course of Early Russian History* (Charlottesville: University Press of Virginia).

Williams, R. (1976) 'Civilization' in *Keywords: A Vocabulary of Culture and Society* (London: Fontana).

Winkler, H. and Kaelble, H. (eds) (1993) *Nationalismus, Nationalitäten, Supranationalität: Europa nach 1945* (Stuttgart: Cotta).

Wirsling, G. (1932) *Zwischeneuropa und die deutsche Zukunft* (Jena: Eugen Diederichs).

Wittfogel, K. A. (1957) *Oriental Despotism* (New Haven: Yale University Press).

Wittkower, R. (1977) *Allegory and the Migration of Symbols* (London: Thames & Hudson).

Wittram, R. (1973) *Russia and Europe* (London: Thames & Hudson).

Wolf, E. (1982) *Europe and the People without History* (Berkeley: University of California Press).

Wolff, P. (1968) *The Awakening of Europe* (London: Penguin).

Woolf, S. (1989) 'French Civilization and Ethnicity in the Napoleonic Empire', *Past and Present*, 124, 96–120.

Woolf, S. (1991) *Napoleon's Integration of Europe* (London: Routledge).

Woolf, S. (1992) 'The Construction of a European World-View in the Revolutionary-Napoleonic Years', *Past and Present*, 137, 72–101.

Wyrwa, T. (1987) L'Idée Européenne dans la Résistance à travers la presse clandestine en France et en Pologne 1939–1945 (Paris: Nouvelles Editions Latines).

Yapp, M. E. (1992) 'Europe in the Turkish Mirror', *Past and Present*, 137, 134–55.

Young, R. (1990) *White Mythologies: Writing History and the West* (London: Routledge).

Zijderveld, A. (1972) *The Abstract Society* (London: Allen Lane).

Zizek, S. (1993) 'Caught in Another's Dream in Bosnia', in Ali and Lifschulz, op. cit.

图书在版编目（CIP）数据

发明欧洲 /（英）杰拉德·德朗提著；陈子瑜译.
-- 杭州：浙江大学出版社，2020.3
书名原文：Inventing Europe
ISBN 978-7-308-19735-9

Ⅰ.①发… Ⅱ.①杰… ②陈… Ⅲ.①欧洲—历史—
研究 Ⅳ.①K500.7

中国版本图书馆CIP数据核字（2019）第257161号

First published in English under the title
Inventing Europe
by G. Delanty, edition: 1
Copyright © Gerard Delanty, 1995*
This edition has been translated and published under licence from
Macmillan Published Ltd., part of Springer Nature.
Macmillan Published Ltd., part of Springer Nature takes no responsibility and shall not
be made liable for the accuracy of the translation.
浙江省版权局著作权合同登记图字：11-2019-286号

发明欧洲

（英）杰拉德·德朗提著　陈子瑜译

责任编辑	谢　焕	
责任校对	程曼漫　杨利军	
封面设计	云水文化	
出版发行	浙江大学出版社	
	（杭州天目山路148号　邮政编码：310007）	
	（网址：http://www.zjupress.com）	
排　　版	浙江时代出版服务有限公司	
印　　刷	杭州钱江彩色印务有限公司	
开　　本	880mm×1230mm　1/32	
印　　张	7.25	
字　　数	186千	
版 印 次	2020年3月第1版　2020年3月第1次印刷	
书　　号	ISBN 978-7-308-19735-9	
定　　价	58.00元